上海市"十四五"时期重点出版物出版专项规划项目
上海市促进文化创意产业发展财政扶持资金项目资助
国家社科基金项目（14CJ004）资助

中国经济专题史研究丛书（第二辑）　丛书主编 ◎ 燕红忠

国民政府禁烟与鸦片财政研究

刘成虎　高　宇 ◎ 著

上海财经大学出版社
SHANGHAI UNIVERSITY OF FINANCE & ECONOMICS PRESS

上海学术·经济学出版中心

图书在版编目(CIP)数据

国民政府禁烟与鸦片财政研究/刘成虎,高宇著. —上海:上海财经大学出版社,2024.8

(中国经济专题史研究丛书)

ISBN 978-7-5642-4332-6/F·4332

Ⅰ.①国… Ⅱ.①刘…②高… Ⅲ.①禁烟运动-史料-中国-1925-1948 ②鸦片贸易-贸易史-中国-1925-1948 Ⅳ.①K253.906②F752.9

中国国家版本馆 CIP 数据核字(2024)第 057611 号

□ 丛书策划　王永长
□ 责任编辑　李成军
□ 封面设计　贺加贝

国民政府禁烟与鸦片财政研究

刘成虎　高　宇　著

上海财经大学出版社出版发行
(上海市中山北一路369号　邮编 200083)
网　址:http://www.sufep.com
电子邮箱:webmaster@sufep.com
全国新华书店经销
江苏苏中印刷有限公司印刷装订
2024 年 8 月第 1 版　2024 年 8 月第 1 次印刷

710mm×1000mm　1/16　17.75 印张(插页:2)　255 千字
定价:98.00 元

中国经济专题史研究丛书(第二辑)

编 委 会

顾 问
杜恂诚　戴鞍钢　魏明孔

丛书主编
燕红忠

执行主编
王永长

编委会成员（按姓氏笔画排名）
马陵合　王永长　安介生　兰日旭　刘成虎
李　玉　杨德才　何　平　高超群　燕红忠

作者简介

刘成虎 山东莒南人,教授,博士生导师,山西大学经济与管理学院副院长,晋商学研究所所长,山西省晋商学与区域经济发展协同创新中心执行主任,三晋英才,主要从事经济史与区域经济发展研究;兼任中国经济史学会现代经济史专业委员会副主任、中国商业史学会常务理事等职、晋商智库理事长等,主持国家社科基金 2 项、博士后面上资助课题 1 项、山西省软科学项目 2 项、企事业委托课题 20 余项,参与各类项目 40 余项。出版编著 8 部,先后参与撰写专著 3 部,参与编写马工程教材《中国经济史》和《西方经济学》教材。在《中国经济史研究》《中国社会经济史研究》《中国行政管理》等期刊发表论文 40 余篇。

高宇,山西晋中人,日本立教大学经营学博士,山西大学晋商学研究所兼职教授,曾任日本武藏野学院大学"中日关系特殊研究"方向博士生导师,研究领域为日本经济史和企业史,参加和领导了日本文部科学省、立教大学的科研项目,并主持和运营了朝日啤酒、三菱重工、三菱商事、日本石川县金泽市政府、经济合作发展组织(OECD)东京中心、日本经济产业省产业经济研究所等多项科研服务项目。在经济史、企业史、物流史等领域发表论文 30 余篇。

总　序

经济史学学科具有引领经济学发展和创新以及传承历史文化的功能，同时也能够为我国当前经济社会转型发展提供必要的理论基础和历史经验。经济史学界在全球史视野和"计量史学"革命引领下，近年来已经取得丰硕的学术成果。中国经济史学界的学术研究也在不断向纵深发展，在商业、货币、金融、财政和经济制度等领域不断涌现出新的研究成果。为了进一步推进对中国经济长期发展脉络的研究，深入理解经济发展思想与经济实践之间的关系，在各兄弟院校和研究机构的大力支持下，上海财经大学出版社与上海财经大学经济史学系合作，推出了《中国经济专题史》丛书。

本丛书的第一辑共计七册，从2020年开始陆续出版，预计至2023年可以全部出版完毕。我们现在推出本丛书的第二辑共计八册，将从2023年开始陆续出版。

第二辑的主题主要分为几类：一是关注中国历史上的宗族和移民文化。一方面，基于《中国家谱总目》和上海图书馆馆藏家谱，探讨明清至近代时期族谱、族产、族规与宗族社会网络的关系；另一方面，系统考察中国民族的迁移史，展示"中华民族"大家庭的历史渊源与真相以及复杂历程。二是聚焦于近代的金融及其相关问题，考察近代内汇市场和金融网络的层级体系，区域商人组织与经济社会治理，以及基于资本市场的视角考察近代中国轻工业的转型，并从金融风险的视角来考察上海百年地产的发展。三是通过对晋绥"边区"经济发展的系统研究，考察新民主主义革命时期中国共产党领导下的经济发展史。四是研究国民政府的禁烟与鸦片财政，考察国民政府的禁烟政策变革、烟毒生产运销和各地禁烟政策执行情况,以及由禁烟引发的军阀内斗和财源争夺问题。

《中国经济专题史》丛书的入选原则和特点为:

第一,在指导思想上,坚持以马克思主义历史观为指导,以现代学术研究方法,吸收与传承中国经济史学的研究成果,突出中国经济史学研究的民族性和原创性,彰显中国主见,发出中国声音,挖掘整理中国经济史料,回溯中国经济历史,为当代社会经济现实服务。

第二,在选题上采用经济专题史的形式,在时段上涵盖从古至今的长期研究或断代研究,在内容上则包括中国经济史和经济思想史学科各个不同的专题领域。凡入选本丛书的专题研究均由作者自主选题,唯以研究质量和创新性为准绳。

我们期待通过《中国经济专题史》丛书的持续出版为中国经济史学的研究做出新的贡献,并进一步凝聚经济史学学术共同体,推进经济史学学科的持续发展。

《中国经济专题史》(第二辑)丛书编委会
2022 年 11 月

目 录

绪论 …………………………………………………………………… 1
 一、研究缘起 ………………………………………………………… 1
 二、国内外研究现状述评 …………………………………………… 3
 三、研究思路、方法和基本框架 …………………………………… 10
 四、创新和不足 ……………………………………………………… 12

第一章　中国的鸦片政策沿革 ……………………………………… 14
 第一节　鸦片战争前的鸦片政策 ………………………………… 15
 第二节　鸦片战争后至1928年的鸦片政策 ……………………… 17
 第三节　南京国民政府的禁烟政策 ……………………………… 19
 第四节　全面抗战前中国鸦片生产和消费状况 ………………… 23
 第五节　禁烟政策与地方财政 …………………………………… 38
 本章小结 ……………………………………………………………… 41

第二章　《塘沽停战协定》前的鸦片毒品问题 …………………… 44
 第一节　华北禁烟问题的背景 …………………………………… 44
 第二节　天津毒品市场的发展 …………………………………… 47

  第三节 北京的毒品交易 …………………………………… 55
  第四节 山东的毒品交易 …………………………………… 61
  本章小结 ……………………………………………………… 67

第三章 《何梅协定》签订前后的禁烟对抗 ………………………… 69
  第一节 来自国际鸦片咨询会议的警告 …………………… 69
  第二节 天津与停战区内的对抗 …………………………… 71
  第三节 北京的禁烟态势 …………………………………… 84
  第四节 山东的禁烟局势 …………………………………… 89
  第五节 蒙绥特税之争 ……………………………………… 91
  第六节 《何梅协定》之后的禁烟态势 …………………… 96
  本章小结 ……………………………………………………… 101

第四章 福建的禁烟与反禁烟 ……………………………………… 103
  第一节 早期福建烟政与侨民 ……………………………… 103
  第二节 禁烟政策摇摆与日籍台湾人取缔 ………………… 115
  第三节 福建鸦片专卖制的实施 …………………………… 123
  第四节 投靠外国的大鸦片贩子下场 ……………………… 133
  本章小结 ……………………………………………………… 136

第五章 1930年前后各地的鸦片管理 …………………………… 137
  第一节 广东的鸦片专卖制 ………………………………… 139
  第二节 四川鸦片通过税与北伐 …………………………… 143
  第三节 财政部暂行禁烟章程与江苏鸦片专卖制 ………… 144
  第四节 浙江省鸦片专卖制 ………………………………… 148
  第五节 禁烟法公布前后的烟政 …………………………… 152

本章小结 ··· 156

第六章　禁烟与军阀战争 ·· 158
　　第一节　两湖财权之争 ··· 158
　　第二节　清理两湖特税处 ··· 161
　　第三节　修正禁烟法及其目标 ··· 167
　　第四节　查禁外国船只运输走私鸦片 ··· 178
　　本章小结 ··· 180

第七章　禁烟运动的回潮 ·· 181
　　第一节　政策回潮的主要原因 ··· 181
　　第二节　财政部鸦片专卖计划 ··· 183
　　第三节　鸦片税收再起争夺 ··· 187
　　第四节　南京政权内部的纷争 ··· 191
　　第五节　烟毒泛滥的深化 ··· 193
　　本章小结 ··· 201

第八章　国民政府禁烟实录之一：实施军法禁烟和掌控鸦片运销 ··· 203
　　第一节　制定军法禁烟体系 ··· 203
　　第二节　控制长江鸦片运销枢纽 ··· 209
　　第三节　分期禁烟与严厉禁毒 ··· 218
　　本章小结 ··· 220

第九章　国民政府禁烟实录之二：严厉禁毒与鸦片消费管理 ········ 221
　　第一节　各地扫毒行动概观 ··· 221
　　第三节　禁烟体制概观 ··· 228

本章小结 ………………………………………………………… 242

第十章　国民政府禁烟实录之三：斩断鸦片收入与建立抗战战略后方 ………………………………………………………… 243
　　第一节　西南五省经济依赖关系 ……………………………… 243
　　第二节　中央军入黔引发的对抗 ……………………………… 246
　　第三节　日本军部拉拢两广的阴谋 …………………………… 251
　　第四节　军法禁烟体系1935年阶段性成果概观 ……………… 254
　　本章小结 ………………………………………………………… 255

结语 …………………………………………………………………… 257

参考文献 ……………………………………………………………… 261

后记 …………………………………………………………………… 271

绪 论

一、研究缘起

鸦片毒害除对个人身体、家庭造成破坏效果外,也通过损害人格给社会乃至国家民族带来巨大危害,同时为侵略者提供了顺民和走卒。鸦片泛滥也对国家的经济、政治带来巨大损害。进口鸦片支出的巨额外汇,给国家财政带来损失,抑制工商业的发展;各地军阀以鸦片收入作为养兵割据的财源,强迫民众种植鸦片、公开保护贩运鸦片,成为各地百业凋零、内乱不止的重要原因。抗战开始前,各地大小军阀军队几乎都靠烟税养活,因此对于鸦片税源的争夺是军阀混战的主要原因之一。在各地的官员和政界实力人物中,以鸦片为财源者不在少数,鸦片也是导致政治腐败的原因之一。

自1840年鸦片战争后,帝国主义列强开始公开把鸦片贩入我国。截至第二次世界大战结束,鸦片一直是帝国主义列强蚕食、侵略中国经济的工具。自1906年起,中国政府开始逐渐加大禁烟力度,并加入与禁烟有关的国际条约,要求在10年内禁绝中国的鸦片交易。此时,帝国主义瓜分中国的狂潮兴起,无论清政府还是列强支持下的北洋军阀政权,并无能力真正实施禁烟。但加入国际条约、限制鸦片进口,毕竟能以国内种植鸦片替代进口,减少对外支付。北洋军阀掌握政权期间,各地军阀为筹集养兵内战之资，竞相在控制区内鼓励种植鸦片，所以鸦片产地之争往往是内战的导火线，也是军阀割据的经济原因之一。北伐虽然打倒了旧军阀，但新军阀又起，并不能带来根本的社会转变。20世纪30年代，中国是世界上最大的鸦片生产和消费国。整个鸦片管理呈现一种奇怪的局面，公开种植、贩运、进口、吸食鸦片是违法的，但鸦片种植、销售、进口、消费却在地方政权保护下有组织地进行。在将鸦片供应给本地区的同时，也尽力扩大对其他地区的供给，是每个军阀政权的经济目标。鸦片作为一种特殊商品，其在带来巨大危害的同时，又能带来巨额经济收入，给掌控鸦片交易的实体带来有利的经济地位。因此，在20世纪早期的中国舞台上，围绕鸦片风云迭起，列强、地方军阀和官僚、租界殖民政府、流氓大亨、外国派遣军，竞相把魔爪伸向鸦片，通过毒害中国人民攫取巨大的经济利益。

1928年北伐结束，新军阀混战随之而起，随着蒋氏政权控制区域的扩大，南京政权逐步以禁烟为名将各地的鸦片管理和销售权收入手中，建立政府专营制度，加大打击走私力度。但在南京国民政府控制区外的东北、华北、西南、西北各省，各地军阀依然在保护鸦片的种植和销售。全面抗战开始前的10年内战期间，南京政权通过军阀战争和"剿共"，把势力渗入地方各省。随着这一进程的推进，南京政权主导下的禁烟和专卖制度实施区域也逐渐扩大，并取得了一定的成效。抗日战争全面爆发后，随着大片国土的沦陷，国民政府禁烟政策转向坚决，其在宣布对沦陷国土和控制地区实施禁烟政策的同时，也利用国际讲坛揭露日本政府和军队在中国扩大毒品销售的犯罪行为，批判日本鸦片政策，成为国民政府在国际舞台揭露日本侵略行径的有力工具之一。

总之，中国近代毒品泛滥成灾，给人民带来了深重的灾难，成为中国近代最为严重的社会问题之一。因而研究近代烟毒问题，特别是民国时期烟毒问题，有助于我们从另一个侧面透视近代中国真实的发展历程，有利于更为真实和客观地反映近代风云巨变，也有助于扩大近代经济史和社会史的研究视野。

二、国内外研究现状述评

关于近代中国鸦片问题和禁烟禁毒问题的研究,较早的著述是 1896 年刊印的李圭的《鸦片事略》(上、下卷)。民国时期有关的著述主要有于恩德的《中国禁烟法令变迁史》和罗运炎的《中国鸦片问题》《中国烟禁问题》《毒品问题》等。1949 年后陆续有一些涉及近代中国烟毒问题的成果发表。20 世纪 80 年代以来随着社会史研究的兴起,对鸦片烟毒问题的研究有所增多。近 15 年来,近代毒品史研究取得了重大进展,出版了一批有学术价值的专著;相关的论文在数量和质量上都大大超过从前,如尚季芳的《民国时期甘肃毒品危害与禁毒研究》就是其中的代表性专著,此外还有赵翠生的《清末和民国时期禁毒政策考略》、肖红松的《近十年中国毒品研究综述》、叶盛的《清末至民国时期新疆的罂粟种植和鸦片贩运》、褚宸舸的《中华民国时期西北地区的烟毒及禁政》、牛贯杰的《民国时期山西的禁烟运动》、吴成军的《民国时期戒毒政策研究》、屈振中的《民国山西烟毒问题研究(1911—1937)》、周卫平的《清朝至民国新疆禁毒研究》、彭韬的《民国时期湖北省的禁烟运动》、魏其俊的《民国时期湖南禁烟政策研究》、王金香的《民国时期的鸦片税收》、肖红松的《1928—1937 年河北省禁查烟毒探析》等。

在资料的搜集整理方面,学术界做出了很多努力,整理了一些档案资料。正如肖红松所说:"这些论著逐步摆脱长期以来把近代毒品问题研究仅仅作为鸦片战争的背景,时间主要集中在鸦片战争前后的桎梏",越来越多地涉及中国近代毒品史的总括性研究、清末及民国时期禁烟研究、日本毒祸中国研究等内容,使这一问题的研究日益深入、广泛,并呈方兴未艾之势。

在日本和中国台湾省,近 50 年来已有一批专家学者对此进行研究。但近年来的研究相对比较沉寂,特别是某些日本学者,在研究的过程中带有明显的自我辩护性,无视历史事实。以下就代表性成果和资料汇编等做简单介绍。

(1)关于论著类,民国时期有程维嘉的《禁烟行政》,包括禁烟之沿革、禁烟行政之机构、今后禁烟之实际办法、禁烟与国际之关系等5章，书后有附录23篇。陈豹隐的《禁烟问题》内容有禁烟简史，禁烟的意义，政策、步骤和方法，六年禁烟计划的实施及成就，抗战建国与提前禁烟的必要及可能，共5部分。李仲公的《禁烟问题》介绍烟毒与国家民族的关系、日寇的毒华政策、我国禁烟政策。罗运炎的《中国禁烟问题》包括鸦片的毒烈、烟祸、禁烟史略，以及急待解决的问题等，共7章，附中华民国禁烟法例。其《复兴农村中的鸦片问题》谈及乡村种植鸦片及鸦片抽税问题。顾学裘的《鸦片》内容有鸦片之史略、种类，罂粟植物之形状及鸦片之判取法，鸦片或吗啡之中毒及其检验法，鸦片成瘾之原理及戒烟法等，共10节。

童振藻的《鸦片与卫生》介绍罂粟移植及鸦片输入中国之略史，中国种植与吸毒状况，生理上受毒之影响，以及彻底消除鸦片之方法等。马场鲅著、吕苏译的《鸦片东渐史》记述鸦片栽培的起源，侵入中国、《南京条约》后中国之鸦片惨祸等，共12章。

现代的专著成果有苏智良的《中国毒品史》，较为全面地梳理了毒品在中国发生、发展到泛滥的历史过程。作者运用大量中外资料，描述了鸦片战争前鸦片在中国的流传及其社会影响，叙述了近代中国毒品侵害的事实与后果，并讨论毒品泛滥的原因，总结了新中国成立初期禁毒成功的历史经验。邵雍的《中国近代贩毒史》研究了毒贩在近代中国的发展演变、他们的社会网络以及经营之道，在论及禁毒时，重点放在禁止毒品的贩运方面。王金香的《中国禁毒简史》探讨了从鸦片战争到中华人民共和国成立初期这一历史时期内鸦片毒品的泛滥情况与中国历届政府发起的禁止鸦片毒品运动及其成败得失。

胡金野和齐磊的《中国禁毒史》认为清末民初长达10年之久的禁烟活动，开创了中国与国际社会合作处理毒品问题的典范；20世纪30年代中期国民政府的"二年禁毒，六年禁烟"，通过建立严密的禁烟组织并以军法辅之，取得了较好的禁烟禁毒成效。

牛何兰的《中外禁毒史》通过全面介绍中国及世界各国禁毒史，力求使读者对禁毒学科有全局性的了解和总体性的把握。①

周永明的《20世纪中国禁毒史：民族主义、历史和国家建构》是海外很早研究20世纪中国禁毒运动的专著，在历史和毒品研究领域颇具影响。著者通过将民族主义和国家建构的议题带入禁毒研究，阐释现代中国禁毒运动的复杂性。著者指出，在现代中国，毒品问题不仅被看成一种社会越轨行为，而且与鸦片战争的历史、中国与西方的关系以及国家认同建构都紧密相连。②

苏智良等的《上海禁毒史》认为鸦片泛滥是旧中国积贫积弱的根源之一。上海襟江带海，自开埠以来一直是中国开放的前沿地区。在外国殖民者的经营下，近代上海一度成为世界最大的鸦片进口和中转口岸，曾有"鸦片之都"之称，足见毒害深重。同样，各种禁毒斗争亦此起彼伏，少有间断。③

卜正民和若林正的《鸦片政权》将体制与意识的综合考察作为史论结合的主线，文中18篇文章组成一段以鸦片为核心的连贯历史。该著作跨越130年，焦点集中于政治和经济影响下的东亚地区的鸦片贸易。其第一部分介绍了19世纪鸦片贸易的基础；第二部分考察了鸦片在中国如何被分运和消耗；第三部分研究了国家与地方努力控制鸦片的方式，以及这些方式如何进一步推动近代中国政府的统一与权力渗透；第四部分分析了日本利用鸦片对现有鸦片政权的冲击。④

包利威的《中国鸦片史》客观描述了鸦片在中国的全景，包括种植与制作、内政与外交、政治经济与社会、烟民与烟馆，深入探究了鸦片渗透到中国社会的种种原因以及在中国的复杂演变，为认识中国近代史提供了一种全新的视角。⑤

连东的《鸦片经济》浓缩了上迄明成化年间，下至民国初年，涉及中、印及南洋11个国家的鸦片贸易历史，首次提出了"一个产地、两个市场的

---

① 牛何兰.中外禁毒史[M].昆明：云南人民出版社，2012：6.
② （美）周永明.20世纪中国禁毒史[M].北京：商务印书馆，2016：5.
③ 苏智良等.上海禁毒史[M].上海：上海三联书店，2009：2.
④ （加）卜正民、若林正.鸦片政权[M]弘侠，译.合肥：黄山书社，2009：9.
⑤ （法）包利威.中国鸦片史（全景插图版）[M]袁俊生，译.北京：中国画报出版社，2019：4.

鸦片三角贸易格局",并划分了这一格局演进的三个历史过程。此外,该著作还从价格因素及市场供求互动关系入手,探讨了中国鸦片问题的成因及泛滥过程;考察了印度的鸦片生产过程、生产体制、鸦片种植农的生活处境以及印度自身的鸦片消费等问题。[1]

周宁的《鸦片帝国》阐述了西方在现实领域中通过贸易战争制造一个消费鸦片的中国,在观念领域中构筑一个抽鸦片的中国形象,并将这个形象置于东方主义背景中,使中国成为"东方性"的极端代表。[2] 秦和平的《四川鸦片问题与禁烟运动》介绍了四川鸦片罂粟的传入及弛禁的缘由与后果以及关于四川鸦片问题与禁烟运动的思考等。

而有关鸦片、禁烟、禁毒和鸦片运销的论文更是数量庞大,可谓汗牛充栋,主要针对区域禁烟禁毒问题进行个案研究,在此不一一赘述。

(2)关于资料汇编类的代表性成果非常丰富,简列如下。

2018年国家图书馆所编的《民国时期禁烟禁毒资料汇编》一书收录了民国时期的相关期刊18种,相关图书80种,基本涵盖了当时最主要的禁烟禁毒资料,比如期刊中的《禁烟汇刊》《禁政特刊》,图书中的《禁烟法规汇编》《禁烟宣传大纲》等都是颇具史料价值和研究价值的资料,为相关领域的研究提供了丰富的史料支撑。[3]

另外,民国时期的资料汇编主要包括:中国国民党中央执行委员会宣传委员会编的《禁烟之理论与实施》,内容包括总理禁烟的遗教、禁烟的重要议论、禁烟的法令、全国禁烟会议的决议案、禁烟的情形、禁烟的统计等;辜孝宽的《禁烟》,包括烟毒概述、鸦片祸华史实、抗战与禁烟的联系和浙江省禁烟概况共4章,附现行中央禁烟法令和现行浙江省禁烟法令。

国民政府行政院禁烟委员会所辑的《禁烟法规》包括《肃清烟毒善后办法》等禁烟法令22种,《海牙禁烟公约》等国际禁烟公约3种,并附有禁烟法令释例。其卷首有本编例言和王德傅的修订禁烟法规的动机与作

---

[1] 连东.鸦片经济[M].北京:社会科学文献出版社,2013:11.
[2] 周宁.鸦片帝国[M].北京:学苑出版社,2004:5.
[3] 国家图书馆.民国时期禁烟禁毒资料汇编[M].北京:国家图书馆出版社,2018:10.

用。江西地方政治讲习院的《禁烟行政》包括鸦片与毒品、现行禁烟计划概要、禁种、禁运禁售、调验、禁吸6章,每章后均附该章提要、问题讨论及参考资料。浙江省民政厅编的《禁烟小册》包括鸦片的害处、红丸和其他代用品的害处、栽种罂粟的害处、浙江省严禁种烟概况等7部分。附总理拒毒遗训、蒋委员长敬电、浙江省禁烟方案。江西省禁烟委员会所编的《六三禁烟纪念特刊》内收《发刊词》(邓鹤鸣)、《扫除数百年之毒祸》(蒋总裁训词)、《纪念六三应加紧完成禁烟》(刘已达)、《禁烟成败的关键》(彭文应)、《敌人的毒化政策》(匡澄阳)等。书后附计划、统计。

上海市禁烟委员会编的《禁烟专刊》包括《发刊词》(王晓籁)、《上海市之禁烟问题》(杜月笙)、《我对于禁烟的观感》(蔡步白)、《鸦片成瘾之原理及戒除法》(邓青山)及一些有关禁烟的文艺作品、规程细则等。行政院禁烟委员会宣传科所编的《国际禁烟要文》包括《清外务部致英使禁烟节略》《中英禁烟条约》《禁运吗啡及药针章程》《第一次国际鸦片会议议定书》《海牙国际鸦片条约》等9份文件。

禁烟委员会所编的《国际禁烟公约汇编》包括《海牙禁烟公约》《日内瓦禁烟协定》《日内瓦禁烟公约》《限制制造及调节分配麻醉药品公约》4种。江苏省民政厅所编的《禁烟法令汇编》收有国民政府、国民政府军事委员会、江苏省政府颁布的各种禁烟条例、章程、办法、命令等142种。中国国民党安徽省党部所编的《禁烟禁毒运动》包括禁鸦片烟令、禁烟总监训词、禁毒治罪暂行条例等。

江西省政府民政厅所编的《现行禁烟法令辑要》包括总理拒毒遗训、蒋委员长二十八年六三禁烟纪念日训词、禁烟禁毒实施规程、禁烟禁毒考成规则、公务员调验规则等27部分,附禁烟报告表式11种。罗建中的《禁烟法规汇编》包括特载、组织法规、罪刑法规、审判法规、查禁法规、调研法规、统制法规等8项,汇编有关禁烟的训词、宣言、训令、规程、细则、条例、事项等50余篇。禁烟委员会宣传科出版股的《全国禁烟会议汇编》包括图画、法规、图表、开会训词、演说词、议程、审查报告、专载等10部分。内政部禁烟委员会所编的《禁烟纪念特刊》包括论文(6篇)、报告(3篇)、公牍(22篇)、专载(4篇)、法规(11篇)、统计(10篇)6部分,书前有总理遗像、遗嘱,总理拒毒遗训,林文忠遗像、题词,蒋委员长训词等。上海市禁烟委员会所编的《禁烟专刊》内有论文、文艺、统计、禁烟条例、专载等,书后有附录两篇及补白。

全国禁烟会议所编的《全国禁烟会议决议录》包括禁种、禁运、禁吸、总务、国际5类。禁烟总局所编的《禁烟行政关系法令集》包括布告及要纲、管制、禁烟促进委员会、阿片法令、麻药法令、取缔、鸦片之收纳等12类,每篇后附日文。

关于各地禁烟情况的资料和研究成果有浙江省民政厅所编的《禁烟小册》,包括鸦片的害处、红丸和其他代用品的害处、栽种罂粟的害处、浙江省严禁种烟概况等7部分,附总理拒毒遗训、蒋委员长敬电、浙江省禁烟方案。四川省禁烟督办公署、四川省禁烟委员会编印的《四川省禁烟汇报》包括导言、机构、禁种、禁吸、禁运、禁售、禁毒、肃清存土、总论、大事记、附载、编后记12部分。浙江省民政厅编印的《浙江省禁烟方案》附中央及本省禁烟法规,包括总则、禁栽种、禁运输贩卖、禁制造、禁吸用5章。

甘肃省政府民政厅所编的《甘肃省禁烟总报告》有该省禁种、禁运、禁售、禁吸之经过及处理情形、禁烟各项统计、省颁禁烟单行法规等。福建省政府秘书处所编的《福建省禁烟概况》分前言、查禁种烟、统制运售、管理烟民、戒烟、禁毒、调整禁政机构等8章。四川省政府禁烟善后督理处所编的《四川省禁烟善后法令汇编》包括中央法规及重要电令(15件)、省府公布章程及重要电令(30件)、组织规程等(6件),附载3篇。四川省禁烟委员会所编的《六三禁烟节纪念特刊》包括《禁烟与训政》(刘湘)、《心理禁烟》(邓汉祥)、《六三禁烟感言》(嵇祖佑)、《六三禁烟节感言》(唐华)、《纪念六三那应有的认识》(董宗骥)等9篇,各报纪念六三禁烟社评14篇,专载16篇,附载数十篇。

云南禁烟局所编的《云南禁烟局规章汇编》包括云南禁烟处罚暂行章程、各属禁烟处罚事宜办理章程、禁烟委员服务规则、奖罚地方官吏及委员条例、禁烟委员旅费支给规则等十余份文件。河南省政府所编的《河南省六年禁烟总报告》包括禁烟机构、禁种、禁吸、禁运、禁售、禁毒、烟毒案件之审判、禁烟经费、禁政人员之考成、与禁烟有关事项、游击战区之禁政、禁政之善后,共 12 章。湖南省禁烟委员会所编的《湖南省六年来禁烟总报告》包括该省禁烟计划、该省各级禁烟行政机构沿革、禁种、禁吸、禁运、禁售、禁存、禁毒、办理禁烟考成、禁烟经费等 12 部分。

广东省政府民政厅编印的《广东省政府民政厅禁烟工作报告书》包括查禁种烟、办理烟民登记、统制运售、调整禁烟机构、提前禁绝鸦片、加紧禁烟宣传、禁戒经费、戒烟药物等 13 章,附广东省政府民政厅二十九年度禁烟实施计划等。他们编印的《广东省政府民政厅廿九年度禁烟实施计划》包括工作进度、工作纲要、征集人才、经费预算、准备药物 5 部分,附广东省各县局查禁鸦片督导团组织办法、广东省各县局戒烟医所设置办法等 8 种。

威海卫管理公署烟毒案件审判处编印的《威海卫行政区禁烟年刊》收有图照、论述、纪要、公牍、规章、专载,共 6 部分。吴望伋的《东阳永康缙云丽水青田宣平龙泉松阳八县禁烟概况》包括督禁八县烟毒概述、一年来工作纪略、公查后工作概况、禁烟方案法规 4 部分。陈凌云的《浙江省杭湖台各属禁烟总报告》包括临黄天仙宁象南七县禁烟总报告、杭州市暨杭馀临吴长德七县总报告、奉调转赴台属各县分别督禁总报告书等 4 篇。贵州省地方行政干部训练委员会的《禁烟》包括绪言、中央禁烟法案、贵州省禁烟经过、彻底肃清烟毒与现行禁烟法令、结语 5 章。

以上简单列举一些代表性的专著、资料汇编成果,可以发现现有的研究成果已经形成规模,资料汇编也非常丰富,但各地的资料详尽程度不同,资料分布不均衡,还需要大量借助国外相关史料补充。

同时目前的中国禁毒史研究也存在一些问题,如在统计资料使用上,采用片段资料和未加批判的史料,夸大描述。其原因是缺乏对鸦片制度的实证考察,缺乏对吸食量的基本整理。比如《中国禁毒史》第 7 卷第 1 章有这样的描述:"而这一时期,全国吸毒人口之多,在历史上也是绝无仅有的。1929—1934 年间,由于毒品数量的充足,政府和各地军阀的只征不禁,全国的吸毒人口数量急剧增长,吸食各类毒品的总人数达 8 000 万人,达到空前绝后的地步。1932 年,中国人口 474 487 000 人。吸毒者约占总人口的 16.8%。在吸毒者中,仅吸'红丸'的就达 30 000 000 人。云南一省有 1 700 万人,而吸毒者就达 300 万人;贵州省的 700 万人中也有 233 万人吸毒;最严重的是四川,全省 7 000 万人中,竟有 4 000 万人是瘾君子。"但当时即便是过高估计中国鸦片吸食者的日本人,其估计的最高吸食人数比率也不超过 6%。

在财政金融数据的使用上,单纯以金额来判断影响程度,并未考虑价格的变动。比如对特税的估计仅仅以 1933、1934 年为 2 000 万元[①],1936 年为 5 000 万元,就判断鸦片消费增加了。但事实上在江浙等地,1933、1934 年烟土价格为 1~3 元 1 两,而到了 1935、1936 年左右,南市鸦片批发价格上涨到 15 元 1 两左右。因此,金额上升并不能与消费量增加直接挂钩。

在论证上,定论性结论过多,以实际数据实证的状况少,往往得出远远超越史料所显示内容的结论。在资料使用上,没有年代、题目标注,很难判断其引用史料的真伪。对于抗战时期日军贩毒的史实缺乏翔实研究,很多成果原样照搬日本学者的研究,并对其进行演绎和夸大。

另外,将 10 年内战期间所有导致鸦片泛滥的原因都归咎于蒋介石一人,缺乏客观性。事实上,1928 年北伐完成到 1934 年年初的鸦片毒品泛滥,根源于当时中国军阀割据的状态。

三、研究思路、方法和基本框架

(一)研究思路、方法

本书首先梳理和分析中国的禁烟政策变革、中国烟毒生产运销问题、各地的禁烟政策执行情况,以及由禁烟运动导致的军阀战争和财源争夺问题。进而以国民政府禁烟实录为题,系统分析南京政府实施军法禁烟和掌控鸦片运销、严厉禁毒与鸦片消费管理以及斩断各地鸦片收入与建立抗战战略后方等方面的内容。

在研究方法上,其一是注重采用历史实证与规范分析相结合的方法。我们通过对相关文献资料的梳理,在对民国时期禁烟政策和财政政策演

---

① 本书中的元在 1935 年 11 月后均指法币,1935 年 11 月前均为银元。

变进行历史实证分析的基础上,注重结合当时的历史环境进行规范性分析。

其二是注重采用比较研究的方法。比较史观是研究经济史的一个非常重要的方法。有比较,才有鉴别,才能看出其特点,研究一个具体对象,总要以另外的对象作为参照系,才能更清楚地发现研究对象的特点。比较并不是简单的对比,而是在深刻把握彼此个性本质的基础上才能比较。例如,通过不同区域相关史实的比较,笔者提出了自己的观点和见解。在分析过程中,将禁毒与财政、军事、外交等方面的内容结合,运用经济学、社会学和历史学中的相关分析方法,较为系统地探讨民国时期的禁烟运动。

在研究过程中,避免仅单纯阐释禁烟和财政二者的关系,在分析二者关联的基础上,对由于二者矛盾导致的军事、外交、社会问题也一并涉及,以求更为系统和全面地反映鸦片财政所导致的深刻社会问题。

(二)基本框架

全书除绪论与结语外,共分十章,总体分为五个部分。

第一部分为绪论,主要介绍研究缘起,梳理国内外研究现状,概况本书的研究内容、研究方法和基本框架,同时总结本书的创新和不足,并说明使用的相关资料。

第二部分即第一章,主要从鸦片战争前、鸦片战争后至1928年、南京国民政府时期、全面抗战前中国鸦片生产和消费状况以及禁烟政策与地方财政的关系等方面梳理和总结鸦片政策的沿革。

第三部分包括第二章至第七章,主要从《塘沽停战协定》前的鸦片毒品问题、《何梅协定》签订前后的禁烟对抗、福建的禁烟与反禁烟、1930年前后各地的鸦片管理、禁烟与军阀战争、禁烟运动的回潮等方面,阐释中国烟毒生产运销问题以及各地的禁烟政策执行情况,以及由禁烟运动导致的军阀战争和财源争夺问题。

第四部分包括第八章至第十章,以国民政府禁烟实录为题,系统分析南京政府实施军法禁烟和掌控鸦片运销、严厉禁毒与鸦片消费管理以及斩断各地鸦片收入与建立抗战战略后方等方面的内容。

第五部分为结语,主要结合当时的历史背景梳理禁烟运动的影响因素,总结中国禁烟政策实施的效果。

四、创新和不足

(一)创新点

民国时期有关禁烟的文献资料相对分散,并有大量的遗失,还有大批资料保存在日本和中国台湾省。此外,日本有关社会团体和人士对当时的情形做过一些调查统计,现在保存在日本高校和研究机构的各类图书馆、文库等。本书在充分研究和利用这些材料,并辅以其他史料的基础上,努力细致地刻画和分析民国禁烟运动的绩效,力求在充分实证研究的基础上对民国经济史的研究有所推进。

第一,运用经济学和历史学、政治学等学科的研究方法,从经济管理、政治制度、外交因素等方面较为系统地梳理和研究禁烟与财政的相关关系,这种研究视角在民国时期禁烟方面的研究成果中还不多见,不失为较好的研究尝试。

第二,研究的结论和观点有一定的创新,能更全面和真实客观地反映民国政府各种势力对禁烟的态度和行为,例如对蒙绥特税之争、两广事变背后的鸦片财政问题的透析和重新解读,等等。

第三,史料的创新。在研究过程中,课题组成员赴日本各高校和研究机构查阅相关资料,整理和翻译了大量珍贵的历史一手资料,并在研究的过程中主要以日本方面的相关资料为支撑,这也是本研究的一大特色。同时课题组成员到国内各图书馆搜集和整理一批珍贵的一手资料,并对其进行整理和分类,为进一步深入研究奠定坚实的史料基础。尤其是大量使用日本最近几年公开的珍贵史料,大大充实了国内研究禁烟相关问题而急需的资料。

第四,成果较为细致地分析了地方割据政权等对于鸦片财政的依赖程度,探讨围绕禁烟运动各方势力之间的博弈和斗争,以及由此而引发的军事和社会问题。

（二）研究不足

第一，近几年国内有关禁烟的史料不断呈现，但在研究的过程中，考虑到军阀割据状态影响下的统计数据的真实性问题，在使用上需要重新评估其可靠性。此外，由于时间紧张，因此对国内的相关史料运用较少，这是下一步深入、全面、细致和系统研究需要克服的问题。

第二，对日本现存资料的挖掘和整理和不充分。虽然前期已整理了庞大的日文资料，但限于翻译开支太大、经费不足，以及日本公开资料的不完整性，之后还有很大的史料搜集和整理空间。

第三，在研究内容上还需进一步完善。尤其是应在对禁烟运动和财政收支研究的基础上，深入探讨鸦片财政对中央、地方以及伪政权财政政策的影响。限于当时财政政策机制的极度不健全和不完善，实际上现代财政政策体系还没有产生，在探讨过程中困难较大，因此课题组主要探讨鸦片财政问题。今后课题组可以结合国民政府公债发行、债务整理、税收体制变化以及财政开支等方面，深入分析禁烟政策与财政之间的内在关联。

（三）本书中引用文献的说明

本书中引用的日本政府各机构间往返函件及当时出版的书籍，主要从日本国立公文书馆、外务省外交史料馆、防卫省战史研究室图书馆、日本国会图书馆、立教大学图书馆的保存文献中查阅。上述五个馆的地址都在东京。原文件都有所属文件夹，但其中并无统一页码，而只是根据联系之便，将涉及某一问题的电文函件全部收于一个文件夹中。为了明示所引文件与所讨论问题的相关度，在本书中主要列出文件起草人与收信者、文件编号和题目、起草日期。对于作为附件略去日期者，才列出其所属文件夹名和建档日期。

第一章

中国的鸦片政策沿革

  罂粟原产于南欧的希腊和罗马一带,后来被带到阿拉伯地区。进入唐代,随着中国与阿拉伯之间贸易展开,鸦片种子被带入中国。但其最初只是在文人雅士间供赏玩之用。

  宋、金、元时代,有了鸦片作为药用的记载,但只限于少部分人知道。进入明朝,有了采取鸦片汁液制造鸦片、配成药剂的记载。至此,鸦片的名称方为世间所知。

  一般所说的鸦片有两重含义:广义的鸦片包括鸦片烟和具有麻醉作用的毒品,狭义的鸦片主要指鸦片烟,又称大烟。以上所说毒品和鸦片烟,根据民国政府1936年颁布的《禁毒治罪条例》和《禁烟治罪条例》,毒品是指"吗啡、可卡因、海洛因以及其化合物,或者配合而成的各种毒药",鸦片烟是指"鸦片、罂粟和罂粟种"。国际团体所定义的鸦片和毒品包括:(1)鸦片。生鸦片(生土,Paw Opium),罂粟果实所获汁液自然凝结而成,将其进行包装及加工成可运输状态;鸦片烟膏(熟土,Prepared Opium),以从生鸦片中提取适合消费部分为目的,对其进行溶解、煮沸加热、发酵及其他连续特别操作而获得的产品。(2)医药用鸦片。药用鸦片(Medicinal Opium),即无论粉状、颗粒、其他形状,或混有中性物者,只要根据国内药事法规定,为适合医药用而进行必要加工的生鸦片(《日内瓦第二鸦片会议条约》)即为药用鸦片。但《海牙条约》中对药用鸦片的定义是经摄氏 60℃加热,含有 10% 以上吗啡者。其中,吗啡(Morphine),是鸦片中含有的最主要的生物碱(Alkaloid),分子式为 $C_{17}H_{19}NO_3$。海洛因(Heroin),分子式为 $C_{21}H_{23}NO_5$。可卡因(高根,Cocaine),爱哥宁提取物,分子式为 $C_{17}H_{21}NO_4$。另外,还有古柯树叶、粗制可卡因、爱哥宁、印度大麻等。

第一节 鸦片战争前的鸦片政策

明朝正德年间,广东、福建沿海出现鸦片吸食者,肇鸦片流毒中国之始。其时恰为大航海时代之初,荷兰、葡萄牙商人来到广东、福建沿岸开始贸易。明史中有葡萄牙商人进献鸦片给皇帝 200 斤、皇后 100 斤的记载。可知鸦片为彼等携来,启内地吸食鸦片之风,人数渐多。至明崇祯年间,其流毒渐甚,曾发禁止吸食的诏书。

英国人垂涎于葡萄牙人独得对华贸易之巨利,于 1602 年设立东印度公司,与葡萄牙人展开贸易竞争,终将葡人控制的鸦片贸易转到自己手中。崇祯年间,英船抵达广州。此后,印度产鸦片源源不绝地由英船运到广东。

进入清朝,康熙十年(1671 年)下令对鸦片课税,每箱课银 3 两,每包课银 2 两 4 钱 5 分。雍正七年(1729 年),更下禁烟之诏,但无实际效果。乾隆四十六年(1781 年)以后,每年鸦片进口达 2 000 箱。

乾隆帝恐人民耽溺鸦片,遂采取禁烟措施,烧毁鸦片 200 箱,并公布对销售鸦片的刑罚:"国内商人销售鸦片者处以枷一月、杖一百、边疆充军三年。侍卫、官吏有犯者,免其本职枷二月、杖一百、流配三千里为奴。"如此刑罚依然没有收到实际效果,鸦片输入益加繁盛。

嘉庆元年,更加重刑罚,并发布禁烟令,效果依然不明显。至道光十六年(1836 年),鸦片进口数量达每年 2 万余箱,占印度全部鸦片产量的一半。英国商人因此得到英国政府嘉奖,并向清朝提出取消鸦片禁令的要求。被清政府拒绝后,遂以走私方式继续向中国大量出口鸦片。中国因走私鸦片流出巨额现银,鸦片问题作为经济问题的重要性显现出来。

为阻止现银流出,清朝接受开明士大夫的谏言,晓谕各省督抚厉行严禁,成为鸦片战争的直接原因。

中英贸易的大部分是英国从中国进口茶、毛、生丝,英国对华必须支出现银。表1—1是当时广东对外贸易的状况,中国对外贸易呈持续出超的状态。英国一直在寻求一种可以弥补贸易逆差的商品,终于找到在印度大量生产鸦片并将其卖到中国的方法。此后,对华鸦片出口逐年增加：1790年为4 000箱、1810年为6 000箱、1826年为10 000箱、1832年为24 000箱(每箱160磅)。向中国走私鸦片所获白银被反过来用于购买中国商品,鸦片贸易额的增加填补了英国进口中国特产的逆差。

表1—1　　乾隆六十年(1793年)英国访华副使斯汤顿(Staunton)记录当时广东贸易量

进口地	数量	商品种类	出口地	数量	商品种类
英国	10万磅	毛织品、铅、锡等	英国	150万磅	茶、毛、生丝
印度	7万磅	棉花、象牙等	印度	33万磅	
其他各国	2万磅		其他各国	60万磅	
印度	2.5万磅	鸦片			
合计	21.5万磅			243万磅	

道光十九年(1839年),大呼"不禁烟国日贫民日弱,此祸不除,十年后无可用之兵,无可缮之饷"的林则徐赴任广东总督,于1月25日,勒令英商在3日内交出所有鸦片。遭英商拒绝后,其2月3日派兵强制收缴1 037箱鸦片。林则徐下令断绝英商粮食供给,迫令英商交出鸦片20 283箱,并全部烧毁。林则徐下令将隐匿鸦片入港商船的全部货物没收,引起英商的激烈反对。但林则徐对于英国领事提出善后交涉的建议,全然不予理睬。英舰炮轰事件发生后,11月8日,林则徐下令停止一切对英贸易,对英方所有谈判申请一概置之不理。事态发展使英方意识到和平交涉全无可能,最终决定诉诸武力。至此,中英进入鸦片战争阶段。1841年7月7日,清朝对英国正式宣战,结果清朝失败,1842年8月29日签订了《南京条约》。

鸦片战争的直接起因是中国鸦片禁令，但《南京条约》中却未有一字提及鸦片。英国虽能以战胜国的姿态恣意妄为，但鸦片贸易毕竟是人道的犯罪，因此英国在条约中一概不提鸦片贸易之是非，只说为开展世界自由贸易打开了中国之门。但英国强制向中国推销鸦片的行径，在人道的角度上把自己永久地刻在了历史耻辱柱上。此外，鸦片战争前中国政府禁烟的动机，与其说是保护国民，不如说主要是为了防止进口外国鸦片导致的现银流出。到19世纪中叶为止，中国统治者都认为，中国地大物博，资源丰富，没有与外国贸易的必要，并将对外贸易看作对外国的恩惠。他们只是对外国人带来的鸦片所导致的中国财富的枯竭抱有深深的疑虑。因此，这个时代的禁烟令只是提醒人们不要吸食，并没有深刻认识到鸦片的作用方式，缺乏科学依据，因此也就收效甚微。

第二节　鸦片战争后至1928年的鸦片政策

鸦片战争后到庚子事变前后，清政府的腐朽无能暴露无遗，列强各国力图将中国变成其殖民地，一连串的内外战争也消耗了其财富。清政府只能以夷制夷的方法，在列强之间取得平衡或互相抑制，以维护中国国体。这个时代，清政府没有能力顾及行之有效的禁烟政策，即使发布禁烟政策也收不到效果。

1842年《南京条约》对鸦片贸易未做任何规定，中国依据国内法规定鸦片贸易为非法，1843年虎门追加附约，英政府承诺杜绝走私，但承诺很快被抛弃，香港地区成为鸦片贸易的根据地。印度的鸦片生产和出口趋于增加，到1858年对华走私出口鸦片总量达75 000箱。为促进不法贸易，英国人让中国船挂上英国旗私运鸦片，成为第二次鸦片战争的起因。

早在鸦片战争刚刚结束时，英政府就不断劝说中国允许鸦片进口合法化。1843年，鸦片战争时任英国外交大臣的帕默斯顿（Palmerston）勋爵告诫英国驻华官员，要让中国政府明白鸦片贸易合法化对中国是多么有利，要其利用一切机会引诱中国政府签订允许鸦片贸易合法化的协定。但中国政府对于财政诱惑一概置之不理，长期拒绝英国的请求。但是到了 1858 年,当时的中国政府终于意识到,没有外国帮助,中国将无法根除鸦片走私,于是决定放弃驱逐鸦片努力,与英国政府签订关于鸦片贸易的协定。中国为了减少鸦片吸食者,提出对鸦片课以高关税,计划对每箱鸦片课征关税白银 60 两,但英国却坚持每箱 20 两的方针,经反复交涉最终达成每箱鸦片课税 30 两的协定。就这样,英国以远低于英国对中国生丝和茶所课征税率的进口税率开始了向中国合法地出口鸦片。此后,英国将大量的鸦片在法律保护下运进中国。

1906 年,清政府发布上谕"命今后 10 年间完全消除外国及国内鸦片所生祸害,着内阁编制禁止鸦片消费及罂粟栽培之适当办法"。当时,进口鸦片几乎都来自印度,清政府为实施 10 年禁烟计划请求英国帮助。1906 年 5 月,无条件非难鸦片贸易决议提交下议院审议,5 月 30 日,英国下议院全场一致通过了这个决议。决议说"本院确信英华鸦片贸易在道德上无以辩解,政府应为迅速结束这一贸易采取必要手段"。1907 年,英国政府以中国国内产鸦片每年减少同比率为条件,与中国政府签订每年减少印度出口中国鸦片总量 10% 的协定。这一协定如得以实现,到 1917 年中国的鸦片消费将完全消除。

进入 20 世纪后,中国的鸦片泛滥也引起世界关注,从 1909 年开始形成国际上有关鸦片的几个主要条约:1909 年的《上海万国鸦片会议决议书》、1912 年的《海牙国际鸦片条约》、1925 年 1 月的《国际联盟第一鸦片会议协定》、1925 年 2 月的《日内瓦第二鸦片会议条约》等。[①] 这些国际条约基本是从人道角度监督国际鸦片交易,对各国国内鸦片政策基本不加干预,只是在涉及国际鸦片交易管理方面具有一定实效。

1911 年 5 月 8 日,英国又与中国签订了关于禁止鸦片进口的追加协定,对 1907 年协定进行了修改。修改内容为,英国承认中国政府禁止鸦片的热情,英国若能获得中国国内鸦片生产被完全禁止的证据,将于

---

① 国际条约中,尤其是与国际联盟相关的《日内瓦第二鸦片会议条约》,1925 年 2 月 19 日由 44 国签署,这一条约在鸦片管理上有了相当的进步,尤其是第五章有关国际交易管理的几条,有为防止国际烟毒蔓延实现有效协作的规定,能够为防止从国外向中国输入烟毒设立有效的壁障。但由于本条约的法令改正及其他令条约国负担的种种义务等产生的繁杂关系(美国因其主张未能通过而未参加),根据当时中国形势,因其难以履行条约规定的义务,中国又并非本条约当事国,不享有本条约的权利义务。但这一点后来恰恰被日本政府和军队利用来向中国出口鸦片。

1917年以前完全禁止从印度向中国输出鸦片。对于已经查明完全禁止吸食鸦片的中国各省,不再运进印度鸦片。中国政府则向英国承诺,在禁止鸦片生产的范围内,在中国希望的情况下,可由中国官员陪伴英国官员到中国地方从事调查。

此外,英国政府以不实际干涉为条件,允许中国政府派员到印度监视对华鸦片销售。中国对全国范围的鸦片课征统税,英国同意对印度产鸦片每百斤一箱的进口税提高到350两,中国对国内产鸦片也课征等价的厘金。为"帮助"中国防范鸦片,英国政府将明确标示由印度向中国出口的鸦片,对鸦片箱以连续号码制发行许可证。1911年发行的此类许可证将限制在3万以内,至1917年最终年度前,6年间每年减少5100箱。在中方要求的情况下,可由中方派员到场,会同印度政府官员对鸦片箱核发许可证封印。[①]

袁世凯上台后,1913年、1914年曾连续两次发布《罂粟种植禁止条例》。1913年12月,时任司法总长梁启超曾通告各省,宣布将于1914年实施对吸食鸦片者的刑罚:对于40岁以下男女吸食鸦片者、走私贩卖鸦片者,处以枪毙之刑。对于注射吗啡者,判以10年监禁。

袁世凯统治崩溃后,中国进入北洋军阀割据时代。北京政府政令不出数省,十余年间,各地军阀为筹集军费,纷纷鼓励种植吸食鸦片,鸦片权益之争也成为军阀战争的导火线。

第三节 南京国民政府的禁烟政策

南京国民政府禁烟政策主要分为两个部分:其一是与日本直接对抗地区的禁烟政策,其二是总体禁烟政策的制定和实施。前者以华北、上海、福建三个地区为主,与中日间政治、军事、外交对抗紧密相连,显示出各地区的特殊性;后者以西北和长江以南各省为主,与国民政府禁烟政策体制的形成及其实际效果紧密相连。

---

① W. W. Willoughby: Opium as an International Problem[M]. Baltimore, The Johns Hopkins Press, 1925:11—17.

南京政权设立早期,由于各地方军阀对立严重,南京政权实际控制区只有数省,加之南京政权内以汪精卫为首的改组派势力较强,最初制定的禁烟法令较为偏重合理性,刑罚偏轻。

1929年7月25日,《禁烟令》发布,鸦片专卖制度实施。1933年3月16日,其中的第11条修改。该法由总则、禁烟机构、科刑、附则四章22条构成,是近代史上第一部有科学依据的禁烟法。

第一章为总则。总则里规定了"烟"的定义为鸦片及其代用品。代用品包括吗啡、可卡因、海洛因及同类有毒物或化合物。对于违反禁烟法者,依据禁烟法科刑,对禁烟法无规定者,依据刑法规定量刑。

第二章为禁烟机构。其中规定全国禁烟会议为建议和审议一切禁烟事项的机构,行政院禁烟委员会为监督管理全国禁烟事项机构。各省设立禁烟机构,负责省内禁烟事项监督管理;特别市政府、市政府、县政府执行各管辖范围内禁烟事务;水陆公安机关办理辖区内禁烟事务;地方自治团体协助地方政府处理禁烟事务。各禁烟机构的职责为:依据本法,随时查禁鸦片种植、制造、运输、销售、所有,以及供制造和吸食的一切器具。

第三章为科刑。规定对于种植、制造、运输、销售、所有、吸食各种行为,根据寓禁于征的方针制定刑罚和经济惩罚;对于查获的毒品和器具,一律予以没收烧毁;对公务员收受贿赂、知法犯法、执法犯法的,以加倍处罚的方针并依情节轻重制定科刑。

第四章为附则。其中规定了对科学医药用鸦片及代用品管理、公务员吸食管理责任的归属、施行规则的制定等事项。

此后数年,蒋介石通过军阀战争和"剿共",将势力扩大到华中、华南各省。随着实际控制范围的扩大,南京政权逐渐加强对政治、经济、军事权力的控制,国民党内以蒋介石为中心的政治集团的势力也逐步增大。蒋介石一面通过军事管制强化《禁烟令》的权威,一面通过《禁烟令》获得的收入增强自身的军事实力。1933年4月,南京政权以鄂豫皖剿总司令部名义,公布《严禁腹地省份种烟取缔采办边省产土章程》和《厉行查禁麻醉毒品土膏行店取缔章程》,逐渐强化《禁烟令》的军事管制色彩。1934

年 5 月,南京政权以军事委员会委员长南昌行营的名义,公布了《严禁烈性毒品暂行条例》。1935 年 4 月 18 日,南京政权以行政院第二二六〇号训令,公布《禁毒实施办法》《禁烟实施办法》。同年 5 月,蒋介石公布"禁烟六年计划",宣布废除 1929 年的《禁烟法》,并依据禁烟计划重新制定法令。1936 年 6 月 3 日,蒋介石以军事委员会委员长兼禁烟总监督的名义公布《禁毒治罪暂行条例》和《禁烟治罪暂行条例》以及《国民政府军事委员会禁烟总会组织规定》,将禁烟政策的实施范围扩大到全国。1936 年公布的禁烟法令,整合了过去国民政府公布的种种禁烟法令,加重了对鸦片毒品犯罪的刑罚,将其规定为军事犯罪,并依据军法处罚。这代表了战前禁烟政策的最高水平。

《禁毒治罪暂行条例》主要针对吗啡、海洛因、可卡因以及其化合物或配合而成的各种化学毒物犯罪,由 25 条构成。其规定对制造、运输毒品者判处死刑或无期徒刑,对销售毒品者、以营利目的提供毒品注射、吸食者判处无期徒刑或死刑,对 1935、1936 年内注射和吸食毒品者处以 1 年以上 3 年以下有期徒刑,对戒除后再犯者加重刑罚,对上瘾者实施强制戒除治疗。对屡戒屡犯者,逐渐加重刑罚,最终可达死刑;对 1937 年以后犯有以上罪行者,一律判处死刑。对公务员的犯罪、受贿、作伪、枉法行为加重处罚,没收和追缴受贿收入。对犯有制造、运输、销售、以营利为目的提供毒品注射吸食者,没收其全部财产。其中第二十四条规定,犯罪者由军事委员会委员长兼禁烟总监督指定的军法职权机构审判。

《禁烟治罪暂行条例》主要针对鸦片、罂粟及罂粟种子,由 25 条构成。规定对于以制造鸦片为目的而种植罂粟者,判处 10 年以上有期徒刑;对聚众抵抗铲除烟苗首犯或指挥者,判死刑或无期徒刑;对运输、销售或以销售意图的持有鸦片者,判处 5 年以上徒刑或 3 000 元以下罚金;对数量超过 500 两以上者,判死刑;对运输、销售罂粟种子者,判 3 年以上 10 年以下有期徒刑;对进口罂粟种子者,判死刑;对以营利为目的提供鸦片吸食条件者,判处无期徒刑或 5 年以上徒刑或 3 000 元以下罚款;对利用有期限戒烟执照供人吸食者,判处 3 年以上 7 年以下徒刑或 1 000 元以下罚款;对吸食鸦片者,判 6 个月以上 2 年以下徒刑或 300 元以下罚款,对上瘾者,判其限期住院强制戒除;对于屡戒屡犯者,逐渐提高刑期、加重罚款,对三次重犯者,判死刑。其他规定与《禁毒治罪暂行条例》大同小异。

1936年8月19日,《禁烟禁毒实施规程》以禁烟总监令的方式公布。该实施规程由四章五十四条构成:第一章为总纲、第二章为禁烟、第三章为禁止毒品、第四章为附则。其中最重要的是第二章,包括禁止种植、禁止运输、禁止贩卖、禁止吸食。该规程总纲中规定:"以1940年末为限一律禁绝鸦片,以1936年末为限一律禁绝毒品。"军事委员会委员长兼禁烟总监对禁烟禁毒负全部责任,各级禁烟机构、各地军政长官受禁烟总监之命,处理并协助一切禁烟禁毒事项。也就是说,在中央和地方最高军政长官负责下,1936年年底彻底禁绝毒品,而对鸦片则以1940年为限期,实施逐步禁绝。在达到限期前,变相地实施最高长官负责的专卖制度,也意味着所有鸦片专卖收入都归禁烟总监支配。因此必须详细规定种植、运输、销售、吸食的各个环节,及达到期限前逐渐减少的办法。

比如,对于禁止种植区域,第六条规定"将各省区暂时分为绝对禁止种植地区和分期禁止种植地区,其区域和年限由禁烟总监酌情指定"。

对于鸦片运输,第十二条规定"限期戒烟期间内烟民所需鸦片,由禁烟督察处统一运输分配,不得私自秘密运输,违者治罪"。

对于鸦片销售,第二十五条规定"各地区应依照限期戒烟原则,在1940年以前,对于领取限期戒烟证的烟民所需鸦片,制造公膏供给。在公膏未制造前,暂时准许商人申请特许证设立土膏行店经营销售,其规则另行制定"。

对于准许销售的鸦片制品,第二十七条规定"有关戒烟药品的制造销售,呈送该药品样品至各该地方禁烟机构,由其转送省市政府,再由其递送给禁烟总会审验,无毒性却又禁烟效能者,可申请由禁烟总监发给特许证,未经特许审验者全部禁止销售,药品呈验手续另行制定"。

关于吸食,第二十九条规定"在规定戒烟期限内,年老或因疾病吸食成瘾,一时难以戒除者,可领取限期戒烟证,暂时许其吸食。除此以外者一概不得吸食,违者依法处罚"。此外,还详细规定了各个环节的期限、收费,所收费用在地方和执法机构中的分配等事项。

从总体上看,这是一部充分体现了国际鸦片条约宗旨,集过去所有禁烟禁毒法令之精华的法令。就连日本的鸦片政策研究专家也称,这是个"在法理学上臻于完备的法令","在今后制定取缔禁止鸦片麻醉剂法令时有参考价值"。

随着1936年禁烟法令的公布,全国各省市设立了为数众多的戒烟院和戒毒院,对烟民实施甄别和登记。

第四节　全面抗战前中国鸦片生产和消费状况

南京政权从1929年开始,逐步强化禁烟政策,至1935年又提出了禁绝鸦片的6年计划。其对鸦片的生产、运输、销售、吸食做出一系列严格规定。社会上对这些政策虽屡有非议,但至"七七事变"前,这些政策取得了一定成果。由于国民政府禁烟政策的实施时期,与日本侵华战争在时间上的衔接非常紧密,甚至重叠,因此禁烟政策效果的认定非常困难。在此需综合各种要素加以整理。

国民政府逐步强化戒烟政策的1933年到1937年之间,恰与日军完成对伪满洲国占领、进一步占领热河和华北部分地区、展开对华北其他地区和内蒙古的侵略和渗透的时期相重叠。国民政府的禁烟政策,在华北地区遭到日本政府和日军的极力抵制和破坏。关东军和华北派遣军为了获得"秘密工作"的经费,从1932年开始,利用伪满洲国政权扩大鸦片生产和消费规模,唆使日本、朝鲜浪人设立大量贩毒网络,将朝鲜、日本本土、台湾地区生产的鸦片和高纯度毒品通过大连、北宁线走私到东北和关内。1933年,其通过《塘沽停战协定》设立的非军事区,限制了中国在非军事区内行使行政权和查缉走私;1935年,其又通过《何梅协定》和《秦土协定》,在河北和察北驱逐中国军队和执法机构后,一面在上述地区扩大鸦片种植、放任走私和吸食,一面通过察绥渗透西北,获取西北产鸦片。1935年下半年以后,其策动设立冀东伪政权,通过冀东、天津日租界、察北扩张制毒、走私贩毒网络。同一期间,日军还利用其对青岛和济南的控制，利用日本、朝鲜浪人走私集团，在治外法权保护下，对宁沪杭地区、长江流域腹地、华南开展渗透，大肆走私鸦片。而国民政府则通过不断加强禁烟法制和执法力度、扩大禁烟和禁止种植的指定区域与之对抗。这一时期中国境内的鸦片政策呈现出一种南严北乱的复杂局面。

在全面抗战开始前后，国民政府禁烟政策持续升级，其效果也逐步显现。云、贵、川、陕、甘、宁、青各省的鸦片生产和运销的停止，使日军由西北和西南获取鸦片的企图落了空，打击了日军以中国产鸦片支持战争财政的战略意图。

一、鸦片生产与运销

关于中国鸦片生产状况，一直没有完整而严密的统计报告。进入 20 世纪后关于中国鸦片产量的推测有如下数种：

（1）1909 年上海万国鸦片会议上，清政府公布的数字为：1906 年 584 800 担、1908 年 367 250 担（1908 年由于禁烟令发布，比 1906 年减少了 37%）。

（2）1923 年国际联盟第二次禁烟会议英国代表团公布的数字为：1922 年 250 500 担。

（3）1936 年国际联盟第二十一次禁烟委员会美国代表富勒（Fuller）公布的数字为：1935 年年产鸦片 12 261 吨（207 978 担）至 18 000 吨（304 740 担）。

在 1937 年以前的国际鸦片会议上，中国一直处于受指责的境地。国民政府的鸦片会议代表虽偶尔也有指责日本在中国贩毒的声音，但由于中国鸦片之害愈演愈烈、缺乏有力数据证实禁烟政策的效果等原因，多数情况下国民政府代表反而不得不与日本政府代表联手为自己的行为辩解。1936 年召开的国际联盟第二十一次禁烟委员会上，美国代表富勒的发言对中国鸦片生产泛滥状况提出严厉的指责："中国鸦片生产量占世界生产总量的九成。边疆省份盛产鸦片，从南方的云南、贵州、西康、四川到青海、甘肃、陕西、宁夏、绥远、察哈尔各省是重要的鸦片产地。根据最可信赖的调查结果，中国年产鸦片量约在 12 261 吨（207 978 担）至 18 000

吨(304 740 担)。1935 年云南省数县被宣布为禁止鸦片种植地区,在其他允许种植县,因官吏和警察鼓励种植,其总产量不仅不减,反而有增加之势。云南财政厅厅长陆崇仁于同年 10 月发布告奖励种植。因为他看到农民因蒋介石发布的戒烟令对种植鸦片持观望态度,特发布通知允许种植,并下令对不种烟者进行处罚。四川省虽连年发布禁止种植令,但产量高的十数县依然允许种植。因此四川鸦片产量的增减,还有待调查。湖南省本是禁止种植省份,但政府依然允许二十余县种植。西康、青海、绥远、察哈尔各省尚未闻禁止种植之说。陕甘两省因为禁止困难,产量反增。宁夏省产量约为 780 吨(13 200 担),省政府在河北省设立鸦片贩卖处,其产量有增无减。1933 年 4 月设立的与国民政府关系密切的农民银行,营业状况极好。该行表面上是对农业投资的银行,实际上过去 2 年间一直在各城市设立分店,而今国民政府又给予其 1 亿元纸币发行权。该行如此发达,证明了买卖鸦片获得了暴利。"

福勒的发言,不仅对中国鸦片生产状况做出了估计,也对国民政府禁烟政策的效果和诚意提出了质疑,并对蒋介石设立的农民银行的主要收入来源和鸦片买卖的关系做出了明确的判断。1936 年的国际会议,让国民政府认识到国际讲坛的作用:蒋介石一面强化各省的禁烟机构,一面命令禁烟督察总处收集各地资料后编辑禁烟纪念特刊,以彰显国民政府禁烟政策的决心和成效。1937 年以后的国际鸦片会议上,中国政府的被动立场才得以逆转,日本破坏中国禁烟法制、以鸦片和毒品作武器侵略中国的面目开始被揭露出来。

1935 年蒋介石宣布禁烟 6 年计划,指定江苏、浙江、江西、湖北、湖南、福建、山东、河北、山西、河南、察哈尔 11 省为绝对禁止种植地区。指定分期禁止种植地区为四川、贵州、云南、陕西、甘肃、绥远、宁夏 7 省。这些省在 1935 年以后,分数期按预定时期在预定区域内禁止种植,至迟在 1941 年完全禁绝鸦片种植。根据国民政府公布的资料,1935 年主要鸦片生产地区的种植面积和产量比上年都有了较大幅度的减少(见表 1—2)。

表 1-2　　　　　　　　国民政府禁烟督察处统计资料

省份	种植面积（亩）		产量（担）	
	1934 年	1935 年	1934 年	1935 年
四川	547 500	372 300	50 734	30 250
宁夏	298 900	178 500	7 473	4 463
陕西	430 321	360 646	10 764	9 016
甘肃	493 415	361 047	9 250	6 770
绥远	171 542	137 100	2 351	1 819
贵州	663 553	374 540	24 883	14 045
合计	2 605 231	1 784 133	105 455	66 363

注：(1)本表未包括云南省；(2)原表产量为两，此处换算为担，1 担为 1 600 两。
资料来源：国民政府军事委员会禁烟总会编《禁烟纪念特刊 禁烟汇刊》，1937 年 6 月。

鸦片运销路径与鸦片的主要产地和当时中国的交通状况相关联，鸦片运销路径主要有长江线路、西北线路、贵黔线路、津浦线路、船运线路、陇海线路。

(1)长江线路。云贵川三省产鸦片先汇集到长江上游的重庆和中游的汉口，再转运到其他地方。1935 年以前，重庆在与省外商品流通中一直处于出超地位，鸦片在运出货物中占有重要地位。但 6 年禁烟计划发布之后，重庆的商品对外流通逐渐转为入超，其主要原因之一是四川鸦片生产的减少和运输的官营化。

(2)西北线路。西北的甘肃、宁夏、绥远以及陕西产鸦片的一部分先汇集到京津地区，再通过平汉线、津浦线转运各地。甘宁产鸦片大部分经黄河水运，小部分以骆驼集中到包头，再由京绥线运往京津。日军占领包头后，甘宁两省经绥远的运销完全断绝。

(3)贵黔线路。由云南、贵州运往两广的线路。

(4)津浦线路。由安徽以及相邻地区运往南京、上海的线路，但由于禁烟政策的实施，起点变成了天津。

(5)船运线路。即由香港、广东、福建运往华中各地的线路和上海向华中各地转运的线路。

(6)陇海线路。陇海线铁路通到西安后,陕西鸦片的一部分开始由此运出。

1936年以后,国民政府的禁烟政策对鸦片的生产和运输产生了较大的影响。在地方势力较强的山东、山西、绥远等地,国民政府的禁令成为地方政府加强鸦片种植管制、课收种植税的依据。而在日本势力加强渗透的察哈尔、河北、山东等地,政策的实施受到了日本政府和日军以及地方势力的破坏和阻挠。此外,在分期禁止种植的西北、西南各省,禁烟政策效果逐渐显现,尤其是在全面抗战开始后,西北、西南各省严厉禁绝鸦片种植和对外交易,使日军获取这些地方鸦片资源的企图遭到破灭。

二、鸦片消费

1909年在上海举办万国禁烟会议时,清政府报告称,中国成年者的1至3成为吸食者。按当时人口约4亿,成年者约占总人口53%计算,推测吸烟者人数在2 000万到6 000万。罗伯特·哈特推算当时吸食者约为250万人。日本人根岸佶推测的数字为1 300万至1 400万人,占成年人的6%～7%。上述推测悬殊甚大,很难判断其真伪。

1896年日本占领台湾地区后曾经做过烟民调查,发现台湾地区有18万人吸食鸦片,占总人口的6%。1915年日军攻占青岛后,青岛军政署的调查称,青岛租界20万中国居民中有烟民1万人,约占人口的5%。在伪满洲国,经过日军占领混乱期、伪政权和日本、朝鲜浪人大肆开设贩毒网点时期后,开始实施鸦片专卖时,吸烟者占总人口的3%左右。

1930年以后,随着南京政权势力的扩张,禁烟政策在一些地区获得了很大成果。"七七事变"发生前,在南京政府控制力较强的地区,鸦片吸食者与总人口相比,降低了相当的百分点。据国民政府公布的数字,1936年7月末,安徽省登记的烟民数为22.381 8万人,占全省人口的约1%强。四川省为129.556 9万人,占全省人口的约2.5%。

由以上对比可知,在日本占领和控制地区,烟民占总人口的比率为3%～6%,而在国民政府控制地区,烟民比例为1%～2.5%。这种比率上的明显区别,反映了禁烟政策实际目的和环境的区别。

国民政府1936年公布的《禁烟禁毒实施规定》第二章第四节规定："有鸦片吸食习惯一时难以戒除者，可登记在一定期间内许其吸食鸦片。"即令烟民领取戒烟执照，按照戒烟执照规定的鸦片数量购买吸食。但这些吸食者至1940年必须戒除，在到期前必须循序渐进地减少吸食量。同时，对于中毒程度较轻者，政府实行强制戒烟措施，对于二次上瘾者，则加重惩罚。如表1－3所示，作为禁烟辅助机构，在各地建立戒烟戒毒所或指定兼营戒烟戒毒的医院，规定医药费和食费由吸食者负担，戒烟院须提供戒除烟瘾的方便。每个戒烟执照有效期限为6个月，费用为5元（贫民执照为6毛）。如表1－4所示，至全面抗战开始前，烟民中确有不少为了吸食而领取执照者，尤以四川最多，达129.5万余人。而在北京和天津，由于中国行政权受到限制，日本政府和军队纵容鸦片毒品走私，根本无法正确统计烟民数字。

表1－3　　　　　　　　1937年戒毒院开设数量

省市	戒烟戒毒院数	兼戒烟院医院	合计
浙江	47	91	138
河北	130		130
湖北	45	74	119
江西	119		119
山东	78	35	113
河南	109		109
山西	106		106
安徽	61	29	90
陕西	66	1	67
江苏	61		61
湖南	7	52	59
贵州	47	7	54
四川	39	2	41
甘肃	19		19

续表

省市	戒烟戒毒院数	兼戒烟院医院	合计
察哈尔	5	8	13
宁夏	10		10
福建	1	7	8
青海	5		5
上海	4	17	21
青岛	3		3
南京	2		2
北平	2		2
天津	2		2
威海卫	2		2
合计	970	323	1 293

表 1-4　　　　1935 和 1936 年全国各省市登记烟民人数统计

省市	烟民人数	登记时间
四川	1 295 569	1936 年 12 月
陕西	358 979	1936 年 10 月
湖北	182 012	1936 年 6 月
安徽	223 181	1936 年 7 月
湖南	220 763	1936 年 6 月
山西	207 582	1935 年 12 月
甘肃	176 172	1936 年 7 月
云南	176 120	1936 年 11 月
江西	137 731	1936 年 7 月
宁夏	123 564	1936 年 8 月
江苏	122 934	1936 年 11 月
福建	111 482	1936 年 8 月
河南	102 237	1936 年 8 月

续表

省市	烟民人数	登记时间
贵州	97 904	1935年12月
上海	43 020	1936年8月
绥远	42 259	1936年2月
北京	4 953	1935年11月
青海	1 554	1936年6月
天津	146	1936年8月
合计	3 628 162	

注：北京和天津两市因特殊原因无法彻查，且走私猖獗，因此两市登记烟民人数极少。

也就是说，国民政府的烟民登记，是在严厉实施禁烟政策的大环境下进行的。其对临时吸烟者和轻度中毒者实施了强制戒毒。而日本的烟民登记，是利用占领前后混乱期增大了吸烟人群之后才实施的，其所谓禁烟政策仅仅是为应付外部舆论压力的表面文章，骨子里却是纵容扩大吸烟层以获得财政收入。日本所谓的统计数据，表现的是私下实施纵容政策后的上限水平。

对于消费量的估算表明了同一种倾向。根据日本旅大租界和青岛军政署的资料，鸦片上瘾者每人每天平均消费量为4克，年均消费量为1 460克。还有一种说法是东北人年平均消费量为1.5千克，而南方人为1.2千克。日本军方据此估计，"中国当时有1 182万到2 364万鸦片吸食者，所需的鸦片消费量应为1 418万千克(23万6千4百担)到2 836万千克(47万2千8百担)。但这一消费量与中国的鸦片产量相比较，23万6千4百担显得过少。中国内地的鸦片吸食者估计应在2 000万人左右，鸦片消费量应该为每年40万担左右"。[①] 也就是说日本人预测中国的消费量应为每年2.4万吨。

但是，全面抗战开始后的事实证明上述估计明显缺乏依据。当时的中国90%以上人口在农村，绝大多数人货币收入有限，难以承受抽鸦片

---

① 华北方面军司令部.方軍地資第四八号　近時支那阿片問題及阿片政策[Z].1938年12月25日：23.

费用。而且不同地区的烟害程度差别很大,富裕地区较多,贫困地区较少。即使是在城市,主要的鸦片消费者也是中等收入以上阶层,一般大众很难承受得起。而日本的所谓统计,多数是依据城市的资料,即使在台湾地区的吸食人数,也是由日军占领前混乱期和占领后纵容政策造成的[①],并不能作为计算依据。将富裕地区和贫困地区、城市和农村、混乱期和平常时期混为一谈的估计和推算,从根本上说就是荒唐的。明知荒唐,却言之凿凿,是因为战时日本军部和外务省为了欺瞒国内外舆论、逃脱罪责,需要将鸦片和毒品的泛滥归咎于中国人民自身的意志薄弱和中国政府的政策不力。另处,对于吸食人数和消费量的夸大,也表现出日本政府和军队对于将鸦片作为侵华财政资源的一种期待,认为从各地军阀手中劫夺这种财政资源有助于其实现以战养战的目的。

相比之下,国民政府对吸烟人数的统计,虽有显示禁烟成绩的一面,但基本上是比较可信的。即便如此,多达362.8万人的鸦片吸食者,按人均计算的一年鸦片消费量也达到4 354吨之多。无论从其占有生产资源,还是对国民毒害的角度看,实施禁烟都是刻不容缓的。无论是国民政府在这一时期的统计,还是全面抗战开始后日本在各地实施鸦片专卖后的实际销量,都表明全面抗战开始前后,中国鸦片吸食者并不如日本人估算的那么多,全面抗战开始前国民政府的禁烟政策是行之有效的。

三、鸦片和毒品走私

对中国的鸦片走私一直很猖獗。其一是由于当时中国缺乏统一行政,管理力度也不够;其二是因为存在租界和治外法权,因此在中国查禁走私非常困难。向中国走私鸦片最为畅行的三个途径为:经大连向华北、经厦门向华南、经上海向华中。其中,经上海向华中的走私最为猖獗。从事走私的商会都打着"某某洋行""某某药房"的招牌,表面上申报正常贸

---

① 针对1929年日本政府重新核发吸鸦片执照一事,台湾地区反对团体如水社(台北知识阶层时事问题研究团体)指出:日本刚刚占领台湾地区的1896年,因形势所逼(缓和反抗意志)实施了台湾鸦片令,采用逐渐禁止的方针,对于鸦片上瘾者发行许可许其吸食,逐步戒除。但其并未严厉取缔偷吸鸦片,导致偷吸者大量增加,乃至之后数次重新核发吸食许可。台湾总督府警务局保安科.阿片吸食ノ特許及矯正処分ニ対スル民情[Z].1930年2月。

易,私下却从事鸦片走私,从中获取丰厚的利润。一般鸦片走私多以种种手法掩盖,被海关查获者极少。表1-5是海关查获走私毒品船只统计,从中可以发现1935年毒品走私有激增之势。这是因为禁烟政策的实施造成了市场空白,反而刺激了内外通过海关走私的增加。

表1-5　　　　　　　　海关查获鸦片和麻醉剂走私船件数

年度	中国	英国	日本	法国	挪威	美国	荷兰	德国	葡萄牙	其他	合计
1933年6月—1934年6月	195	257	118	4	13	1	1	1	3	4	597
1934年	154	247	61		11				6	6	485
1935年	230	402	158	16	16	5	5	2	1		835

资料来源:1933年6月到1934年6月数据来自中国拒毒会1934年7月6日公布数据,1934年数据来自《禁烟纪念特刊》,1935年数据来自《中央禁烟督察处英文年报》。

查获鸦片和麻醉剂走私难度极大,据推测,海关查获者仅为走私毒品总量的5%。按这一比例结合表1-6的数据推算,1935年海关走私流入鸦片量约为5 000千克,流入海洛因、吗啡、可卡因类毒品在500千克以上。此外,经由铁路走私进口也达到相当数量。走私毒品最为猖獗的口岸是上海、广东、厦门、天津、青岛、汉口等。关于毒品运进中国的渠道,以华中为例,毒品主要由外国船只运到中国沿海,再由作为其代理人的不法绅商贿赂军阀、地方官吏私运上岸。外轮上的毒品被转载到帆船上,运往上海、杭州湾的乍浦和海宁、扬子江岸的通州和南通上岸。其中,上海交易最盛,法租界的青帮与法租界工部局及法国总领事馆达成默契,毒贩通过青帮公然走私毒品。还有外国人扮作旅行者,在各港从事毒品走私者。

表1-6　　　　　1935年海关查获走私毒品种类和数量　　　　　单位:千克

生鸦片	鸦片膏	烟灰	吗啡	海洛因	可待因	可卡因	罂粟籽	含麻醉药品	合计
226.49	10.57	0.25	11.79	96.18	2.72	5.30	14.00	0.27	367.57

注:各地海关还查获皮下注射用麻醉剂1 493瓶。

除了海关,各地税关查获的走私毒品数量也很大,但如表1-7所示,国内的鸦片毒品走私1931年以后呈逐渐下降之势。

表 1—7　　　　全国各地税关查获的鸦片和麻醉剂的种类和数量　　　　单位：千克

年度	鸦片	吗啡	海洛因	其他麻醉剂	合计
1931	17 899.63	72.35	441.79	562.22	18 975.99
1932	9 549.93	478.00	22.50	1 466.20	11 516.63
1933	3 992.51	135.96	10.37	260.87	4 399.71
1934	3 762.23	49.10	30.10	496.25	4 337.68

资料来源：根据禁烟纪念特刊表制作，原表中单位为两，换算为千克。本表中所载数量包含国内海关查获走私数量，不能完全视为从外国的毒品走私。

这一时期中国麻药泛滥，是由于廉价原料的大量供给和治外法权的存在，尤其是日本租界，对于在外国制造销售毒品，并不依据日本刑法治罪，而是根据外务省的政令审判，量刑非常轻，仅处以罚款或1～3个月的监禁，因此日本租界就成为制毒贩毒的大本营。比如，天津日本租界就盛行麻药制造，20世纪20年代到30年代其被称为"世界海洛因之都"。1936年，700克装一袋海洛因的价格在天津为350元，在上海的价格为460元，在美国的桑港则为500美元。由于中国毒品市场的饱和和中美市场的巨大差价，这一时期由天津向美国的走私数量也相当大。

20世纪30年代中期中央强化禁烟政策后，查禁走私也成为地方政府的重要财源，具体情况如表1—8所示。1935年各省市查获走私鸦片10.7万千克，海洛因、吗啡、可卡因437.1千克，其他毒品10 417.6千克。其中案件5 300余件，涉案人数5 500多人。数量最大的是山西、湖南、四川、浙江、江苏5省。苏浙为南京政府禁脔之地，也是实施禁烟政策最为严厉的地区，四川为最大产地，湖南为交通要道，以上四省查获走私者多容易理解。但山西查获数量却居全国第一，超过2.5万千克，这恰恰为山西严密的专卖制提供了脚注。

同一时期，北京、山东、察哈尔、青岛、天津、威海卫等省市的日本、朝鲜浪人走私横行，查获数量却很少。这说明在这些地区中国的主权受到了威胁，禁烟政策无法实施。另外，当时由于提纯海洛因、吗啡、可卡因等高纯度毒品需要比较高的技术水平，中国市场上高纯度毒品多来自日本。

河南查获的可卡因来自台湾地区[①],海洛因和吗啡则主要产自日本本土。这些毒品先由大连进口,经当地的朝鲜和日本浪人掺入劣质品或其他物质增量后,再通过山海关和天津运入京津地区。进入京津地区后,其再由当地居住日本、朝鲜浪人进一步掺入其他成分增量后批发或零售,当时仅北京朝鲜浪人每月批发或零售的海洛因和吗啡就达每月 700 克袋装 110 袋。[②]

表 1—8　　　　　1935 年各省市查获走私鸦片及麻药案件和数量

名称 地区	数量(千克)					案件			
	鸦片	海洛因	吗啡	可卡因	其他	案件数		犯人数	
						鸦片	麻醉剂	鸦片	麻醉剂
江苏	12 015.40	0.37	0.99		4.71	326	31	520	49
浙江	11 734.90	134.08	23.8		5 708.46	101	260	126	465
河南	1 982.50	15.23		33.65	183.47	28	15	34	30
湖北	1 453.50	0.22	5.02			153	10	156	10
安徽	445.80	0.07				28	1	31	3
江西	639.40				5.24	56	2	70	4
福建	529.30		1.42		1.60	89	4	90	3
湖南	23 819.30					525		684	
四川	22 703.90				511		591		
贵州	742.00					6		46	
山西	25 283.60				304.23	1 279	4	1 534	8
山东	1 363.40	27.97	0.12		3 227.81	142	57	177	70
陕西	6 780.90					1 030		804	
甘肃	1 251.60					44		93	

---

① 关于贵电第一五〇二号(台湾生薬「コカイン」輸出ノ件),据警察推测,当地可卡因需要量在事变前每月为 5 到 6 袋(700 克装),一年六七十袋,其中约半数走私到河南方向,事变以后因该方面交通断绝,向当地的出口一概停止。参考上海总领事代理后藤致外务大臣宇垣. 电文第二九二六号(极密)[Z]. 1938 年 9 月 28 日。

② 驻华公使馆大使馆参事官若杉要致外务大臣广田弘毅. 电文公第一〇二号 北平ニ於ケル「ヘロイン」密売状況ニ関スル件[Z]. 1935 年 2 月 12 日。

续表

名称\地区	数量（千克）					案件			
	鸦片	海洛因	吗啡	可卡因	其他	案件数		犯人数	
						鸦片	麻醉剂	鸦片	麻醉剂
察哈尔	193.90					28		46	
绥远	2 620.20	2.10			8.40	87	2	87	10
北京	789.30	23.70	0.02		43.04	189	37	253	57
天津	832.10	0.05	0.05		54.67	113	57	125	69
青岛	227.40	5.64	2.30			93	13	140	16
上海	60.70	2.42	14.13		802.25	25	1	18	36
威海卫	30.70	0.64			1.10	9	1	9	
南京	5.30	3.66							
武汉	558.30	12.85	127.75		72.64	4	29	6	49
合计	116 063.40	228.95	175.60	33.65	10 417.62	4 866	524	5 640	879

铁路和邮政查获贩毒案件也可为日本的毒品渗透提供一种脚注（见表1－9和表1－10）。北宁线是连接东北和京津地区的大动脉，京绥线是连接西北贸易的通路，津浦线由天津经济南直下南京，与宁沪杭线相连，在徐州与陇海线交汇。这一时期总的趋势是日本军队渗透察北、内蒙古，吸引西北鸦片流向京津，日本、朝鲜浪人则沿北宁线南下向京津地区运入毒品，再经津浦线向华中和中国腹地渗透。通过邮政的走私主要是面向陕西、河南、湖北等中国内陆省份。

表1－9　　　　　　1935年铁路查获鸦片剂、麻醉剂数量和案件

名称\线路	走私毒品数量（千克）					案件数	
	鸦片	海洛因	吗啡	可卡因	其他	鸦片	麻醉剂
宁沪杭	357.72		15.68		124.48	16	8
陇海	753.97	1.79			40.01	116	7
京绥	880.09	12.53			1.20	283	4
胶济	23.72	0.11		12.53	63.29	1	8

续表

名称\线路	走私毒品数量(千克) 鸦片	海洛因	吗啡	可卡因	其他	案件数 鸦片	麻醉剂
北宁	838.86	28.56	0.02		55.07	30	29
粤汉	142.91					54	
津浦	490.66	3.04	29.90		250.74	39	40
京汉	120.66	26.38		33.65	39.29	38	68
合计	3 608.59	72.41	45.60	46.18	574.08	577	164

表1-10　1935年各邮政局查获走私鸦片及麻药案件和数量

名称\地区	数量(千克) 鸦片	海洛因	吗啡	可卡因	其他	案件 鸦片	麻醉剂
江苏	8.51					5	
浙江	1.20				168.70	3	9
河南	170.46	33.67			334.61	17	15
湖北	100.33				0.07	38	1
安徽	12.29					11	
江西	3.55		0.07			3	1
福建	3.92					4	
河北	25.62	6.77	0.19		85.87	28	42
山东	76.57	0.03		2.72	2.40	15	17
山西	12.53				22.14	7	15
湖南	42.99					14	
广东	0.81					1	
广西	1.50					1	
云南	1.09					2	
贵州	0.26					2	
甘肃	15.60					2	
陕西	349.04					142	

续表

名称\地区	数量（千克）					案件	
	鸦片	海洛因	吗啡	可卡因	其他	鸦片	麻醉剂
苏皖	15.30					9	
上海	0.01		5.75			1	1
北京	23.72	0.05			16.50	14	9
川东	25.77				0.55	6	1
合计	891.07	40.52	6.01	2.72	630.84	325	111

除了各省市铁路、邮政走私查获案件之外，还有海关和禁烟督察处直接查获案件。这一时期国民政府控制区查获的走私毒品数量中，鸦片达17.2万千克，高纯度毒品达1 000千克，其他毒品达1.2万千克，案件总数达14 322件（见表1-11）。这些数据一方面表现了走私的猖獗，另一方面显示了查禁走私的力度。这表明1935年前后国民政府禁烟政策到了事关兴废的关键时刻。

表1-11　　　1935年鸦片和麻醉剂合计查获走私案件及毒品数量

名称\地区	走私毒品数量（千克）					案件数	
	鸦片	海洛因	吗啡	可卡因	其他	鸦片	麻醉剂
各省市政府	107 063.40	228.95	175.68	33.65	10,417.62	4 842	541
海关	5 419.69	104.75	25.27	5.30	417.62	1 247	
铁路	3 508.59	72.91	45.60	46.18	574.08	577	164
邮政	891.07	40.52	6.01	2.72	630.84	325	111
禁烟督察处	55 375.59		226.68		55.43	7 331	151
合计	172 258.34	447.13	479.24	87.85	14 322	13 075	967

注：海关查获的案件分为鸦片和麻药，公布的两者合计数为1 247，故合计案件中未包含海关查获案。以上1935年数据根据中央禁烟督察处英文年报所载数字制作。

第五节　禁烟政策与地方财政

　　北洋军阀统治时期,各地军阀无不标榜禁烟政策。北伐战争打倒了旧军阀,但统一只是形式上的。各地军阀依然保持割据状态,南京政府的控制范围只限于华中和华东几个省。边疆各省军阀为了获取财政收入,也纷纷打起禁烟的旗号,实则实施鸦片专卖。鸦片与各地军阀的财政关系紧密。

　　鸦片是一种特殊的奢侈品,极易上瘾。对鸦片课重税,或单方面提高价格,不必担心其影响产业发展和市场景气,因此在旧中国财政中,鸦片成为课税的极好对象。当时中国鸦片需求很大,从中获取的财政收入额也很高,鸦片对财政(尤其是对地方财政)有重大影响。当时中国尚未形成近代的工商业和税收机制,各地税收主要依赖对土地和商品流转课税维持,地方政权财政收支常常陷于赤字,需要额外的税源补偿。鸦片税作为额外收入,对弥补财政赤字起到了举足轻重的作用。另外,鸦片给国家和民族带来危害,放任鸦片是有违人道、不文明的行为,禁烟是大势所趋,势在必行。因此,禁烟政策对为政者来说,包含了"禁止烟害"和"维持发挥其财政作用"这样一对相互矛盾的命题。从北洋军阀时期的地方政权开始,各地方政府都在原则上强调禁烟,同时却对鸦片生产、运输、销售、吸食实施排他性管理。它们通过原则上的禁止和禁止下的特殊许可,将对鸦片生产和吸食的高税率、鸦片运销的官营加以正当化。禁烟政策既能获得税收、运费以及销售费收入,又能对违反者课收高罚金。对人民实施戒烟,也给政府带来税收增加的好处。中央政府实施禁烟能表明其承担国际义务的姿态,同时,将鸦片管理权收归中央也可减少地方割据。因此,当 1928 年北伐完成之后,禁烟成为南京国民政府的重要政策之一。

　　国民政府从 1927 年年底开始,逐渐对实际控制地区实施禁烟政策,但是在军阀割据势力较强的地区和边疆省份,依然在大量生产鸦片。各地军阀都打出禁烟的旗号,增加自己的财政收入。其财政特征之一,都是以禁烟税来弥补财政收入缺口。

1931年陕西省预算岁入1 399万元,岁出2 078万元,存在近700万元的收入缺口。陕西省鸦片生产规模和省外运销规模如表1－12所示。省政府对种植鸦片,每亩征收禁烟费10元。以上税额为禁烟费,并不包含运输、销售、消费部门的税额。向省外运销时政府每两征收0.2元印花税。由此政府每年获得500万元到700万元的禁烟税和印花税收入。

表1－12　　　　　　　　1933－1935年陕西省鸦片税

年度	禁烟税(元)	印花税(元)	省外运销数量
1933	5 200 000	1 800 000	900余万两
1934	4 303 210	1 480 000	740余万两
1935	3 606 460	1 600 000	800余万两

资料来源:1936年国民政府军事委员会。

甘肃省1932年预算岁入517万元,岁出1 213万元,财政缺口达700万元。甘肃省对鸦片生产征税如表1－13所示。甘肃省出境税平均为每两0.2元。通过对鸦片生产和流通征税,甘肃省每年获得400万到520万元的收入。

表1－13　　　　　　　　甘肃省鸦片税

年度	特货税(元)	义务附加税(10%)(元)	印花税(10%)(元)	罚金税(元)	合计(元)	运销省外(万两)
1933	724 954	72 495	72 495	3 752 218	4 572 162	650
1934	572 466	57 246	57 246	4 534 000	5 210 958	520
1935	701 076	70 107		3 401 000	4 172 183	630

资料来源:1936年国民政府军事委员会。10%的印花税1935年1月1日废止。上述税额仍未包含运输、销售、消费部门课税。

1933年贵州省预算岁入291万元,岁出508万元,收入缺口200余万元。贵州省是当时鸦片生产大省,60%运销省外,出境税平均为每两0.2元。通过对鸦片种植征收亩税和出境税,贵州省每年获得360万元到700万元的收入。

表 1－14 贵州省鸦片税收

年度	亩税（元）	鸦片产量（60%运销省外）（万两）	出境税推算额（每两0.2元）（万元）
1933	1 931 089	2 600	520
1934	1 769 475	2 300	460
1935	998 773	1 300	260

资料来源：1936年国民政府军事委员会。

在云南，据说禁烟税收和官营烟公司利润达5 000万元以上。省政府预算1931年岁入312万元、岁出543万元，1932年岁入330万元、岁出431万元。

四川为最大鸦片产地。刘文辉未退出成都时，其防区内鸦片种植税每年超过300万元，运输、销售费用达每年200万元。刘湘防区内每年鸦片收入可达8 000万元以上。据国民政府军事委员会公布资料，四川省1934年鸦片种植面积为54.7万余亩。

在鸦片运输和消费中，湖南、广东、广西、四川、湖北各省占有重要地位，对于鸦片通过和消费的征税，在这些省的财政中占有重要地位。被称为模范省的广西省，鸦片通过税最高年度曾达1 800万元，其后也维持在每年超过1 000万元的水平（该省鸦片种植税曾达750万元）。

湖南省并非鸦片产地，但长沙和宝庆是云南、贵州鸦片运输必经之地，所征收的通过税每月至少100万元。

1933年春，四川和湖北间联运组织告成之际，四川省每月鸦片税收达到七八百万元之多。

湖北武汉三镇为交通要冲，是西南数省鸦片交易、集散中心。根据作为蒋介石鸦片操作大本营的该省特税处统计，该省平均每年鸦片收入在2 000万元以上。湖北省每月的行政费、堤防费等的重要部分，都作为临时费用，由鸦片收入支出。鸦片集散地宜昌平均每月也能征收鸦片税40万元。

山西省于1936年9月经中央认可开始实施积极的禁烟政策。阎锡山对鸦片收入与财政收入的关系极感兴趣，其制定的禁烟大纲规定将鸦片收购、运输、制造、销售全部实现官营；为 1941 年在省内完全驱除鸦片危害，其实施烟民登记，对登记的烟民有偿配给官制鸦片。配给时，依据规定期限戒除的原则逐次减量，杜绝二次上瘾的情况。为实施其计划，阎锡山设立了山西省禁烟督办公署以及各地的下级机构，设计了完整的鸦片专卖制度。山西省的戒烟大纲，部分参照国民政府和蒋介石 1936 年公布的禁烟政策，但在建立可实施的专卖制度方面，其远较蒋介石公布的政策完善。"从制度与财政关系来看，让烟民完全戒烟就等于完全杜绝鸦片收入，但保留适当烟民数量的话，可单方面制定鸦片售价，反而会日益加强鸦片收入。"[①]实际上山西并没有完全按照禁绝鸦片的原则行事，反倒为了增加鸦片收入在京津地区大肆收购鸦片，甚至影响了京津地区的鸦片价格。据估计，通过实施这一制度，仅山西一省鸦片年收入就达 1 000 万元至 1 500 万元。

本章小结

综上所述，中国境内鸦片泛滥的原因，主要是因为以英国为首的帝国主义列强以鸦片作为侵略武器，对中国采取军事侵略、政治压迫、经济掠夺政策造成的。进入 20 世纪后，英国政府逐步减少了对华鸦片贸易，新兴帝国主义国家日本逐渐取代其地位。而就中国本身来说，历代政府虽有禁烟愿望，其政策却往往无效。究其基本原因，是这一时期正处于中国殖民地半殖民地状态逐渐加深的过程中：辛亥革命未能形成统一的近代民族国家，北洋军阀统治反而加剧了殖民化进程和地方分裂割据状态。而各个时期中央政府禁止鸦片政策的效果，则受到以下因素的影响。

（1）晚清至"民国时期"，政府腐败，国家屡遭外来侵略，不能保障人民人身安全。为政者压制舆论，有志者报国无门，唯有追求自保或个人安逸。

（2）科学知识不普及，医疗条件落后，民间习惯上将鸦片作为止痛、安

---

① 华北方面军司令部.方军地资第四八号　近时支那阿片问题及阿片政策[Z].1938 年 12 月 25 日;31.

神药品服用,很多医疗机构滥用麻醉剂。加之政府往往采用表面严禁、私下鼓励的政策,人民难辨真伪,导致沉溺者增加。

(3)政治体制、财政机制不完善。国民政府禁烟令虽从表面上看法理完善,但在实际实施中却引发了许多与政策目的背道而驰的现象。究其原因,是鸦片税收对财政产生影响。在农业经济占主导的旧中国,税收资源比较薄弱。因此,"禁烟政策就等于通过鸦片税收强化军阀政权收入政策"。禁烟政策往往导致财政对烟税的依赖,而禁烟政策的本来目的不被提及。在很多省份,军阀政权频繁更迭,基层政治机构还处于原始或前近代状态,加之地域广阔、民族众多,政府政策很难不走样地达到下层,靠政治力量的号召减少烟民非常困难。

(4)生产规模对地方经济的影响。鸦片生产数额巨大和吸食者众多是互为依赖的关系,对地方产业构造、财政结构也有巨大影响。在农业收入占主要地位的省份,厉行禁烟如果没有后续政策的支持,势必影响地方民众收入,导致民变和匪患,危及地方政权的统治。

(5)治外法权的存在,也是妨碍禁烟政令实施的因素。租界成为走私渊薮,领事裁判权为外国贩毒者提供保护,各国法律对鸦片毒品量刑不一等,影响了中国法律的惩戒效果。

尽管存在上述问题,至1937年"七七事变"前,随着国民政府在政治、经济、军事方面影响力的增大,其禁烟政策的效果正在逐渐显现,鸦片生产和运销规模正在逐渐缩小,吸食人数大幅度减少。原上海公共租界警察局警员吉尔在远东国际军事法庭的证言中,就有关上海"七七事变"前是否有公开的鸦片买卖的问题回答说:"完全没有⋯⋯在严厉的法律之下,上海的人们将被处以非常严厉的刑罚,没人冒这个危险。"关于麻药销售状况,他回答道:"1938年以前,上海找不到多量的麻药。中国人对麻药有一种习惯,就是服食红色鸦片块的习惯。只是用鸦片粉、海洛因、糖精混合而成的。但这个习惯正在被扑灭,1938到1939年之间,很难找到这种东西。"①有关北京、厦门以及其他地区的一些远东军事法庭的证词②也表明,"七七事变"前,鸦片和毒品的公开买卖被严厉禁止。1936年以后,一些地方经济和税收对鸦片依赖较强的省份如四川、云南、贵州、陕西等,有的处于税收减少的困境之中,有的在原先种鸦片地区引进了棉花种植,正在逐渐实现转型。这些证据均表明,国民政府的禁烟禁毒政策取得了很大效果。

---

① 江口圭一.日中アヘン戦争[M].东京:岩波书店,1988:107—108.
② 北京的情况参考《证人郭余三陈述》,1946年3月22日//A極東国際軍事法廷裁判記録(和文)[Z](No.17):55—57。厦门的情况参考《美国驻厦门领事K.D.G.马克毕提给国务卿的报告》,1939年9月20日。

第二章

《塘沽停战协定》前的鸦片毒品问题

"九一八"事变后,日军开始对华北进行积极的蚕食和渗透,两国军事上和政治上对立的焦点转移到对华北的控制权上。从事变发生到全面抗战开始,日朝侨民在华北大规模贩毒、日军在华北毒品渗透、日本外交部门利用治外法权偏袒日朝侨民,不仅践踏了中国的主权和法治,也与中国日益高涨的禁烟呼声以及国民政府逐渐实施的严厉禁烟政策形成全面对决,促使两国之间民族对立加剧,紧张关系升级,最终走向全面战争。

第一节 华北禁烟问题的背景

1933年年初,日军将炮口指向华北。热河一战,汤玉麟闻风而逃!长城抗战,众杂牌军与日军精锐打成了胶着状态。关东军不得不绕过长城,将战火扩大到河北腹地滦东。最终因日本派遣军欺瞒谎报进展状况,惹得日本天皇强令退兵,才有了《塘沽停战协定》。但这一纸协议把停战区直接划到北京近郊,中国最大进出口港之一的天津被隔绝在政府行政权涉及不到的停战区内,由大连过山海关到天津,经津浦线南下山东半岛的日本控制地区连接了起来。停战之后,由北宁线和长城各口向关内的鸦片毒品走私、银元白银走私、日本工业品走私一波接着一波,大连、山海关、秦皇岛、天津、烟台、青岛、济南走私地带连成一线,由大连和天津经津

第二章 《塘沽停战协定》前的鸦片毒品问题

浦线向华中、西北腹地渗透的态势隐然形成。

"七七事变"前华北鸦片毒品泛滥,因时间、地域不同,主要影响因素不同,主要可分为北伐胜利后到 1933 年 5 月《塘沽停战协定》签订、此后到 1935 年 5 月《何梅协定》签订、1935 年 6 月到 1937 年 7 月抗日战争开始三个时期。第一个时期的主要问题包括日本、朝鲜浪人贩毒者增加,国际制毒资本和技术转移以及国民政府禁烟禁毒政策宽严不一和避重就轻等;第二个时期的主要问题包括日本、朝鲜商人全面转向贩毒,日本外交机构和军队开始公然庇护毒贩、压迫和威胁中国当地政府,中日间围绕毒品取缔问题由相互配合转向对抗;第三个时期的主要问题是天津派遣军和关东军策动华北独立阴谋加速。随着《何梅协定》《秦土协定》的签订,华北西部先有德王与绥远省争夺蒙察特税,后有李守信伪军与德王分裂势力合流向察绥渗透,强制察北地区农民种植鸦片,日军庇护的商业机构也将制贩毒之手伸向察北和绥远。华北东部,先有日本、朝鲜浪人走私银元和白银,后有冀东伪政权的成立,通过华北沿海走私日本工业品和各种商品、劫夺中国关税的"冀东特殊贸易"大规模展开,冀东伪政权控制区内日本、朝鲜浪人公开聚赌、贩毒。由于大规模走私收入被日军特务机构控制,冀东伪政权为获取收入,进一步提出在冀东实行鸦片毒品专卖的计划。

本章将分别观察第一个时期北京、天津、山东的禁烟禁毒状况造成鸦片毒品泛滥的主要因素,以及国民政府禁烟政策这一时期的主要特点及其成因。

自从 1928 年夏北伐结束之后,国民政府相继公布了一批禁止,管理麻药使用的法令。1928 年 3 月 10 日新刑法公布,其中包含了取缔鸦片和麻药的内容。新刑法的鸦片罪参考了海牙会议上关于鸦片和其他麻药的决议,在鸦片罪一栏添加了针对吗啡等的刑罚。其中,第二百七十一条规定:以制造和销售鸦片、吗啡、可卡因、海洛因及其他化合材料为目的持有或由外国进口或输出者,判处 5 年以下有期徒刑,也可并课 5 000 元以下罚金。本条之未遂罪以此罚之。第二百七十四条规定:以制造鸦片、吗啡、可卡因为目的种植罂粟者,判处 3 年以下有期徒刑,可并课 3 000 元以下罚款。第二百七十五条规定：对吸食鸦片，使用吗啡或可卡因、海洛因及其化合品者，判处 1 000 元以下罚款。第二百七十六条规定：对为人注射吗啡者判处 2 年以下有期徒刑，并课 500 元以下罚款。

1929 年以后国民政府又出台了相关的专门法令。其 1921 年 8 月 24 日公布了《管理药商规则》，11 月 11 日公布了《麻醉药品管理条例》，1930 年 4 月 26 日公布了《管理成药规则》等。但是，这些法令条文非常烦琐，一般平民难以弄清，加上各省军阀割据，很多军阀靠鼓励种植鸦片运销他省获取养兵费用，促成了鸦片生产过剩和制毒业的悄然兴起。毒品的迅速泛滥和巨大危害让南京政权和各地军阀感到震惊。无论是南京政府还是各地军阀都对毒品采取了避重就轻的态度，在对鸦片交易和吸食放松管制的同时，严厉查禁化学毒品。

国民政府的具体做法是制定公布各省单独的取缔麻药法令以实施查禁，如当时的山西早在 1931 年年初就制订了毒贩惩治条例，河北也在当年 5 月令天津市公安局详查各处销售吗啡、海洛因等毒品数量、销售点、销售者，以及包括市政府各机构职员在内的麻药上瘾者，以其报告为依据制定惩治毒物条例草案，申报南京批准。[①] 山东也于 1930 年 8 月 28 日发布严禁严惩贩卖吸食毒品的布告。1931 年 10 月 31 日，南京立法院大会通过了《麻醉药品管理条例》。1932 年 1 月 3 日，南京国民政府又公布了《修正麻醉药品管理条例》，开始加强对毒品的管理。

但在当时各省军阀割据的情况下，统一的立法并未收到预想的效果，直到 1933 年后半年南京政权取得包括华中、华南、西北、西南的 10 省控制权以前，各省的禁烟禁毒政策主要靠各省最高长官的政令实施。这造成各地政令不一和执法程度宽严不一。一方面促使贩毒者向管理松弛地区移动，也促使很多中国籍贩毒者移入租界；另一方面，中国对贩毒者的严厉取缔造成了市场空缺，也使外籍贩毒者得以趁虚而入。

---

① 参看驻天津总领事桑岛致外务大臣币原公信第四五五号函件.毒物取缔条例制定ニ関スル件[Z].1931 年 5 月 5 日。

第二节　天津毒品市场的发展

一、北伐军进驻天津前后的鸦片毒品消费状况

北伐的节节胜利,对租界的犯罪活动形成巨大压力。1929 年 4 月 1 日,天津特别市政府公布《天津特别市禁烟执行规则》,公安局和特别市政局也对各警察署发布命令,禁止销售和进出口生鸦片和烟膏,对违反者实行取缔。公安局和各区公署派出探员和便衣警察在码头车站及通往各地要道口明察暗访,在要地设置检查分局检查火车、轮船的进出货物及旅行者随身行李,查禁走私者。为奖励查获毒品,天津市政府规定将查获后罚款的两成作为奖金,支付给查获犯人者。河北各县也依据省主席命令,从 1928 年 8 月开设禁烟检查所,县长自兼检查所所长,专设检查员,查获种植、吸食、运输鸦片者及制造烟膏。此外,其规定由省当局派禁烟视察员对规则实施状况进行监督查报;拿获人犯后将犯人和查获违禁品送交法院,根据禁烟执行规则,处以 5 元以上、5 000 元以下罚款,没收查获品。交不起罚金者,由公安局实施拘留或送交法院处置。但是,中国各级政权有按照习惯法处罚和将罚款作为本机构财源的倾向,警备司令部或宪兵司令部有时也派部下查获走私犯,根据家财多少勒交罚款。执法部门不一和处罚规则不一、收取罚款后私放犯人等现象,造成了法制的混乱,使得毒品罪犯有机可趁。

北洋军阀统治时期,河北省种植罂粟地区主要是大名地区的清丰、广平等十余县及接近津浦线的庆云、南宫、北异各县,京汉线沿线地区则有邯郸、滋州等,其相邻地区是著名罂粟产地绥远、热河、平泉。至 1928 年春为止,北洋军阀政府委派的督办省长为了筹集军费,令县长或禁烟局、当地驻军直接允许当地民众种植,对种植者每亩征收 5~7 元保护费,有的地区还在收获后按每百元抽取 3~5 元保护费的办法公然放纵种植鸦片。

1928 年夏,北伐军进城后开始严厉取缔鸦片,市政府发布禁烟执行规则。1929 年 3 月,其又通告公安局和各区公署,今后凡有种烟者按照烟罪处罚,由各公署布告乡民加强取缔。天津一带可耕地少,又适合种植

蔬菜水果，因此，罂粟种植在 1929 年前后已经绝迹。而以上列举其他地区早已习惯将罂粟作为主要作物，而且当地驻扎着不同派系的军队，省政府权力难以达到，加之驻军困于军费，与地方官员勾结起来保护种植鸦片，因此，鸦片种植还呈现出北洋军阀统治时期的混乱状态。

在烟膏制造方面，北洋军阀统治的最后两年，天津督办为筹集军费，曾设立禁烟善后局，采取类似专卖制方式管理，进入天津鸦片只要交纳一定税金，就被允许自由运输和销售。此外，这一时期允许部分人开设戒烟舍，在戒烟舍公开制造、销售烟膏并允许吸食，其使用鸦片皆从禁烟善后局购买，这导致禁烟舍达到 1 000 余户。北伐军进城后，戒烟舍被全部关闭。虽有个别官员和检查员私下保护烟膏销售和制造，但规模极小。另外，天津的各国租界内管理松弛，原先在华界的烟馆有不少迁入租界，秘密从事烟膏制造和销售。很多华界的瘾君子纷纷到租界内购买烟膏和吸食。1929 年上半年天津生鸦片 1 两价格为一等 4.5 元、二等 3.5 元、三等 2.8 元，制成烟膏后，价格翻倍。租界成为中国实施禁烟政策的盲点。

在吸烟管理和烟馆取缔上，天津市基本按禁烟执行规则实施取缔。1929 年 1 至 3 月，天津市拿获和处罚 282 名吸烟者。据市政府调查，天津市（包括租界）约有 10 万余吸烟者，大部分属于上瘾者。天津市对吸烟处罚不如一般犯罪严厉，一般为初次二次给予警告，再查获则实施处罚，查获烟馆时在场者也要处罚。处罚方法依贫富制定标准，范围是 50 元以下、1 元以上。由于中国政府严厉取缔，华界烟馆已大为减少。由于租界警察对于吸烟者采取只要不妨碍治安一般不管的态度，故烟馆半数以上都在各国租界。制造和销售烟膏极简单，制造规模小，并不需大场地和高额资本，利润很高，因此，很多烟馆老板利用租界内的旅馆房间制造烟膏。中国警察无法在租界执法，只能将其诱出租界或尾随出租界再行逮捕，有时中方也会要求租界当局引渡犯人。租界警察取缔烟馆方法因国而异，"日本总领事馆警察署捕获犯人会将证物连同犯人一起送交中国公安局；法租界当局拿获犯人后不送交中国，而且几乎不考虑罪行轻重、不区别犯罪性质。只根据财产多少课以 12 元至 2 000 元的罚金；英租界对初犯和轻罪者处以 10 元以下罚款，再犯以上者连同没收品送公安局；意大利租界几乎和日本一样"①。由于当地习惯是开烟馆者制造、销售烟膏,因此中方处罚犯人时都按烟膏制造犯处罚。

北伐战争使一大批前清、北洋遗老遗少和高官、绅商、富豪纷纷躲进天津,有的躲进租界。他们的到来使天津烟馆生意兴旺。而北洋军阀末期的戒烟舍因价格低廉,导致很多低收入者也开始吸大烟。天津10万瘾君子中,除有六七千名贫困者和下层劳动者吸食海洛因、可卡因外,其余全部吸食鸦片。1927年及1928年禁烟善后局存在时,每月销售的生鸦片为十五六万两(50克),加上其他偷税运进的,天津每月消费鸦片量据估计在25万两左右,价值约为100万元。其原产地为河北居多,但由于后来严厉查禁,数量大为减少。鸦片走私的渠道一般有下述4种:(1)收买铁路员工运送;(2)收买宪兵或副官以军需品运输;(3)混入货物和行李中携带;(4)省内产的用运货船。1928、1929年以后由于查禁严厉,热河送天津鸦片由当地驻军以军需品名义运至天津,商人则支付相当的费用。绥远一般是利用京包线经北京运入,热河一般是通过军队运到唐山。运进天津的鸦片除部分运往德州或山东、大连外,其余全部在天津消费,几乎没有直接从国外进口鸦片者。②

天津烟膏价格为1两7～8元,低价、简单、见效快的吗啡、可卡因、海洛因的吸食者达六七千人。北洋军阀统治末期,天津成为向各地走私进口毒品的中转站,每年由外国走私毒品数量据估计达4 000万元。北伐军入城后进口数量急剧减少,1929年每月从各国进口约1万千克,从日本进口达500～600袋(每袋25盎司),其中大部分为海洛因。吗啡和可卡因进口几乎绝迹,原因是其代用品奴佛卡因(盐酸普鲁卡因)作为普通药品可从德国和日本公开进口,价格低廉,具有和可卡因同样的效果。走私的海洛因主要是德国制品,经德、美、法、英、意等国商人之手进口,美、德商人进口最多,英、法、意其次。③

走私方法多种多样,一般是外商收买海关关员一次性大量进口,同

---

① 驻天津总领事代理田代.天津地方ニオケル阿片取締ノ状況ニ関スル報告[R].1929年4月18日//外务省条约局.各国ニ於ケル阿片取締状況[C].1929:81-102.
② 同上.
③ 同上.

时,也采用将毒品混入普通货物加以伪装的手法混过海关检查,为避免严格检查,还使用更换发货港的手法。有时是将毒品与苯粉混在一起,运进之后用化学药品将其析出。1928年年末,中国禁止苯粉进口后,改采用混入树脂、树脂涂料、凡士林、白粉等,进入天津后再析出的办法。发运港最早是汉堡,后来因对汉堡来货物检查严格,1928年改为发往法国,再由法国发往远东。运入亚洲后先到上海、神户或大连入港,换船后运往天津。

这一时期从日本走私的毒品几乎都是由德国进口的,走私方法也多种多样,"历来是混在各种货物中,或使用双重底、双重盖、保险柜石棉部分、机械类、汽车轮胎或混在各种染料内,最近改变成主要采用牺牲部分货品方式。例如装10箱淀粉、再装混入药品的10箱淀粉,两者采用同样包装、用同家公司船运输,先到的10箱受海关检查后进入指定仓库保管,后10箱也很快到达,预先收买看仓库的,将未经检查的货物装作已检查货物提走,将已检查的10箱装成未检查货物再次接受检查"。① 其他的少量在行李中夹带或委托船员私带。由于需要花伪装经费,由日本走私来的毒品比其他国的价格高。1928年行情是1千克外国海洛因720元左右,日本品1袋(626克装)500元左右。

1928年年末到1929年年初,天津的华界毒品走私已大为减少。其原因一是国民政府取缔严格,二是过去由天津运往山西、河南、陕西等各省的毒品改由上海进货,三是使用可合法进口的毒品奴佛卡因的人增加了。天津走私进口的毒品除部分在天津使用外,也运销到河北全省、山西、河南、绥远、热河、山东的部分地区。

二、天津日租界的鸦片毒品取缔

日本驻天津总领事馆是在华北最大的领事馆。北伐军入主天津后,华界很多烟馆逃入租界继续经营。日本领事馆认为,租界内华人旅馆大部分兼营鸦片销售和吸食"有招致内外人等误解本馆默认此项非法营业

---

① 驻天津总领事代理田代.天津地方ニオケル阿片取締ノ状況ニ関スル報告[R].1929年4月18日//外務省条約局编.各国ニ於ケル阿片取締状況[C].1929:81-102.

之虞",于是在 1930 年 1 月 16 日,查抄了华人经营的三新旅社,搜出巨量的证据物品,捕获私自销售和吸食鸦片者 110 名。此举给租界旅馆业巨大冲击,各中文报也以"三新旅社烟窝昨日被抄"为题,对于日本驻天津总领事馆警察署取缔违法犯罪的姿态表示赞赏。①

事实上,从时隔 1 年后的另一份报告看,破获华人旅馆烟窟的举措,颇有转移舆论对租界庇护贩毒的注意和为流入租界的朝鲜人开辟市场的嫌疑。据 1931 年 1 月日本驻天津总领事田尻报告②,当时盘踞在租界开设麻药吸食和注射场所的,有日本人 38 户、朝鲜人 83 户,合计 121 户。其设备非常简陋,以中国人中的乞丐、苦力、低级劳动者为顾客。其容量达 1 800 人,每日出入人员可达 4 000～6 000 人。他们多数住在租界接近中国街道的地区。这不仅有损租界体面,又因吸食者皆为底层贫民,其为获取吸食麻药或注射之资不惜盗窃、斗殴,更有不少上瘾者突发死亡。

天津日朝侨民的流入,早在 1927 年秋季以后就开始了。当时一度控制华北的山西军政权在石家庄等地严厉打击日朝居民不法贩毒活动,遭驱赶的日朝居民流入天津租界。1929 年世界经济危机发生后,又有东北的日朝居民和日本国内贫民流入该地。此外,"历来朝鲜内地和满洲方向都有风传,说是天津景气好、以小额资本经手违禁物品可获暴利,信此传言来津者不在少数。近年来,由朝鲜、内地、满洲携极少量资金来津者增加,在租界内开设的麻药类吸食所和注射所也增加了"。③ 但这些日朝贫民或浪人流入当地后,由于"银价暴跌、工商业萧条,如何才能令如此等无资金实力者从事正业实在困难。简言之,以上吸食所之开设乃因近两三年之萧条,使之不得不从事比零售违禁品更低水平行当之故"。这表明,天津日本租界的贩毒业是分档次的,资本较多的从事制造或批发,次一级的从事中介或零售,更低一级的直接提供吸食和注射。1930 年前后流入者多属遭世界经济危机打击的贫民,因没有从事正当商业的资本,也无力

---

① 驻天津总领事冈本致外务大臣币原公信第五二号.阿片館検挙状況報告ノ件[Z].1930 年 1月 17 日.
② 驻天津总领事代理田尻爱义致外务大臣币原机密第二十九号函件.麻薬類吸食所及注射所開設者取締二関スル件[Z].1931 年 1 月 10 日.
③ 同上.

从事零售,只能从事更低一级的注射所和吸毒馆行当。日本总领事虽然知道侨民流入导致贩毒者增加的事实,但考虑到世界经济危机的冲击,这些日朝侨民既无在中国从事正当职业的能力,领事馆也无法为其创造职业,"若欲开始强行严厉取缔,所有滞留之500余鲜人将完全失去生活之依据。因之对其检举处罚,需考虑鲜人的境遇和生活,也不得不从保护指导鲜人见地出发预加考虑"。①

曾长期在天津英租界担任警察的皮特·J.劳力士的供述,也证实了日本总领事馆的表面取缔、实则保护的姿态。据劳力士回忆,当时租界约有人口5万人,租界内的鸦片销售店处于日益增加的状态,有必要每天对烟馆进行管理。英租界逮捕中国人犯人后,送给中国警察在中国法庭审判。当时的状况是第一天查抄了一家私卖鸦片店后,第二天旁边又出现一家。英租界警察审讯这些被逮捕店主时,回答总是"在日租界买的",但绝不说卖给他的日本人名字和在日租界的地址。"与日本警察交涉,为让他们相信有违法行为,必须向日方提交证据物品,但日方领事馆警察绝不为在不同租界发生的事提供合作。即日方对自己租界进行调查,并不逮捕违反者。"②

也就是说,中国地方官员的驱赶、经济萧条、误信谣传导致赴津日本、朝鲜侨民的增加,这些侨民的增加直接表现为制毒贩毒者的增加。1929年世界经济危机发生之后,中国由于独特的银本位制,并未马上受到冲击,相反由于银价逐渐低落,中国对外贸易反有所增加,至1933年美国开始收购白银前,中国维持了出口商品增加的势头。但以国内消费为主的工商业,由于银价下跌引起进口原料涨价,陷入不景气状态。这种情况下涌入中国的日朝侨民,多数为资力薄弱的贫民,误听谣传来到华北,生计无着之中,却发现靠治外法权的保护能够从事违法交易,于是纷纷着手于这类违法生意。另外,由于中国政府的一再交涉,天津总领事馆又不得不采取取缔措施,只能采取骚扰战术减小侨民贩毒的影响,同时令朝鲜民会巡逻监视,让领事馆警察召集侨民训话,驱赶吸毒者,对影响最恶劣者驱

---

① 驻天津总领事代理田尻爱义致外务大臣币原机密第二十九号函件.麻薬類吸食所及注射所開設者取締ニ関スル件[Z].1931年1月10日.

② 皮特·J.劳力士 口供书[R].1946年6月21日//A级远东军事法庭审判记录[C].No.17、18.

逐出境等。这些措施有一定的效果,迫使部分日朝侨民转往他处。但由于领事馆没有创造就业的能力,故只能对大多数贩毒者行为装作看不见,只是对少数被中方检举的毒贩采取措施。此外,即使取缔,也由于惩罚过轻,并没有实际效果。

三、天津的毒品来源

上述情况表明,1928年以后,天津的禁烟虽然表面上取得了一些成绩,但实际上由于租界保护,天津不仅有巨大的吸食市场,也存在巨大的生鸦片原料市场。以下一些例子可以证明其市场容量之大。1930年8月中原大战之时,冯阎方面曾派代表来津接洽出售价值200万元的陕、甘、热河所产鸦片。驻天津总领事向外务大臣报告,冯阎代表曾秘密与日本旅大殖民当局联系,旅大殖民当局也有意购买,冯阎代表希望天津总领事馆出具运出地领事证明。但天津总领事馆则恐一旦泄露,则既得罪南京政权,又招致各国误解,故回绝了此事。[①] 这件事尽管事后被日本关东厅长官否认[②],但绝非空穴来风。1932年11月,汤玉麟也以筹措军费为名,令其子热河财政厅厅长汤佐辅,收购热河鸦片20万两在天津日本租界出售,并迅速成交。[③] 1933年年初,日军为获得在伪满实施鸦片专卖所需储备,曾派伪专卖局官员赴天津,一次性采购鸦片5 625千克。[④] 这是因为天津的鸦片需求中除吸食外,还有制造毒品的原料需求。1933年10月天津总领事有一封报告中国人制毒技术提高的电文,其中坦然承认"本地方制造麻药开始于昭和六年春以来,当初以绥远产鸦片为原料,专由国人开始生产,从七年秋开始中国人逐渐掌握其制造技术,造出与外国产相匹敌的精巧产品,现在北平市内盛行制造,一时导致过剩之结果,使市价显著降低"[⑤]。但1934年5月的另一封报告中,对于日本人开始制毒的时期界定有了微妙的变化,指

---

① 驻天津总领事代理田尻爱义致外务大臣币原密第三六六号电文(1930年11863暗)[Z].1930年8月12日.
② 驻旅顺关东厅长官太田发外务大臣币原电报(1930年11991暗)[Z].1930年8月14日.
③ 福冈县知事小栗一雄致内务大臣山本达雄、外务大臣内田康哉特外鲜密第二九一三号电文. 湯玉麟ノ大量阿片売却計画ニ関スル件[Z].1932年11月18日.
④ 天津总领事桑岛致外务大臣内田第四三号电文(极密)[Z].1933年1月16日.
⑤ 天津栗原总领事致外务大臣广田第四九一号电文[Z]. 1933年10月11日。

出关于毒品生产"本地出于与鸦片产地交通及供求等地理关系上,往年盛行以生鸦片为原料制造麻醉剂,尤其昭和六年(1931年)左右,因私贩收益甚多,该药品生产旺盛之极。最初麻药类制造是完全由国人进行的"。① 日本驻天津总领事的这两封电文的本意在于指出,1932年以后天津的主要制毒者由日本人变为中国人。但至少可以明确一点,就是1931年以前的制毒者都是日本人,1932年秋以后才逐渐被"替代"。也有日本研究者指出,上述日本驻天津总领事所发电文内容,是为了在1934年5月的国际联盟鸦片咨询会议上混淆视听而制造的假情报,实际上天津日本总领事馆已在1933年10月以前,将天津日租界内的海洛因制造窝点全部驱赶到大连,华北销售的毒品都是来自大连的走私品。②

　　1930年前后,日本国内的毒品生产有了飞跃性进展,日本商人已经不单单是德国毒品的中间商,已成为将日本国内和我国台湾产毒品向世界各地走私者。1930年1月,印度、中国香港、加拿大等地查获多起日本船走私大量可卡因、海洛因案件,致使日本代表在当年1月召开的日内瓦鸦片咨询会议上遭到印度和英国代表的责难。日本在上年9月国际联盟大会上曾经承诺要尽快制定限制麻药生产法规,但到了1930年5月依然没有音信。这是由于制定限制法规涉及日本国内现有生产规模与国际麻药生产会议上生产限额分配的挂钩问题,因此日本迟迟难以制定这一法规的原因,很有可能是为尽量扩大生产规模以获取更多麻药生产限额赢得时间。但日本驻国际联盟事务局局长佐藤尚武,由于屡受英、印代表攻击恼羞成怒,一面指责日本国内立法缓慢,一面警告说,去年承诺今年食言的话,将再无辩解余地,日本难免会在国际会议上信誉扫地。更为严重的是,"中国也难保不追究满洲本国官吏取缔缓慢或为了转移倦于内战的国民视线对日本麻药弊政大加非难,又或者即便不出此招,在中国委员出

---

① 驻天津总领事栗原致外务大臣广田机密第五六二号函件.阿片及麻薬類製造取引实状報告ノ件[Z].1934年5月30日.

② 参看山田豪一.満州国の阿片専売—我が「満蒙の特殊権益」の研究—[M].东京:汲古书院,2002:461-464,701。但叶清和设在上海虹口的毒品工厂生产出高质量的海洛因,恰是1932年夏以后,天津也是其销售地之一(参看佚文.大密壳業者 葉清和の生涯//山田豪一.オールド上海阿片事情[M].东京:亜紀書房,1985:117-121)。由此可知,天津总领事的报告并非全无根据,问题在于这些电文其指责中国人制毒业发达的目的,是为了掩盖日本人的制毒业和从热河向华北的鸦片走私。

席的会议上,遭到英印或其他国家严厉指责的话,必将有损国威、只能招致中方的轻侮,将导致对华政策上极为遗憾的结果"。①

当时,国际鸦片会议提出让各国制定麻药取缔规则的提案已历时2年,日本一直迟迟没有反应。佐藤认为,日本当局"仅仅顾虑四五个制药公司的非法利益而难下实施制造限制和取缔令的决断,实在是令人遗憾之至……如此行事,我等努力协作也看不到指望,只有每次找借口敷衍当场,显然早晚会酿成大失态"。② 但有关法规的制定,日本国内依然是按部就班,对印度和香港地区的毒品走私案件却下了很大力气去追查。最终,经外务省、内务省、拓务省、警视厅、厦门领事馆、大阪、神户、兵库等有关机构的一系列调查,"证明"这个案件中是中国台湾人伪造的日本江东制药公司的商标,整个一系列的案件都是中国台湾人勾结日本人的走私活动,且有很多中国大陆人参与其间。在巴黎的佐藤收到这些报告后才松了一口气。但是,调查也查证到以下事实,即案犯从1925年4月到1929年10月很轻易地从单一药商手里邮购到江东制药制造的盐酸可卡因700克装47罐,计32.9千克,以及用来混入冒充可卡因的普鲁卡因700克装24罐,计16.8千克。③ 这恰恰暴露了日本国内麻药生产过剩、管理松懈的事实。

第三节 北京的毒品交易

平津地区历来是热河、绥远、甘肃几大鸦片产地的销售市场和中转地,两者的市场既互相联系,也相对独立。北伐军入城之后,北平特别市也开始取缔鸦片的运销吸食,绝对禁止生鸦片和烟膏进口,除税关官员外,还有派驻各城门税关及车站的宪兵警察。但仍有相当数量走私,尤其来自热河的军队走私,警察难以取缔。对于吸烟者,北平特别市政府

---

① 驻巴黎日本事务局局长佐藤尚武致外务大臣币原第七六九三号暗号电报[Z].1930年5月28日.
② 同上.
③ 兵库县知事小柳木卫致内务省卫生局长赤木朝治.刑收第六八四八号函件:富士鹤印「コカイン」密移出ニ関スル件[Z].1931年9月30日.

1928年10月1日发布禁烟条例、设置禁烟处负责取缔。上瘾者需向各管警署申报，由禁烟处核实身份和每天吸烟量后登录，交保证金50元，令其逐次减量，3个月后戒烟。从他处私买者，一旦发现即课以罚款。拒绝登录而被发现时，送交戒烟处课以罚金。市政府封闭了所有烟馆，规定除戒烟处外不得销售鸦片。警察负责查缉私贩，禁烟处每日派办事员前往各警察署，办理戒烟登录和处理被查获案件。运销北平的鸦片主要来自热河、山西、安徽各省，都是由中国人运入，偶有南方和印度英商或其他外商走私。当地日本人从天津走私毒品者也不少，日本公使馆警察署当年查获3起走私案。除从天津少量走私以外，还有德国、英国商人装在货物中私运而来者。[1]

  但北平表面的平静很快被打破，这是由于以下这些原因造成的：其一，国际毒品制造受到各国压迫，加之银价连年降低，有大量过剩原料，有不平等条约和租界以及领事裁判权的保护，国际制毒资本和技术逐渐向中国迁徙。其二，中国各地的严厉查禁吸食鸦片的政策，反倒给易于吸食和交易、不易被察觉的化学毒品留下了市场空缺。对患者来说，相对于吸食鸦片，烈性毒品价格低廉得多，而且受环境、条件、时间限制较小，毒品贩子又将毒品制成的药丸伪装成戒烟丸或其他药品出售，具有很大的欺骗性，因此烈性毒品成为鸦片的替代品得到迅速传播，尤其是北京过去作为首都，控制较严、外国居民较少、毒品普及率比较低、居民相对富裕，故市场空间较大。其三，军阀混战造成了政局动荡与混乱，军阀为筹措军费，纷纷在各地鼓励种植鸦片、收取税金，同时计划利用廉价鸦片原料开设制毒工场，一面生产鸦片和毒品，一面将军队作为消费人群。山西军阀和奉军都曾这样做。其四，巨大的潜在需要和各地取缔政策宽严不一、交易竞争状态不一，导致不法外国人（尤其是日本、朝鲜浪人）在不同地区间迁徙从事贩毒。

  关于第一点，在天津部分已有所涉及。"九一八事变"后张学良在北京筹饷的过程也能间接说明这一点。中原大战末期，张学良率数十万东北军

---

[1]　驻北京公使馆临时代理公使堀. 北平地方に於ける阿片取締現状に関する調査報告[Z]. 1928年12月24日（外务省条约局：《各国ニ於ケル阿片取締状況》，1929：66－101）.

出关支持蒋介石,给了关东军发动"九一八事变"以可乘之机。事变发生后,张学良未能采取行动迅速恢复失地,而是迂腐地等待国际联盟的裁决,使得关东军得以从容占领东北的主要城市和交通线,在各地成立伪政权。丧失了东北后,张学良开始计划在华北筹措军饷,听从北宁铁路局长高纪毅的建议,由北平绥靖公署筹饷委员会设立以公安局局长鲍毓麟、宪兵司令邵文凯,东北军旅长林从周,北平市市长周大文,东北军汤玉麟、汤佐辅、汤佐荣为委员的委员会,由高纪毅任委员长,组织对鸦片销售进行监督,对于从热河、张家口各地来的鸦片,一律必须经委员会贴印花方能运输和出售,否则即作为走私货加以取缔。但其实行数月后,结果每月收到的印花税却只有数万元,远远达不到当初预想的数百万元。张学良质问高纪毅原因何在,高回答:"近来北平方面鸦片用途,吸食只是其中极少部分,多数为制造海洛因原料,但海洛因制造是秘密的,其购买原料的交易也是秘密的。无论筹款委员会如何严密监视,违法交易手段极为灵活,靠普通官员终究难以取缔。而且海洛因制造终究难以禁止,不如公开允许其制造,对制造一包海洛因征收 50 到 60 元税金,对原料鸦片每两贴 2 到 3 毛的印花,这样一来,自然没有必要秘密交易了,其取缔也就容易了,委员会也能获得预期的收入。"张学良听从了高纪毅的建议,开始征求南京的同意。另外,当地实力派听说将来会公开许可制造海洛因,林从周和公安局、宪兵司令部、绥靖公署及卫戍司令部的人打算抢先在各地设立大规模海洛因制造厂,而周大文和鲍毓麟认为应待南京政府批准之后再说,并反对其设立工厂。当地新闻记者团打算发表声明公开反对,北平总商会会长冷家骥打电话给天津商会商量反对张学良的计划一事,被张学良探知,立刻将其拘留。新闻记者团也停止发表公开反对的声明,看南京政府会如何回答。[①]

与此同时,南京政权正因 1931 年设立五省禁烟查缉处一事处于两难境地。1931 年 6 月,国民党第 5 次中央委员会通过了在江苏、浙江、安徽、江西、福建五省设立直属财政部的禁烟查缉处的决议,打算实施类似鸦片专卖的制度,明令各省政府、军警不得干涉。此举不但遭到各省舆论反对,

---

① 参看驻北平临时代理公使矢野真致外务大臣内田康哉公第四一二号函件.北平方面阿片贩卖制度ニ関スル件[Z].1932 年 7 月 22 日。

也遭到了来自各地区长官、政府内各机构的抵制，行政院不得不于7月初发布行政院令撤销这一决定，已经任命和挂牌的福建省查缉处也摘去牌子，撤销租约，关门大吉。南京的回答显然是否定的。因此，北平绥靖公署不但未等到许可，反收到相反的消息，9月25日，军事委员会下令十省一律禁止军队种植鸦片，9月20日，鄂豫皖剿总司令蒋介石下令所属各军一律禁止贩卖各种毒品，"违者……一律依军法处罚"。这些命令虽说没有直接下达给北平绥靖公署，但敲山震虎之意是很明显的。最终，北平绥靖公署筹饷委员会设立海洛因工厂的计划难以公开实施，林从周也于6月被公安局逮捕拘押到绥靖公署军法处。奉系军阀的制毒计划虽未能实施，但京津一带存在巨大制毒原料市场的事实，却显出冰山一角。

1934年7月29日，与《严禁烈性毒品暂行条例》一同发布的《北平市公安局布告第二十四号》指出："近年来吗啡、可卡因、海洛因、红丸、白面等烈性毒药，或从外国，或从边疆各省大量被贩运而来，充斥长江各地。此等烈性毒品不仅容积甚小、携带方便，而且价格极高，交易利润甚厚。因而牟利奸商以巧妙手段走私甚多，当然腐败不肖之军警亦常加以庇护，以致毒焰蔓涨不分都鄙、恶癖弥漫以及妇孺。尤其在禁止鸦片区域，烈性毒品传播最甚。在经济破产之今日，悍然行此令人穿骨蚀髓之消耗，其祸害所及，不惟国家灭亡，亦将致种族灭绝！"毒品的蔓延在禁烟严厉地区尤甚，严厉禁烟反倒为毒品的蔓延创造了条件。

当时地方军阀割据的省份，如云南、广西、四川、绥远、热河、甘肃都是著名鸦片产地，而京津处于热河和绥远两大产地的夹击之下，向北京走私鸦片数量相当多。但由于当地政府严禁查禁，因此毒品制造和原料采购、成品销售渠道都不易查获。前引东北军的例子表明，1932年前后，北京周围烟馆取缔获得很大成绩，鸦片吸食市场整体萎缩，但毒品市场有了相当扩大。这是因为鸦片吸食需要特殊场地和器具、有特殊气味、患者面容易于识别，因此容易被查禁。而吸食毒品简单快捷、面容和气味上都难以察觉，因此很多瘾君子此时改为吸食或注射毒品，增加了查获难度。这一阶段，军阀军队的士兵中也有很多中毒者，严重影响军阀部队的战斗力。韩复榘就曾指出，中原大战山东作战中"山西军败退的原因之一，就是军中吸海洛因的人很多,因为连阴雨、湿气太重,海洛因和火柴都点不着了"。① 而山西军队毒品患者众多的原因,是山西盛行吸食吗啡和海洛因等烈性毒品混合的"丹料",在山西原来的富庶地区晋中一带,因吸食鸦片而破产、卖掉妻小、消除户籍的情况很多。② 毒品的泛滥导致山西财政的困窘,因此山西军阀在1931年就公布了《惩治毒贩条例》,禁止毒品交易。到了1932年又公布鸦片公卖制度,出售官制烟膏。这样既能获得鸦片税收,同时以危害较轻的鸦片代替烈性毒品。③ 西北军控制下的陕西也是鸦片著名产地,但西北军军纪较严,生产鸦片主要运销外省,这种以邻为壑的政策也是导致鸦片生产过剩的原因。

　　天津、青岛、济南都设有总领事馆,那里的领事馆警察署取缔力量相对强大,而且领事馆动员老侨民监视新侨民、组织巡逻、时常召集侨民训话、劝其从事正业,而且侨民众多、竞争严酷。因此不少日本、朝鲜浪人从山东和天津流入北京。据1930年7月初日本公使馆报告,在石家庄遭到山西官吏驱赶的朝鲜人也有一部分到了北平,天津总领事馆也加强了取缔违禁交易,1929年以后,"有此种嫌疑的日本和朝鲜人,从天津和其他地区移居北平的人逐渐增加"。④ 日本公使馆警察1929年直接侦查并通知中方的此类案件达22件,其后状况有了短暂的好转,但很快从天津和青岛、济南等重灾区迁来北平从事毒品交易的朝鲜人再度增加。当时,中方因无法直接取缔朝鲜人贩毒,只有采取对有贩毒嫌疑的朝鲜人租房制造障碍、对房东施压的措施,或在有嫌疑朝鲜人住宅附近派遣密探严密监

---

① 1930年8月29日韩复榘拜会日本驻济南总领事时的谈话。参见驻济南总领事西田致外务大臣币原公信第四二一号函件.禁制薬品取締ニ関シ韓復矩申出ノ件[Z].1930年9月9日。
② 比如1932年4月15日阎锡山为实施鸦片公卖而发布的《告烟民书》中就指出:"丹料之害有至死山西人民之大害……今山西每年购入外来衣食住所消费金额不过三千万元,而购入外来丹料、鸦片之费每年达五千万元。最近二十年来外来丹料、鸦片所费实不下十亿元……长此以往,省除穷死外无他……愈吸烟愈穷困,亡身亡家,使人意志薄弱、人格低下、行为卑劣。初卖家产,次卖妻子,终将人、家共亡。君不见祁、太各处房屋颓败,妻小被卖、户口减少几多焉!……虽说鸦片之害比丹料轻,然亡家有余矣。"
③ 1931年5月2日《大公报》社论指出:金丹、白丸等毒药祸害河北省、山西省最甚。山西省早已制定毒贩惩治条例,河北省也拟定了草案,一俟省政府特别委员审查完了,便呈请中央批准付诸实施。
④ 驻华公使馆一等秘书矢野致外务大臣币原机密第六五二号电文.北平ニ於ケル禁制品取扱業者取締状況ノ件[Z].1930年7月8日。

视,逮捕购买毒品者,在破获窝点时通知日方警察会同搜查,1930年6月至7月初之间,双方进行了数次共同搜查。但日本领事馆警察的配合是打了埋伏的。因为涉及外国人,中国警察只是到场监视,由领事馆警察具体搜查,所以日本领事馆警察"在上述情况下尽量坚持下述原则,即全由我方自己进行搜查,在证物未引起中方注意情况下,尽量维持原状,待中方警察退出后,加以没收"。日本公使馆的警察对于中方未发现的毒品和证物尽力隐瞒,私下处理。

"九一八事变"发生后,日军紧接着在上海挑起"一二八事件",进攻热河、长城线以及滦东等一系列侵略行动,中国各地抗日热情高涨,抵制日货、反对侵略的活动如火如荼。这种状况大大限制了日本、朝鲜浪人的活动,也有少部分侨民撤回了日本和大连。时局动荡、正当商业无法进行,反而促使一些日本、朝鲜商户转向违法贩毒。

据日本驻北平警察分署1931年的北平日本侨民状况调查,1931年年底,日本人居住北平者撤回535名、迁入295名、出生39名,侨民人数由1 208人减少到988人。"自首都南迁以来,当地侨民的上流阶级减少的同时,需要管理取缔者逐渐增加,尤其是从事违禁品私卖者从天津和济南等方面流入不少,加上当地居住的国人中由于持续的经济萧条开始私卖者有很多,有使以往'北京村'实际内容极端堕落之感。我方虽专心取缔,但其私卖方法极为巧妙、查获颇为困难。而且最近银价更为低落,企图在中国制造违禁药品者很多,有违禁药品技术人员和投资者秘密潜入当地从事制造者,今年8月和9月破获两件。"[①]另外,领事馆警察还破获私卖违禁药品案15件。当地居住日本人有3成是从事工商业者,但由于中国抵制日货,除棉纱、棉布、化工原料和新闻纸进口商之外,大部分日本工商业者因无法营业而陷入困境,开始秘密从事不法买卖。

驻北平警察分署的另一份关于朝鲜人状况调查表明了当时北平居住朝鲜人中从事贩毒者的状况。[②] 1931年年底,当地居住朝鲜人共77户323人,其中除中学教师2人、医生2人、牙医1人、开饭店6人、外国人妻

---

① 驻北平警察分署.昭和六年北平在留民状况调查[Z].1932年2月.
② 驻北平警察分署.昭和六年在留朝鲜人概况[Z].1932年2月.

妾 16 人之外，其余约 40 户都是"表面装作人参、古董、米商或干脆无表面商业，实际从事零售违禁品（海洛因）的嫌疑者"。其人数占居住者的大半。经营商业的人"由于资金信用等关系，无法与勤劳朴素的中国人为伍、进行平等的商业，只能从事不需要多量资金和经验的海洛因零售，其营业只是表面文章"。而从事私卖违禁品者"占居住当地朝鲜人的 7 成，从事零售者居多，甚至允许在自家吸食。销售额视周围环境而定，每天 3 元，最高到 30 元，有相当利润。以这种非法营业为目的的往来也顿时增加，即便严厉取缔，他们也会根据住址是否易于营业而循环搬家，很难彻底取缔。尤其是此次事变之际，这种营业比起其他行业并不受抵制日货的影响，正在恢复正常营业"。"来到当地的朝鲜人都是原来居住在朝鲜或满洲方面，随着生活逐渐穷困来到当地，从天津再转移到当地者也处于激增状态，其大部分都如上述是经手违禁品交易的。因为经济萧条背井离乡寻求安居之地，辗转过着流浪生活，也有听到友人传讯欣然而来、生活忽转贫困者。这些违法业者，根据各地管理的宽严而常常移居，没有一定根据地，居民的大多数生活不宽裕，维持着贫困的生计。"

由以上报告可知，1929 年以后因贫困和经济萧条而流入的日本、朝鲜浪人（实际上也就是流浪者）迅速增加。他们因各地对毒品查禁的宽严程度、当地贩毒者竞争激烈程度而迁徙不定，大多数从事毒品的零售和提供吸食毒品、注射毒品的场所，成为导致北京毒品泛滥的主要罪魁。

第四节　山东的毒品交易

一、日本贩毒者生态

山东是日本侨民最多的地方，也是中国毒品泛滥最早、受害最重的地区。早在 1927 年年初，当地已是"居住山东省 1 万 5 千日本人中从事违禁品交易者居多"的状态，从事者众多，交易数量庞大，形成了白丸、快上快、紫金丹、龙金丹等含有吗啡和海洛因成分的毒品药丸的巨大市场。而且青岛、济南等主要城市成为日本人集中居住的地方，津浦、胶济等铁路沿线也分布着许多日本人。①

山东历来很少种植鸦片，张宗昌倒台前，曾谋划鸦片专卖以筹军费。其一面设立禁烟局，一面允许种植罂粟。胶济线沿线尤其是高密、胶州等地种植了一些，未等收获，张宗昌就倒台了。结果鸦片管理和税收最终由各县长和警察、保卫团自由决定，其管理宽严不一。基本税收是种植税1亩6元。国民政府接管山东后，在查缉鸦片运输方面，铁路由胶济铁路巡警队、海路由胶澳海关港政局监视股和警察厅负责，显示出严厉取缔姿态，尤其是对日本人违法行为取缔甚严。因此，只有街市上很少的无照烟馆在私造少量其自身需要的烟膏，大规模制造烟膏已经绝迹。1922年青岛行政权移交中国后，烟馆一度处于自由放任状态，上瘾者人数也猛增。1924年4月，商埠督办高温洪接替前任熊炳琦后，8月发布严厉禁烟布告，令烟民在3个月逐步戒烟，对吸食者、零售者、烟馆实施相当严厉的查禁，但其效果不显，最终不了了之。1927年年末，张宗昌借禁烟之名，行专卖之实，公开许可烟馆，专谋收入，1928年5月随着其倒台，其制也自然消亡。

山东交易的鸦片有些来自热河、四川、湖北、湖南、山西、河南等地，来自外国的鸦片主要是由德、俄、英、美船员带来，有波斯、西伯利亚、符拉迪沃斯托克（海参崴）、土耳其、德国、印度制品，在船到港时私运上岸，似并无专门走私业者。外国走私货数量并无精确统计，每年估计约10万两。毒品走私以海洛因最多，可卡因、吗啡次之，日本人走私毒品占总量的9成，德、俄、土、葡等国人也有不少经营走私。当地和铁路沿线（包括济南）一带年消费麻药数量达500万元之多。由于几年来动乱直击山东，当地经济极为疲惫，百业凋零，因此麻药急速取代鸦片，以海洛因为主药的药丸销量急速增加。②

关于日本人贩毒者，青岛总领事馆驻坊子领事派出所1930年5月的

---

① 参看驻博山外务省书记生佐佐木高义致外务大臣币原机密第三六号函件.阿片、紫金丹等ニ関スル報告提出ノ件[Z].1927年2月9日.

② 参看驻青岛总领事藤田.青岛地方ニ於ケル阿片取締ノ現状ニ関スル調査報告[R].1928年12月28日（外务省条约局：各国ニ於ケル阿片取締状況[Z]. 1929：103－107）.

一份报告详细说明了其生态。① 当时,坊子地区居住日侨 114 户(除领事官员),其中 70 户私卖含有海洛因的"丸子"以补贴生活。其地区分布如表 2—1 所示。

表 2—1　　坊子领事派出所辖区居住日本人地区分布和卖麻药者户数

地区	总户数	买卖麻药户数
坊子	44	20
潍县	31	23
昌乐	18	17
高密	11	10
合计	114	70

资料来源:外务省条约局.各国ニ於ケル阿片取締状況[Z].1929:104。

日侨的七成靠买卖麻药补充生计,尤其昌乐和高密的居住者,除两三人外,都是最初就以私卖麻药为目的从青岛、济南沿线转入这里的,潍县也很多。1927 年、1928 年日本出兵济南以后,以种种非法目的流入当地谋生者占多数。其原因可追溯到日本占领青岛时代,当时靠卖麻药博巨利者很多。1922 年青岛归还中国后,除极少数与煤矿有关者外,大部分人仍靠卖麻药过活。1925 年后煤矿萧条,失业者也都转向走私麻药。到了 1927 年春,日侨中三分之二都成了卖麻药者。"一毛两毛的生意也做,不惜出入于衣衫褴褛者之间。"②

坊子领事派出所设立以后,领事认为这种状况"极不体面"。但其又无助其脱困的根本之法,因此取缔方针摇摆不定,多数情况下只是口头劝说。对于中方引渡的案犯,也不过判处罚款了事。1928 年日军出兵济南,这些违法业者纷纷为军队服务或独立开业,私下却仍在借日军之威私贩麻药,多少有了些储蓄。1929 年的领事主任想把这些人都驱赶到他处,于 1929 年 3 月底召集坊子、潍县、昌乐、高密等违法业者 43 人到馆训话,告诉他们:"赚了钱者可从正业,有旅费的可迁往他处。"同时,勒令其交出制造麻药丸的机器和器具。当时侨民中领头的渥美驹次郎等 11 名

---

① 参看驻青岛总领事藤田.青岛地方ニ於ケル阿片取締ノ現狀ニ関スル調査報告[R].1928 年 12 月 28 日(外务省条约局:各国ニ於ケル阿片取締状況[Z]. 1929:103—107)。

② 同上。

交出了制造"快上快"机器各1台，其他人则交出麻药类及制剂器具，表示了改悔之意。但领事馆事后才搞清，其实他们没有传说的那么赚钱，也根本没有悔改的想法，何况也无处可去。他们所害怕的并非领事馆取缔，而是怕中国军警在日军撤退后仇视日侨，勒索不法业者，于是暂时停止私贩麻药，观望形势。而且，当时"快上快"已经过时，所以制造"快上快"的机器也就没用了。交出机器对他们并无任何损害。最终，领事馆劝说毫无效果，只对其中两名进行了处罚。日军撤退后，这些违法业者观望了一阵后，又无坐吃资本，只有五六人表面上有店铺，私底下还是靠卖麻药为生。

据领事馆的归纳，这些私贩麻药者基本有两种：(1)店铺以胶底鞋、旧衣物、药品、其他杂货为主，其每日的销售，只是将手头存货零售以减少亏损。一面从青岛济南方面走私进麻药，以中国人任掌柜，对熟识的中国人秘密销售，数量上低于5元者不卖，故无衣衫褴褛者出入。胶济路铁路员工为其第一主顾，身着制服者常常白日出入其间。(2)不设店铺，看上去完全是住宅，在内室制造麻药。购买者从后门或窗户进出，衣衫褴褛者从暗窗买卖，更有甚者，还在室内吸食，有不少以衣物作抵押。但因同行竞争，麻药价格低廉。尤其是1929年以后，银价大跌，销售利润大减。而且这些贴着非法营业标签的人，还需经常应对中国巡警、密探、流氓来抽头的风险。昌乐及高密的违法业者多为单身，随身只带铺盖和少许衣物，遇到危险时随时准备逃之夭夭。

当时的领事主任看到这种情况，发现如果实施严格取缔，"会立刻危及日本人的存在"。日本侨民中，只有小学生不贩毒。所以，当时的领事主任采取了四项方针：(1)以对外关系为取缔基准，表面上标榜严罚主义；(2)实际处理具体问题时，以说服方法为主；(3)对说服无效、走私行为引人注目，或引起问题不得不处罚者，勒令出境；(4)对辖区内新违法业者进入严加管理，防止增加。但这位领事主任也明白，光靠劝说是没有用的，经过他几度劝说，日侨贩毒者只是注意做了点表面功夫，"其后令人吸食者、接受以衣物为抵押者，全然绝迹。尽管有店铺者的店面增加了商品、也开始注意外观，但真的从事正业者极少，大部分还是旧态依然。难于期待急速改善"。

二、严刑峻法并不能禁毒

1930年年初,国民政府禁烟委员会派员秘密调查旅顺、大连、济南、青岛方面的鸦片种植与销售状况,结果发现济南、青岛的日本人在普通商店的名义下从事鸦片销售者极多,而且旅顺、大连公然开设烟馆,让一般人自由吸食的事实也不少,并附有各种证据文件。对此,该委员会召开例会决定,由外交部向日本政府当局提出严重抗议,同时由国际联盟禁烟委员会代表吴凯声向国际联盟陈诉该项事实。[①]

同年2月27日《中央日报》报道,外交部因最近日本人在山东省内走私鸦片和其他麻药、阻碍中国实施禁烟,向山东省政府发出严厉取缔的通知。山东省政府回信说,已对省内各市县政府发出通令,于2月25日实施取缔。很快,山东各地贴出取缔违禁药品贩卖与吸食的布告,由各县公安局局长负责取缔。山东很快对日本违法业者采取了措施,张店领事派出所报告说:"布告贴出的同时,当地公安局局长即向本方提出对本国商人取缔方法的内部交涉,直接对有经手嫌疑的4户本国商人的住宅进行搜查(结果未发现违禁品)。"[②]当地日本领事馆派出所在布告发出的同时就已对日本商人发出了警报,公安局搜查之后,又再度警告日本商人"切莫在此际如此等问题上被中方瞄住,或招致对方不法措施"。[③]

1930年8月28日,山东省又以第一军团总指挥韩复榘的名义再次发出布告,严禁民间吸食化学毒品,对于销售毒品者将处以极刑。9月3日再次发出布告,禁止吸食和销售海洛因。之后的查获和处罚人数迅速增加。8月下旬,韩复榘拜会驻济南总领事,要求严惩济南站破获的利用铁路走私大量毒品的日本现行犯。韩指出,听说山西军在济南和津浦线沿线驻扎时,为山西军经手含海洛因毒品的日本毒贩们人均赚取了12万元。毒品为害极大,吸毒的人只有三四年寿命。其要求日本领事馆协助调查日本人走私毒品。日本总领事尽管极力掩饰、顾左右而言他,最终明

---

① 驻南京领事上村致外务大臣币原第一二三号电报[Z].1930年2月5日.
② 驻博山领事馆出张所主任町田万二郎致济南总领事西田机密公领第一四六号函件.禁制薬品取扱者取締ニ関スル件[Z].1930年5月14日.
③ 同上.

确表示将在调查后回复。事后经查明果然是商人走私毒品案,日本领事馆按外务省令"对其进行了严厉惩处",并很快将结果报告了第一军团指挥部。①

1930年下半年,山东出现大量进口盐酸普鲁卡因事件。经日本驻青岛总领事报告,该事件引起了日本驻华公使和南京总领事的重视,其下令紧急调查此事。事后发现,国民政府早在1929年就修改了对普鲁卡因管制程序,过去普鲁卡因作为禁止进口药品,要进口必须获得中方发放的特别许可证。但从1929年开始,税关对于有资格药店由上海市政府卫生局发给进口许可证者,只要附在进口申报书上提交,即可无事通关,基本上是不加追究,即使没有许可证也能通关。但是这一药品依然被列为禁止药品,这一点与以前并无变化。日本驻华公使推测:"可能是由于普鲁卡因在可卡因类药物中麻醉性微弱,因此才会放松管制。"②南京总领事虽然对山东进口非常大量的普鲁卡因是否有正当用途表示质疑,但是经过调查发现中方的确是放松了管制③,此事方才没有引起事端。同一时期,天津的毒品市场也由于普鲁卡因可以公开进口,出现吸毒者转向普鲁卡因的动向。这一动向表明,国民政府有通过放松对毒害较轻的普鲁卡因的管制,驱逐烈性毒品吗啡、海洛因、可卡因的意图。

1931年年初,韩复榘因禁烟成绩不理想,下令对其控制区域内吸食、贩卖毒品者加重刑罚,尤其对于私买毒品的惯犯实行枪决,对利用儿童购买毒品者处罚家长。④ 此举虽对中国贩毒者和日本不法业者有震慑作用,但对日本侨民继续从事违法贩毒活动没有太大影响,日本侨民在领事

---

① 1930年8月24日有青岛铁路货运到大马路点心铺三洲堂装在汽油桶中的点心4件抵济南站,三洲堂店主大西永吉曾自去、托人前去车站想提货,都因站员要求开箱检查而未果。1月29日站员和警卫在日本领事馆派员会同下开箱检查,发现其中秘藏25益司装海洛因37个,价值银洋4万2千余元,第一军团指挥部将其全部扣押。韩复榘亲到总领馆过问此事。得到惩处后报的明确答复后方才答应发还证物。领事馆经对大西审讯,判明是走私毒品,对其进行了严厉惩处,并将结果通报韩复榘。参看驻济南总领事西田致外务大臣币原公信第四二一号函件.禁制薬品取締方ニ関シ韓復榘申出ノ件[Z].1930年9月9日。
② 参看驻华临时代理公使重光葵致南京三等书记官上村伸一机密公第二八一号信函.「アトキシコカイン」ノ中国输入ニ関スル件[Z].1930年12月19日。
③ 驻南京领事上村致外务大臣币原普通第一三号电密[Z].1931年1月13日。
④ 驻济南总领事西田致外务大臣币原普通第一一六号函件.中国側の禁制薬品取締状況に関する件[Z].1931年3月17日。

馆的表面禁止政策诱导下,只是将违法活动更加隐蔽了一些。而且在不同军阀控制地区,量刑和处罚程度完全不同,刑事犯罪常常受到各地军阀的干扰和侵害。割据胶东的刘珍年部,就实施着与韩复榘完全不同的政策。刘珍年控制着烟台和胶东各县的司法,将禁烟政策作为筹集军费的材料,授意公安局对于拿获的吸毒贩毒者,不经法院审判,由军警课以重罚之后释放。同在山东,量刑和执法标准也完全不一样,实际上将刑法、刑事诉讼法完全形式化了。因单靠割据军阀的意志左右司法,禁烟政策成为军阀在胶东肆意搜刮民财的工具。[①] 这种状况,直到刘珍年被驱走后才有所改变。

本章小结

1928年夏北伐结束到1931年"九一八事变"爆发前,华北各地割据政权基本在各控制区域内采取了禁烟禁毒措施。各地当政者惧于化学毒品的巨大危害,在查禁政策上基本采取了避重就轻的做法,即严厉查禁毒品、相对放宽吸烟的政策。其对于毒品的吸食者(尤其是贩毒者)采取了严刑峻法镇压的政策。但是这些政策并未收到预想的效果,毒品危害反呈扩大之势。这是由于以下原因造成的:(1)1929年发生的世界经济危机导致银价逐渐低落,加之各地军阀鼓励种植鸦片造成了中国鸦片过剩的局面,这些基本经济条件的变化导致国际制毒业逐渐向中国转移;(2)连年战乱导致的地方经济疲惫造成了各地贫困者增加,原先吸食鸦片者逐渐转为毒品的后备军;(3)由于租界和治外法权保护毒品犯罪,因此中国的严厉禁烟禁毒政策反而给了外籍毒贩以可乘之机,同时也促成借用外国人名义、躲进租界继续贩毒的动向;(4)虽然这一阶段因日本政府对于中国政局基本采取观望态度,日本各领事馆对于中国的禁烟禁毒政策也采取配合的态度,但是因世界经济危机的影响,日本、朝鲜贫困者大量流入中国,各领事馆都面临无法实际取缔的问题,只能大做表面文章,

---

① 驻山东芝罘领事内田致外务大臣币原普通第一二七号函件.芝罘地方刑事裁判ト麻薬類取締実況ニ関スル件[Z].1931年4月23日.

而日本、朝鲜浪人在北伐压力下一时收敛的贩毒活动,在1930年以后再次逐渐活跃,只是伪装得更深了。

"九一八事变"爆发后,紧接着"一二八事件"爆发,日本国内围绕事变处理发生剧烈的政坛内讧,不仅中国国内难以获得东四省情报,日本各领事馆也有很多不明真相。之后,又爆发了日军进攻热河、河北、滦东等一系列事件,全国的抗日热情高涨,各地抵制日货、宣传抗日活动高涨。直到1933年5月签订《塘沽停战协定》为止,日本侨民在中国的活动受到了很大限制。尽管如此,如北京、天津的情况所显示的,日本、朝鲜浪人的贩毒活动并未停止,反而由于正当商业的停顿促成了贩毒者增加的局面。华北在这种态势下迎来了停战协定后的局面。

另外,南京政权在北伐胜利后,取消了厘金,制定了统税,逐步实现关税自主。但关税作为赔款担保的部分相当大,增加财政收入的可能性有限。而且与当时世界潮流相比较,中国并未实施所得税制。财政收入停留在依赖土地税、印花税、统税、特殊商品消费税、牙税、屠宰税等间接税收入支撑的阶段。因此,南京政权的国务讨论中,屡屡出现要对鸦片这种特殊商品征税的方案,但是靠财政部设置特殊机构进行管制的提案遭到强大的阻力而夭折。这是因为这种方案既与根绝烟毒的民众呼声相违背,也有损各地割据势力的财源。如何排除割据势力的干扰,有效实现禁烟禁毒,成为南京政权的重大课题。

第三章

《何梅协定》签订前后的禁烟对抗

《塘沽停战协定》（又称《何梅协定》）签订后，华北成为中日双方对立的焦点。《塘沽停战协定》和非武装地带的设定，限制了中国政府在华北的缉毒和缉私行动。这一时期，日本的对华外交明显出现了双重外交，即派遣军部实施的"当地外交"和外务省进行的中央政权的外交。日本外交官中出现了为军部侵略政策服务的"革新官僚"，日本外交的自主性开始丧失，成为为日军制造事端善后和利用不平等条约压迫中国政府的工具。对此，中方也展开了反击，在围绕日本人及其殖民地朝鲜人、中国台湾人的违法贩毒活动方面，中国逐渐严厉的禁毒政策与日本纵容包庇贩毒政策逐渐呈现出对抗日益加剧的态势。本章主要探讨《何梅协定》签订前后在华北围绕禁烟禁毒的中日对抗。

第一节　来自国际鸦片咨询会议的警告

1933年5月22日，在第十七次国际联盟鸦片咨询委员会上，中国代表的发言引起各国代表的重视："咨询委员会各委员都知道，在被占领的北方发生的惊人事实。在中国其他领土上的事态从1931年以来也没有任何改善，尤其药品制造更是如此。也许1932年关于药品的事态将更为恶化。最为重大的事态是，国内各地正在兴起私造药品的工厂，尽管关闭远处他国工厂并非在中国开设此种工厂唯一理由,但唯一明白的事实是,中国是非法交易的主要牺牲者。"国际毒贩正将制毒工厂转移到中国。

法国代表指出,事态极为紧急,因为放任不管,"他们一伙的基础会变得很牢固,要消灭他们会遇到巨大困难,他们就会在中国全境建成网络般的工厂、获得莫大的利益"。咨询委员会一致决议,要对此采取行动,并将这一消息传递给全世界,以阻止毒贩们的行动。

这年的国际联盟鸦片委员会理事会第十六次决议报告中指出:"新的威胁是国内各地出现的秘密药品工厂群,首先1929年12月上海海关关长报告中,有没收吗啡数吨的描述,并指出四川省也生产了相当数量的吗啡。1932年年末中国报纸报道,警察在上海查获两处药品工厂、浦口到济南间的津浦铁路沿线的苏州府也发现海洛因工厂。1932年9月中国海关报告上海发生的两件没收事件中,一件为328千克,另一件疑为国内违法药品工厂制造的116千克吗啡。委员会很重视引发以上局面的双重危险:一是面临直接威胁的中国的危险,另一个是这些非法工厂产品自然流入其他亚洲、欧洲、美洲各国的危险。"①

1933年10月10日,国际联盟事务局公布的鸦片委员会每月报告书指出,中国是走私鸦片最大的牺牲国。以上报告书关于鸦片的私造、走私状况有以下论述:(1)因鸦片类走私和私造蒙受损失最大者为中国;(2)来自中国境内外国租界的走私和非法工厂的私造毒品是其原因,走私量最多的国家是日本;(3)其结果是中国的吸食者呈现出不断增加的倾向。②

在1933年11月7日的鸦片特别分科委员会上,中国代表鉴于租界是制造和贩卖毒品的巢穴,领事裁判权是毒贩们的保护伞的实际状况,提出以下四点建议:(1)紧密的国际合作;(2)在租界内适用中国有关鸦片和麻药的法律规则;(3)对买卖鸦片的外国人处以与中国人同样的刑罚;(4)进口制成麻药港口仅限于上海。③ 然而,中国的建议,"因包含了鸦片分科会权限外的原则问题",没有被采纳。尽管各国代表明白,在中国"军阀

---

① 日内瓦拒毒情报社. 谈中国麻药的实际状态[Z]. 1933年11月.
② 《联合外信》第三十二号[Z]. 1933年10月10日.
③ 日本外务省条约局第三课(秘). 第十七回阿片諮問委員会経過報告[R]. 1934年1月:45-47.

第三章 《何梅协定》签订前后的禁烟对抗

为争夺违法种植罂粟的利益正在互相交战,他们在兵工厂里制造着鸦片诱导体,南京政府还没有支配广大中国土地的实力,某些地区的地方官员在默认鸦片买卖。即便南京政府今日能够根绝秘密制造、抑制鸦片生产,恐怕也不过是历史的重复,日本和其他国家会继续供应违法市场"。①

但鉴于历史上清廷、袁世凯、北洋军阀政权的禁烟政策都草草收场的事实,欧美列强各国对于南京政权能否厉行禁烟政策没有信心。此外,修改租界法制远远超越了作为一个专门委员会的权限,各国代表只同意在提供租界毒贩情报上予以协助。但治外法权和租界恰恰成为这一时期中国打击走私、根绝毒品的最大障碍。

第二节 天津与停战区内的对抗

这一时期,华北的形势呈现剑拔弩张之势,双方关系由合作逐渐走向对抗。1933年以后,天津和停战区呈现出以下几种趋势:一是天津的贩毒在租界和治外法权的保护下呈蔓延之势;二是由于中方查缉能力受到限制,天津逐渐成为鸦片原料交易中心,西北数省鸦片被贩运至此交易,热河鸦片被大量走私进来,由于原料低廉,制毒工艺成熟和制毒量扩大,京津地区正发展为向外地和外国走私出口地;三是停战区内各县市的日朝居民骤然增加,在停战区内公然设赌贩毒,因为其从事的非法活动引发的犯罪案也骤然增加,日军和日本领事馆公然利用这些犯罪案对中国地方政权施压,甚至威逼县公署、恐吓中国官员不要抵抗日本的事件屡有发生;四是日本领事馆公然庇护本国人各种犯罪,而且即使抓获证据确凿的犯人,也由于领事裁判量刑过轻,根本没有制止犯罪的效果。

一、租界内的毒品泛滥

"九一八事变"发生后直到1933年5月《塘沽停战协定》签订,华北局势紧张,各地中国人群情激愤。日本领事馆为了保护侨民,将北京和华北

---

① 日本外务省条约局第三课(秘).第十七回阿片諮問委員会経過報告[R].1934年1月:45—47.

各地的日本和朝鲜侨民撤进租界或日本国内,日本、朝鲜浪人的贩毒活动有所收敛。但也有相当数量的日本、朝鲜浪人跟随日军火中取栗,为日军提供各种服务,并将贩毒窝点开到日军占领地区,山海关、秦皇岛、昌黎,日军所到之处,甚至一些北宁线沿线小站、停战区中各县城的日本、朝鲜人居民人数急速增加的同时,贩卖鸦片毒品引起的犯罪案也开始上升。

《塘沽停战协定》签订后,天津被分隔在停战区内。中国对于整个停战区的行政权都受到限制,天津和停战区内的毒品泛滥之势逐渐加重。1933年8月的《中国新闻周刊》上登载了一篇报道,揭露天津日本租界日本、朝鲜浪人贩毒加剧的状况。"中国国民正被所谓日本商人大量毒害,我因某种个人理由,最近在河北、山东两省以麻药行商为主对海洛因行商进行了彻底调查,主要调查其供货者、消费和出售这些毒药的方法。调查发现了常人所难以相信的惊人事实。天津在销售和消费方面在河北各城市中居首位,北京次之。"[①]天津日本租界是天津贩毒行业大本营,日法租界边界的秋山街,日方一侧道路吸毒场所极多,呈现出致命的活动情形。"除了朝日街拐弯,沿着秋山街前行一直到街道末端,到处都是中文、日语、朝文金字招牌的现代商店,这些都是零售小至1毛钱单位的海洛因馆。从上午7点开始到半夜,去这些店都能看到各阶层中国人,下至人力车夫上至绸缎商人均在吸食海洛因。"

作者通过采访在海洛因馆吸毒的人,发现一些吸毒者是因为在有精神苦恼和疾病时,被认识的日本人、朝鲜人诱使开始吸食的。很多海洛因馆接受吸毒者随身物品(如衣服、宝石等)为抵押借给其毒资。北京有很多朝鲜人和日本人以贩毒为生,而其营业都是在日本领事官员同意下进行的。华北几乎全部的海洛因都是由大连走私进来、经天津和青岛贩运而来。"据最可信情报,日本人在大连设置了数处工厂,每个月向中国内地贩卖价值数百万元的海洛因。"海洛因的作用远比鸦片剧烈,一度染上毒瘾,要想戒除极为困难。很多海洛因上瘾者说:"很少听说过吸上海洛因活过5年以上的人。我遇到的这些不幸的人们,所有人都是因日本人、

---

① E. W. 阿伦.日本的毒品贸易蠹毒华北[N].中国新闻周刊,1933年8月5日.

第三章 《何梅协定》签订前后的禁烟对抗　　　　　　　　　　　　　　　　73

朝鲜人教唆而上瘾，毒品也都由日本人和朝鲜人提供。"

　　据皮特·J.劳力士回忆，1935年年初开始，英租界出现了很多贩毒的日本人、朝鲜人。他们交易红丸、吗啡、海洛因、鸦片。英租界警察在街上逮捕携带装有吗啡、海洛因注射器的朝鲜人，注射一支只要1毛钱。注射器并不消毒，因此梅毒和黑斑病在吸毒人群中扩散。朝鲜人为逃避警察，故意穿得很破烂，被捕后全部拒绝招供从哪里进货。因有治外法权，英国警察只能将其引渡给日本领事馆，但结果是移交给日本警察后，很快就会看到他们又出现在英租界，继续带着肮脏的注射器到处转。1935年年中，英租界还出现了制造吗啡和海洛因等鸦片提取物的工厂。租界警察进行查抄，很少见到日本人，但那里的中国人和朝鲜人会报告说，头目是日本人。问他们原料从哪里来，其都回答鸦片来自日本租界。这些工厂每周生产吗啡50～60磅、海洛因3～4磅，住宅内都设有小桶和干燥设备，有必要而完全的化学操作所需的设备。英国警察在每月一次的各租界警察社交会议上，多次要求日警官取缔，但日本警察每次的回答都是会好好调查，但从不采取行动。①

　　日本政府在鸦片毒品管理方面国内紧国外松的法制和内外不一的姿态，在当时的国际会议和很多媒体上被注意到，是日本政府有意用鸦片毒品作为殖民武器的重要证据之一。"1924到1925年日内瓦鸦片会议上，日本代表杉村曾声明，如果日本是自古以来未被外国征服过的唯一的亚洲国家，那是由于日本绝对不吸食鸦片和摄取麻药。这个声明说明日本明白麻药在政治上是危险的东西，日本在东洋的政策是日本明白这一致命武器用法的证据。台湾地区、朝鲜、'满洲国'的专卖法是靠日本之力制定的，中国人正被日本人有组织地残害着。"这篇文章被日内瓦拒毒情报社收入其发行的小册子，向国际联盟鸦片咨询委员会各国代表散发，引起了日本外务省的恐慌，促使日本代表不得不做出姿态。

---

　　① 参看皮特·J.劳力士口供书[Z].1946年6月21日，A级远东军事法庭审判记录，第17、18辑。

二、天津成为制毒贩毒走私出口的毒品中心

1934年5月,天津总领事曾向外务省报告[①]天津制毒业的发展状况,其概要如下:

(1)关于制毒原料,热河产鸦片甘香,适合吸食,具有压倒性市场优势。甘肃鸦片有辛辣之气,因此本地消费甚少,与四川产鸦片同样主要运往上海作为原料使用。伪满洲国成立后,热河鸦片运往天津受到管制,但仍以种种方式走私当地。至于是什么途径,并未提及。

(2)关于毒品生产,"本地出于与鸦片产地交通及供求等地理关系上,往年盛行以生鸦片为原料制造麻醉剂,尤其昭和六年(1931年)左右,因私贩收益甚多,该药品生产旺盛之极。最初麻药类制造完全由国人进行。但数年不知不觉间,中国人掌握了制造方法,近一两年此等制造技术完全为中国人所夺,而且制品比外国进口品质量还好。此辈动用收买地方官员等所有奸策从事原料鸦片和制品的授受、买卖或私造。据说私造全盛时代为张学良在北平任上时代"。

(3)关于私造麻药者国籍,"麻药制造往年只有本国人,但中国人学得制造方法后专门技术全部为其所夺,且我方警察对制造查获甚严,本国人从事制造者因此两原因逐渐减少,至今日从事大规模私造者已经绝迹"。相反,中国人与地方官员勾结,至一两年前私造甚盛,但私人小资本私造者,陷入一面高价采购原料,一面不得不低价销售的困境者不在少数。但投入大资本生产高档品者,正呈现相当有利状态。在外国人之间,有情报称1932年时天津外国租界内设有相当完备的毒品工厂从事制造。但据说上述活动是在有很多中国人参与、外国人提供物质援助的情况下进行的。

(4)关于制品销售,日本人与中国人间以极少投资私造制品,借日本人或中国人为中介,私卖给日、朝或其他外国人零售业者,在以往走私兴旺时代,日本人中有投资相当大量资金获得巨额收入者,但随着中国人私造激增,因生产过剩和价格低廉,走私进口逐渐绝迹。现在除了数名中介

---

① 驻天津总领事栗原致外务大臣广田机密第五六二号函件.阿片及麻葯類製造取引实状报告ノ件[Z].1934年5月30日。

业者外，其余几乎都是零售业者。因中国人私造者比较信任日本人，求其为中介者较多，而且中国私造者商品往往质量略低，其价格也比日本品低廉，现下主要由零售业者私买。其交易价格因品质好坏有高低，一般行情为 700 克装 560 元。

（5）对日本人收入的影响。往昔走私鸦片麻药主要是外国品经上海或大连进口转运当地，或少量由日本船运来，与当地走私惯犯联手以巧妙手段进行。但本地私造品逐渐自给自足，价格也比外国低。历来当地日本人靠从事走私贩运者很多，以之为生者亦不在少数，但此行当逐渐被中国人所夺，对日本人的经济状况产生重大影响。

天津总领事在此采取了承认过去、回避现在的避重就轻的报告方式。一面表明现在的制毒业发展与天津租界没有丝毫关联，一面揭示了部分过去天津日本租界制毒的部分真实情况。根据其描述，日本人很早就开始在天津制毒贩毒，最初的制毒行业完全由其垄断，在 1931 年左右达到最高潮，到 1932 年由于中国竞争者的出现开始走下坡路。1933 年左右日本人大规模制毒业者几乎消失。但据日本研究者考证，实际上 1933 年 10 月以前，日本人经营的制毒工厂都被领事以防止火灾为名，驱赶到了大连。华北交易的毒品主要来自大连。在贩毒方面，日本人一直保持着优势，最早有人靠走私进口毒品而致巨富，之后又有从事中介者。1933、1934 年，由于日本和朝鲜贫困人口流入增加，从事零售业者开始占据主流。其结论是，由于天津附近原料低廉，制毒工艺成熟和制毒量都在扩大，正成为向外地和外国走私出口地。至于是什么人在向外出口，目前情况不明。但是这位总领事担心，走私贩运中日本人份额减少会对当地日本人的收入状况产生重大影响。

关于由大连向内地的毒品走私，当时日本驻日内瓦事务局局长横山正幸也曾指出这一点，"综合最近天津、芝罘、青岛等发来的有关本国人麻药走私报告，似有其没收品的大部分都来自大连方面的形迹，给我的感觉是，关东州，尤其大连是麻药走私的一大中心"。[①] 同时，他也指出日本的领事裁判对于侨民贩毒处罚过轻的问题，认为这将导致欧美各国对日本

---

① 日内瓦国际会议事务局局长代理兼总领事横山正幸致外务大臣广田机密本公第五九八号电文.大连方面より中国仕向の麻薬密輸入取引取締に関する件[Z].1934 年 9 月 8 日.

的非难。"历来本国官宪对违反麻药取缔规则者的处罚,与中国和欧美各国官员实行的严重处罚相比,实在过轻,没有任何取缔效果;也容易令人产生这样的臆测,即我方官宪以这种无效的处罚而放任犯人,不如说是奖励走私的措施。"这表明,日本控制下的旅大殖民地是天津毒品供应地之一,对于走私毒品处罚之轻,是导致走私绵绵不绝的原因。

另外,全面抗战开始前后日本人曾对西北鸦片做过很多调查,这些调查都表明,1937 年以前西北地区的陕西、宁夏、绥远每年运销京津地区的鸦片达 1 000 万两之多,加上关东军保护下伪满洲国专卖公署 1933、1934年大量走私烟土到京津地区①,每年汇聚到平津地区的生鸦片数量相当庞大。另据 1934 年 8 月 29 日中央通讯社消息,天津每年消费的海洛因和可卡因已达 60 余万两,其交易额达到 3 000 多万元。这一数字折算为公制达 3 万千克,如此巨大的数量说明当地的毒品除从大连走私外,还有当地生产部分,而且消费也绝不限于天津,而是被运销到了中国各地。1934 年美国曾破获 15 个月从天津向北美走私海洛因 450 千克的案件,据推算这是可供 1 万名吸毒者吸食 1 年的数量。天津在 1938 年的国际联盟鸦片咨询会议上被称为"毒品走私大本营"。

三、停战区内日本、朝鲜浪人的增加

表 3-1 是日本、朝鲜、台湾地区人口在山海关以内的人口变化情况,表 3-2 是华北日本、朝鲜、台湾地区人口在各城市的移居与分布情况。从统计数字中可以发现,1929 到 1935 年日本人人数变化并不明显,处于基本持平且缓慢上升的状态,其中归国和渡来者人数基本相当,但在华居住者中,贫困者显著增加了。日本人总数在 1935 年到 1936 年有明显增

---

① 北京的《大晚报》1934 年 9 月 5 日《热河鸦片流入关内与河北禁烟》一文称,中央社 2 日电,"经长城各口运往关内鸦片至今日已达三十万两,九月一日有五辆卡车经马兰峪运送二九万两鸦片向天津方向,以上运输由日军护卫,以免途中被扣留"。该文指出"河北已成为伪组织所产毒物的排泄地"。当时获准经营热河停战区间汽车客货运的只有坂田组一家。另据山田豪一考证,伪满洲国实施鸦片专卖制度,在 1933、1934 年连续收购量大于在伪满内的销售量,于 1934、1935 年分 3 个批次将盈余鸦片上千万两,通过阪田组走私到天津,由日本华北派遣军驻天津茂川机关在天津市场全部销掉。参看山田豪一. 満州国の阿片専売—我が「満蒙の特殊権益」の研究—[M]. 东京:汲古书院,2002:461-464.

加,大约增加了 4 600 人,而华北 6 个领事馆管辖范围内日本人增加了 6 961 人。也就是说,华北日本人大幅增加的同时,在华中、华南的日本人有所减少。其中增加最多的是天津、北京、青岛三个城市。

表 3—1　　　　中国大陆日本、朝鲜、台湾地区人口移居变化状况

年份\人数	日本 男	日本 女	日本 合计	朝鲜 男	朝鲜 女	朝鲜 合计	台湾地区 男	台湾地区 女	台湾地区 合计	总计
1929	30 902	24 913	55 815	1 284	929	2 213	5 716	3 707	9 423	67 451
1930	27 712	25 500	53 212	1 564	1 005	2 569	5 826	3 830	9 656	65 437
1931	27 313	24 242	51 555	1 563	998	2 561	6 143	4 081	10 224	64 340
1932	28 932	25 084	54 016	2 072	1 479	3 551	6 319	4 398	10 717	68 284
1933	29 730	25 703	55 433	2 912	2 028	4 940	7 195	4 926	12 121	72 494
1934	30 274	25 887	56 161	3 472	2 716	6 188	8 012	5 556	13 568	75 917
1935	29 261	26 479	55 740	3 902	3 270	7 172	8 202	5 807	14 009	76 924
1936	32 118	28 202	60 320	6 370	4 973	11 343	7 990	5 964	13 954	85 617

资料来源:外务省东亚局.第二十九回满洲国及中华民国在留本邦人及外国人人口统計表(昭和十一年十二月末日现在)[Z].1937:152—153。

表 3—2　　　　华北各城市日本、朝鲜人口增加状况

年份\城市	北京 日本	北京 朝鲜	天津 日本	天津 朝鲜	张家口 日本	张家口 朝鲜	芝罘 日本	芝罘 朝鲜	青岛 日本	青岛 朝鲜	济南 日本	济南 朝鲜
1929	1 339	454	5 851	332	24	80	328	50	14 834	424	2 729	94
1930	1 208	319	5 989	508	15	10	324	50	14 143	455	2 990	93
1931	988	323	5 606	594	18	9	307	32	14 485	512	2 889	30
1932	994	518	6 287	803	18	8	204	9	11 053	651	1 634	30
1933	1 062	844	6 051	816	—	—	185	25	11 287	860	1 634	30
1934	1 076	1 086	6 091	1 012	28	10	210	35	11297	1 093	1671	49
1935	1 200	1 083	6 354	1 159	89	11	232	68	11477	968	1 779	54
1936	1 824	2 593	8 573	2 650	337	19	291	278	15 194	1 344	1 873	157

资料来源:外务省东亚局.第二十九回满洲国及中华民国在留本邦人及外国人人口統計表(昭和十一年十二月末日现在)[Z].1937:152—153。

而华北朝鲜人增加状况如表 3—3、表 3—4 所示,其从 1931 年以后一

直在增加。进入关内的朝鲜人半数以上在华北,主要流向是北京、天津、青岛。当时,天津、青岛的租界比较大,又有总领事馆保护,因此每当中国国内发生战乱时,侨民就会流向天津和青岛等地。但青岛和天津租界中,原有侨民很多,竞争激烈,总领事馆管理也比较严格,因此在"九一八事变"发生后,到停战协定签订前,朝鲜人移居北京的非常多,天津、济南、芝罘一带居住的朝鲜人总数反呈下降之势。

表3-3　　　　　　华北与关内新增朝鲜人状况比较

时期 地区	1929—1930年	1930—1931年	1931—1932年	1932—1933年	1933—1934年	1934—1935年	1935—1936年
华北、华中、华南	356	−8	990	1 389	1 248	985	4 170
华北	0	65	519	564	702	318	3 699
备注	北京−135 青岛−70 天津176 青岛31	天津86 青岛57 张家口、芝罘、济南−82	北京195 天津209 青岛139	北京326 青岛209	北京242 天津196 青岛233	天津147 青岛125 北京不变	北京1 510 天津1 491 青岛、芝罘、济南699

注:根据表3-1、表3-2数据比较制作。

表3-4　　　滦榆区(停战区)居住日本、朝鲜人数(领事馆警察调查)

地名	日本人 户数	男	女	儿童	朝鲜人 户数	男	女	儿童	人口合计	备注
山海关	323	370	302	196	13	26	39	10	943	上年1月226人,月增30人
秦皇岛	37	46	39	24	33	42	38	23	212	
建昌营	3	2	5	0	3	3	1	0	11	
昌黎	32	38	9	3	16	28	19	5	102	附近有朝鲜人4人
鞍山	2	3	5	0	4	5	2	0	10	
石门寨	0	0	0	0	4	4	2	3	9	
滦州	23	34	28	5	23	35	16	6	124	有中国台湾人4人
古治林西	17	21	5	0	50	59	26	15	126	
赵各庄	14	19	4	1	21	36	13	11	84	此外各地有日本人2人、朝鲜人27人
唐家庄	5	6	0	0	21	36	13	11	66	
乐亭	16	19	3	0	2	5	7	2	35	
合计									1 722人	

资料来源:北平公使馆武官副官冲野亦男.燕月报[Z].第12号,1934年12月1日:5。

1934年《塘沽停战协定》规定的停战区实现通车、通邮、设关之后,很多朝鲜人转到停战区活动,而停战区内侨民归天津总领事馆管辖,因此这一阶段呈现出北京人数不变、天津增加的趋势。1935年年初,一方面,华北地区日本、朝鲜人贩毒、走私活动活跃化,另一方面,华北的"匪患"和伤害从事走私和非法交易的日朝侨民案件也增加了。

1935年年末,冀东伪政权成立,日军公然限制中国海关缉私队和缉私船携带武器,还以保护侨民为理由增加了北京的驻军,冀东大规模日本商品走私兴起。1935到1936年,受各种商品走私、贩毒利益驱使,停战区内各县市的日本、朝鲜人数骤增,北京公使馆、天津总领事馆辖区内日本、朝鲜侨民人数出现猛增势头。日军在冀东伪政权驻地通州设立了兵站,公然由军队保护向北京贩毒,通州成为向北京走私毒品的大本营,通州到北京的运输线成为毒品流入北京的线路。

从总体上说,停战协定签订之后,停战区内的日本、朝鲜人犯罪呈现多样化的趋势,走私银元和白银、伪造伪满洲国币、贩卖毒品的案件猛然增多。同时,由于日军限制停战区内的警力和武器,停战区内匪患猖獗。同时,以日本、朝鲜毒品贩子和走私贩子为目标的抢劫案也增加了。这一时期日方与停战区当地政府直接交涉的案件增加,下面通过一些具体交涉案观察其犯罪内容。

(1)走私假钞、贩毒

1933年10月天津总领事馆收到塘沽海关的报告,逮捕了日本人走私伪造货币犯。天津总领馆派巡警久保正弘到塘沽带回犯人。犯人是来自大连的大井正义。巡警中审讯后发现,犯人还顺便贩毒,携带了吗啡14个。[①] 犯人请求久保为其隐瞒部分罪证。久保私下和犯人约定,将走私数量减少为6个,其余秘而不宣。最终大井以走私6个毒品被判罚100元。久保事后扣下走私吗啡中的3个作为贿赂,卖了800元供自己挥霍,将其余私下代替犯人交给收货人。[②] 这只是因假币案带出的走私案,罪犯携带近10千克吗啡,领事警察收取贿赂、作伪证,并代毒贩交货。

---

① 文中并未说1个的重量,但当时吗啡包装一般是700克袋装或罐装。此处按一般包装理解。后面提到久保取3个吗啡,卖了800元供其花销,而当时吗啡价格为700克装550元左右,可知其急于变现而廉价脱手。

② 天津栗原总领事致外务大臣广田第四九〇号电文(密)[Z].1933年10月11日。

与此相关联的另一件案子是，1934 年 3 月，中方蓟密区督察专员就朝鲜人在遵化公开贩毒一事向日本驻天津总领事馆提出交涉。① 案情是朝鲜人开的三成洋行在遵化县公开贩卖鸦片，当地人用别人给的伪满币假钞在洋行购买烟泡被朝鲜人捉住。朝鲜人为追回因假币而遭受的损失，承认了贩毒事实。因此中方官员提出交涉，请领事馆予以取缔。使用伪满币假钞者是当地平民，说明伪造的伪满币在当地相当流行。这件案子结合上述运假币案考虑，这些假币的来源是大连。

以上两个案件表明，这一时期停战区内由大连走私假造伪币、贩毒案开始抬头。案犯不仅走私假币，还私带毒品，但最终只判 100 元罚金，可见当时日本领事裁判中对于鸦片毒品犯罪量刑之轻。

（2）利用特殊身份走私

1934 年 5 月 14 日，坂田组货物汽车由古北口去北京时受到袭击。坂田组货物汽车的头目是阪田诚盛，是当时停战区内唯一获得日方许可的汽车运输公司。据曾在军方、特务机关供职的人员战后回忆，坂田组利用其特殊地位，曾经大肆从事毒品、军火等走私，也替伪满洲国专卖公署将其盈余鸦片走私到天津。

9 月 6 日，日军第七师团御用商人宫越在玉田县被杀。所谓御用商人，就是利用民间身份作掩护，出入中方控制地区为日军办理军需的商人，而这些商人往往打着军队的名义从事走私，日本武官也承认"宫越有前科"，中方拒绝表态，且无可奈何。但第七师团认为这是有意伤害军属，因为河北省政府在私下策划"排日"。关东军借此大做文章，派遣 30 名军队在宫越被杀处游行，还派飞机撒传单，威胁要占领要地。日军要求河北省长于学忠道歉，撤玉田和遵化两县长的职，赔偿 1 万元，惩办凶手。最终，于学忠只好接受日军要求，但杀人者已经在逃，故只是答应在逮捕后移交日方。②

---

① 驻华公使馆一等秘书中山祥一致外务大臣广田弘毅公第一四九号函件附件，驻天津栗原总领事公第一九号信.遵化縣城内ニ朝鮮人禁製品販売所開設ニ関シ蓟密区督察专员ヨリ抗議ノ件 [Z].1934 年 3 月 12 日.

② 参看北平公使馆武官副官冲野亦男.燕月报第 10 号［Z］1934 年 10 月 1 日:5。

(3) 走私与对抗海关

1934年12月10日，天津日本报纸报道，日本船幸顺丸在驶向葫芦岛途中发生故障而靠岸，山海关海关长带领关员扣押货物后，船被烧毁。后经日方调查，发现真相是：日本人历来都是雇用中国人走私，但最近由于中国海关监视严厉，失败过多，日本人开始自行从事走私。该船故意制造机械故障，进入石河河口停泊，开枪射击前来检查的海关关员，击伤一人（在唐山住院），之后强行把货物搬上岸后，10日，放火烧毁船只。船上乘员则分别巧妙地潜伏于当地。事件发生后，天津总领事馆警察山海关分署未收到任何有关报告，因此外务官员完全不知情。① 这个时期，日本、朝鲜人的犯罪活动不仅仅停留在走私和销售毒品上，其对境内的商品走私和对境外的银元、白银走私也开始活跃起来。此外，日本、朝鲜犯罪集团携带武器对抗海关的查缉，武装走私开始出现。对此，日本政府反倒指责因中国关税过高引发了走私，企图压迫国民政府降低关税税率。

以上案件表明，停战协定签订后，日本、朝鲜人在停战区的犯罪有明显升级倾向，其主要的犯罪行为除贩毒外，还包括为日军筹办军需、走私银元和伪钞假币、进行大规模武装走私。这些都是在日军庇护下进行的，其造成的事态也为日本政府所利用。

四、"当地外交"与中日对抗

由于日本对华北地方政权的压力逐渐升级，双方在华北的交涉从1934年起由协调走向对抗。1934年2月15日，天津税关正副关长拜访日本驻天津总领事，要求对取缔走私品予以合作，日本总领事当场拒绝，反而指责问题在于中国关税过高。但其在电文最后也表示担心"天津方面走私大多数是我方商品，因此容易被曲解为我方有意庇护"。② 也就是说，日本天津总领事关于这个问题的逻辑是，中国的关税率过高，日本人和朝鲜人就有权走私漏税。1934年6月20日，山海关中方海关开始业务，伪满运往中国货物被双重课税，日本商品关税提高3到30倍，日方开

---

① 参看北平公使馆武官副官冲野亦男.燕月报第13号[Z].1935年1月1日:11.
② 驻天津总领事栗原致外务大臣广田第三九号密电[Z].1934年2月15日.

始"考虑对策"。①

1934年2月,昌黎县发生数起日本、朝鲜人被抢劫和伤害案件。驻山海关日本警察全不顾这些日本、朝鲜人本身就是从事不法交易者,只是单方面提出所有案件一揽子交涉,企图让当地政府赔偿损失,昌黎县政府对这种要求一概未予理睬。6月13日,日本驻山海关警察分署长佐藤再次会见昌黎县知事做最后交涉,双方根本谈不拢。到了14日,据山海关警察分署向天津总领事的报告,昌黎县又发生日本人田川被打成重伤,所持钱款和鸦片被劫事件。佐藤借机纠集日军驻山海关守备队、警察、复员军人20余人直逼县政府,迫使县知事答应赔偿日本人损失4 500元后,方才撤回。②但据中方河北省政府主席对日本驻南京总领事的报告,其案情是昌黎县日本毒贩雇用中国人运输毒品被保安队查获,逮捕了犯人、没收了毒品,雇主日本人借用30余名日军之力将犯人和毒品夺回。③ 无论其真相如何,日方出动军队、警察威逼中国地方行政官员都是事实。后来受命负责调查此事的日方官员田中对于日本警察不法行为只是口头警告,对昌黎县知事却极尽恐吓:"特别对其指出,在其任职各地,都有昌黎县知事是个排日家的传闻。我尤其强调这种误解会成为招致(日方将)事态扩大的原因,请其注意。"连天津总领事自己都承认昌黎县日本、朝鲜居民"全是表面开当铺、暗地里经营违禁品的人",却单方面要求中方予以充分保护。

日本、朝鲜浪人横行停战区从事不法交易也引发了华北民众的义愤。8月5日,停战区迁安县3名朝鲜人在某村"行商"时被捕获并被送交地方政府。其同伙却得到3人被杀的谣传,8月11日纠集同伙9人意图到该村报复,遭当地村民数十人痛打,1名日本人和5名朝鲜人当场死亡,3名受伤逃还。27日日方派领事馆员在日军护卫下组成26余人的调查组前往调查。④ 这个事件表明,朝鲜"行商"的行为已经激起当地居民义愤。日方调查组只是证明后来的5名朝鲜人、1名日本人被杀属实,作为事件

---

① 参看北平公使馆武官副官冲野亦男编.燕月报第8号[Z].1934年8月1日:13.
② 参看天津总领事栗原致外务大臣广田第一七八号(极密)电文[Z].1934年6月22日.
③ 驻南京总领事须磨弥吉郎致外务大臣广田机密第六八八号(极密)电文[Z].1934年6月18日.
④ 日本驻天津武官编写的内部情报.燕月报第9号[Z].1934年8月.

起因的朝鲜人"行商"的内容和其意图报复等却不再被提起。

就连日本公使馆武官也承认,在中日双方讨论通车、通邮、设关的大连会议上,日方为尽快达到目的,曾与中方达成取缔停战区尤其是滦东一带的日本、朝鲜人不法交易的协议,明确表示双方都应努力肃清这一犯罪。日方还表示要对进入停战区的日本、朝鲜浪人通过发放进入许可证限制,但事实上却没有任何效果。日本举例说"比如最近河北省政府就曾下达密令,要在停战区内驱逐日本、朝鲜人和汉奸,省党部也再度开始排日教育,当地的空气开始恶化"。[①] 日方认为省政府和省党部的姿态是造成停战区抢劫伤害日本、朝鲜人案件增加的原因。

停战区从1933年9月以后发生了多起袭击日本、朝鲜人的事件。据天津总领事馆统计:1933年袭击事件为13件,1934年为39件,日本人36名、朝鲜人48名被杀。停战区秩序混乱实际上是由下述原因造成的:其一,中国行政、警察、缉私权都受到日军限制,驻军全部撤走,停战区保安队的人数和重武器也受到限制,导致停战区内散兵和匪患增加;其二,战乱和军队搜刮使土地荒芜、正业停顿、华北人民生活日益贫困化,匪患增大;其三,1933年的华北战事使很多武器留在民间,民间自发抗日活动兴起,关外抗日武装也越过长城到内地活动;其四,日本、朝鲜人利用其特殊身份在停战区公开走私、贩毒、聚赌,因此引发的刑事犯罪增加;其五,保安队和海关缉私队在取缔走私和贩毒等时,常常遭日本、朝鲜人的反抗,且有携带武器者;其六,进入1935年以后,日军开始为策动华北五省自治阴谋制造舆论,鼓动停战区和各地流氓无赖滋事,反对中国政府,还招降纳叛,为其提供武器。

总之,华北秩序混乱与日军侵略和无理限制中国行政权不无关联,但日军反以日本、朝鲜人伤害事件为理由向地方政权和国民政府施压,要其取缔抗日排日行动。日军尤其痛恨阻碍其分裂华北、贩毒走私、刺探情报的各级党部、宪兵和蓝衣社,唯恐它们将华北的真实情报泄露给国际社会,这也是《何梅协定》要求驱逐党部、宪兵、蓝衣社的原因。

---

① 北平公使馆武官副官冲野亦男编.燕月报第10号[Z].1934年10月1日:4.

第三节　北京的禁烟态势

一、取缔与反取缔

　　停战协定签订后,北京同样面临日本、朝鲜人的贩毒攻势。如前章所提及的,日本和朝鲜人在北京的活动虽受到抵制日货和抗日呼声的影响,但其贩毒活动并没有受到太大影响。日本官方的统计如上一节所述,1933、1934 年合计也不过增加了 566 人,但实际上在北京活动的朝鲜人远远超过了这一数字。据当年 9 月北京公使馆的报告,"现在北平居住鲜人之数接近 2 000 人,而且几乎全部不问男女老幼皆从事违禁品私卖,当地警察分署对其取缔极感困难"。"其后,朝鲜人私卖者益发增加,甚至出现在电车内用秤公然买卖海洛因者。"①实际朝鲜人数远远超过统计的原因,是朝鲜人隐匿不报真实身份,或冒充中国人来北平居住。

　　由于朝鲜人贩毒过分猖獗,市政府决定对其加强取缔。北平报纸 12 月 11 日报道,袁市长已经下令公安局各警察分署,"今后事关查获买卖违禁品朝鲜人,没有必要知会日本警察署会同参与,可实施单独抓捕"。14 日发生了公安局巡警搜查朝鲜人住宅被打伤事件,之后,增援巡警赶到,将打人的朝鲜人夫妇带到了公安局。这对夫妇不法买卖毒品是事实,却无理地控告公安局警员随意搜查其住宅。公使馆对判明事实真相并不感兴趣,反倒认为"引发本事件的前提是中国巡警盲从上述袁市长训令进行不法调查",以此为由向市政府和公安局提出严重交涉。领事馆的这种态度倒让朝鲜人似乎得了理,甚至要纠集同党伺机报复巡警,最终被日军驻当地宪兵制止。

　　12 月 26 日,日本公使见到袁市长,依然指责中方单独抓捕有问题。但袁市长的一番辩解道出了真相:"单独抓获的朝鲜人,没有一个不是冒中国人之名租赁房屋、从事违法行当的,因此抓获之际完全觉得是中国人,但一

---

　　①　整个事件的经过参看驻华公使馆大使馆参事若杉要致外务大臣广田机密第八四六号电文. 在北平鲜人ノ禁制品売買取締ニ関スル件[Z].1934 年 12 月 29 日。

旦实施抓获进行取缔时,才搞清其实是朝鲜人,每次都要引渡给日本。一开始就知道其是朝鲜人而实施捕获的案件一个都没有,关于这一点,我觉得即便想直接调阅公安局卷宗也可以判明。"市长的辩白,让日本公使也感到无计可施,最终只能怪来北平的朝鲜人素质太低:"当地居住的朝鲜人大部分是平安南北道的人,鉴于该地方鲜人极为恶劣、全无道义观念、有喜好制造骚乱之癖,如本案这样因其进展(目前发现其有向驻当地步兵哭诉之情形)可能引起中日间重大事件的可能性。因此本方认为当务之急是,一面设法对其加强取缔,进而慎重考虑根本解决办法。"①

对于朝鲜人贩毒活动的增加,中方早在 1933 年下半年即已制定了禁止租房给朝鲜人贩毒业者的办法。朝鲜违法业者流入的增加,不仅引发贩毒、吸毒、斗殴、偷盗等刑事案件的增加,也引发了以朝鲜人为对象的强盗抢劫案的增加。这种案件从 1933 年 4 月到 10 月发生了十多起,其中朝鲜人实际受害有 9 件。因为其本身从事违法活动才被作为抢劫目标,但中方又无法直接令其退去,只能采取令其知难而退的办法。中方一面通知警方实施共同抓捕,一面对由贩毒者那里获利的房东和巡警实施打击,并采取了以下两项措施:(1)强迫房东收回租赁的房屋,若不收回则逮捕房东;(2)将朝鲜人全部搬迁至划定的地区,进行严密监视,防止其私卖,令其萌生退意。② 这些措施使得不法朝鲜人租不到房屋,不得不冒充中国人。而在冒充中国人的情况下,中国警察当然有充分的管辖权。

1934 年 5 月,国民政府军事委员会委员长南昌行营制定并公布了《严禁烈性毒品暂行条例》,以军法机构为执行机构,条例中包含了对制造、运输、销售吗啡、可卡因、海洛因等毒品者处以死刑的极为严厉的规定。此为南京政权新禁烟的开始,其实施受到各方面的关注。7 月 29 日,北平市政府公布了这一条例。9 月 2 日,北平公安局第二区署长殷焕然因包庇贩毒等罪行而被适用条例枪毙。同时期,市政府在崇文门外开设了"北平市卫生局烈性毒品戒除所",显示出实施条例的决心。中方更

---

① 整个事件的经过参看驻华公使馆大使馆参事若杉要致外务大臣广田机密第八四六号电文.在北平鲜人ノ禁制品売买取缔ニ関スル件[Z].1934 年 12 月 29 日。
② 参考驻华日本公使馆一等秘书中山致外务大臣广田机密第七一一号电文.北平二於ケル禁制品取扱朝鲜人ノ状况报告ノ件[Z].1933 年 11 月 18 日。

严厉的禁毒政策出台,引起了日本领事的担心,因为"当地居住朝鲜人大都经手此类违禁品,其中多有取得中国籍或使用中国人名义者,我认为本条例的实施可能引发事端"。① 果然,到了9月,就出现了本节最初提到的朝鲜人打伤巡警的问题。

二、禁毒运动与贩毒垄断

相对于天津与停战区在日军保护下的毒品蔓延,自1934年7月底公布《严禁烈性毒药暂行条例》后,北平的禁毒行动有条不紊。北平戒毒所从9月5日正式开始运营,收容抓捕到的吸毒者557名,至20日已经有227名戒毒出院,其余282名正在治疗。② 据估计北平全市有鸦片中毒者7.5万人,戒毒所每次可收容800人,实现治愈的疗程为15到20天。③ 同时,北平市严厉打击毒品贩子,政府下令将逮捕的贩卖毒品犯人公审枪毙。9月14日北平中文报纸同时刊载报道,热河产鸦片成为日本人专卖品,在日军保护下运往停战区,停战区滦东一带被烟毒所弥漫,天津日本租界成为贩毒者的巢穴。

1935年年初,据公安局发布的消息,1934年8月至12月末,公安局共向平津卫戍司令部移交贩卖毒品犯男犯24名、女犯5名,贩毒惯犯男犯13名、女犯2名,卫戍司令部以违反条例罪行判枪决者6名。当地国民党市党部将1月28日开始的一周定为北平市拒毒运动宣传周,市内遍贴拒毒标语,各牌楼和城门都设置长5尺、宽2尺的照明装置,显示"厉行严厉禁止拒毒条例"等标语。全市动员童子军1 000余名散发"告同胞书"的传单,党部宣传队也分头进行电台广播、电影院讲演、露天讲演。在中山公园连日举行各界联合拒毒宣传大会、商民拒毒宣传大会、工人拒毒宣传大会等大规模宣传。拒毒标语的内容有:(1)吸食毒品等于自杀;(2)拒毒运动是民族健康运动;(3)奉总理拒毒遗训厉行拒毒运动;(4)拒毒运动是救国运动;(5)毒品是帝国主义消灭中华民族的慢性剂;(6)厉行

---

① 参看驻北平公使馆一等秘书若杉要致外务大臣广田机密第五八二号电文.「厳禁烈性毒品暂行条例」公布实施ノ件[Z].1934年9月11日.
② 北平公使馆武官副官冲野亦男.燕月报第10号[Z].1934年10月1日:17.
③ 北平公使馆武官副官冲野亦男.燕月报第10号[Z].1934年10月1日:11.

《严禁烈性毒品暂行条例》；(7)欲挽救中华民族危亡必须清除毒品；(8)勿因戒除后再吸食被处死刑。① 中方大张旗鼓展开全民戒毒运动本是极为正当的，其口号和标语也无半点涉及抗日内容，但在那个时间、地点，由于其发起的活动性质及其作为组织者省党部的能量，却莫名其妙地刺激着日方神经，因此日本领事给外务省报告的关键词是"党部活动"。

而中国人禁毒和严厉打击贩毒者的背后，也有完全相反的动向和负面影响。其一是中国贩毒者减少后的市场空缺，被迅速流入的朝鲜人弥补，北平的"朝鲜人越发尝到垄断白面销售市场的甜头"。② 其二是平津卫戍司令部一面枪毙鸦片贩子，二十九军却因军费问题用军队保护贩运鸦片，根据当时北平日本武官获得的消息，1934年9月，宋哲元从察哈尔运送鸦片5 400箱、计7 992千克往天津。③ 而据日本公使馆探知的消息，蒋介石曾在1934年5月申斥宋哲元允许在察哈尔种植鸦片，并要求其将部下的冯治安师调往江西剿共前线，被宋哲元设法推辞。④ 这些都被日本领事理解为蒋介石压迫西北军的动向。1934年以后，参加长城、热河、滦东对日作战的东北军、西北军、中央军、山西军、其他杂牌军数十万人，逐渐被蒋介石分别调往南方和西北，宋哲元成为冀察一带主要的武装势力。这些情报成为日军在后来策划华北独立阴谋时，将主要拉拢对象锁定为宋哲元的依据。地方军阀在国民政府严厉法制情况下，依然为筹措军费而私自允许种植鸦片和出动军队保护贩运鸦片，也被作为中国禁烟有名无实的依据。

1935年2月，日本驻北京公使馆也向外务省提交了一份北平海洛因市场的调查报告，由这一报告可知北平海洛因市场的交易规模和主要货源。⑤ "北平交易的海洛因主要是大连货（将日本货先进口到大连，在该地混入约三成不良品者），经天津、山海关等地再输入平津方面者。"其中

---

① 驻华公使馆大使馆参事若杉要致外务大臣广田公第一○三号电文.拒毒宣传运动ニ党部活动ノ件[Z].1935年2月12日.
② 北平公使馆武官副官冲野亦男编.燕月报第10号[Z].1934年10月1日:17.
③ 北平公使馆武官副官冲野亦男编.燕月报第10号[Z].1934年10月1日:11.
④ 参看驻北平日本公使馆若杉书记官致外务大臣广田第二二○号电文.(将张家口发本官电报)第十三号转发大臣[Z].1934年5月17日.
⑤ 驻华公使馆大使馆参事若杉要致外务大臣广田公第一○二号电文.北平ニ於ケル「ヘロイン」密売状況ニ関スル件[Z].1935年2月12日.

揭示的交易价格和销售额如表 3—5 所示。

表 3—5　　　　　　　　　　　　北京的毒品交易市场

走私市场行情(700 克袋装)			北平市场行情(700 克袋装)		
产地、条件	批发价	备注	来源	数量	销售额
日本货	900 银元	大连批发纯日本货	朝鲜人零售	40 袋	36 000 银元，其中混入 5 成咖啡因，增量为 60 袋
大连品	550 银元	日本货掺三成劣质品的大连批发价	朝鲜人批发	50 袋	30 000 银元
天津交货	550 银元	大连品	日、中私贩	—	50 000 银元
北平交货	570 银元	大连品	每月合计	—	116 000 银元

资料来源：驻华公使馆大使馆参事若杉要致外务大臣广田公第一〇二号电文．北平二於ケル「ヘロイン」密売状況ニ関スル件[Z]．1935 年 2 月 12 日。

根据其中朝鲜人价格和数量推测，日本人和中国人私贩的数量至少在每月 60 袋，这也意味着北平毒品市场每月销售数量在 150 袋以上，约达 105 千克，每年销售金额按最低限估计在 140 万银元左右。该报告还显示，1934 年曾一度出现天津货品质既不好，价格也与日本货无太大差别(每袋约 500 元)的情况，导致毒品市场上日本货大受欢迎。市场上虽也有少量外国货，但其价格昂贵，每袋为 1 200 元，仅美国兵和部分中国人有少量需求。当地朝鲜人靠贩毒每户月均私贩额达约 600 元以上，可获 3 成纯利，即可获 180 银元的收入。这种状况使日本领事感叹："如此暴利，不能不令人痛感其与'满洲'、朝鲜农民每年微小的收入形成鲜明对比。"因此导致北平毒氛难以肃清。

朝鲜人贩毒扩大的严重局面，迫使北平市政府不得不设法将其驱逐出去。1934 年 8 月禁毒条例实施以后，北平市政府 10 月公布限制日本、朝鲜人租房的取缔办法，开始合法地挤压朝鲜人离开。朝鲜人不得不冒认中国人、贿赂不法巡警和房东，以留在北平。这就为中国警察留下了查缉口实。因此这一阶段在北平中日之间关于逮捕朝鲜人毒贩的交涉案件迅速增多，1934年9月到12月，这类案件发生了21件。12月15日，日本领事也不得不承认今后要对朝鲜人加强指导。12月17日，《北京晨报》刊出朝鲜人租房取缔办法的报道，指出应将朝鲜人从北平驱逐出去，对租给朝鲜人住房或与之同住者给予处分。其后3天连续有朝鲜人要举行大暴动的谣传，公安局严加戒备。但最终只是17日早上20余名朝鲜人举行了示威活动。① 贩毒的朝鲜人在领事裁判权保护下不仅公然无视中国法制，还极力想挑起中日冲突，不惜制造事端、殴打警察、散布谣言、到日军军营哭诉请求其干预等，成为导致中日对立升级的因素之一。

第四节　山东的禁烟局势

E. W. 阿伦1933年8月的文章中，对停战协定签订后的山东有如下描述："山东济南有日本人5 000余人，商人的九成都在做麻药买卖。尽管山东督军对吸食和销售海洛因的中国人现行犯判处死刑，但济南的中毒者达到数千，都是受日本人唆使而深陷其间的。""某日本贩毒者对我说，日本领事馆警察知道所有贩卖海洛因的日本人，却默认其营业。他说，有更多因不景气而受困的日本人也在设法渡过难关，对他们来说这是最好的职业。"这一时期，韩复榘似乎和日方达成了某种协议，在济南公安局雇用日本人管理侨民。公安局成了照顾日本人、解决中日居民纷争的地方。"济南青岛铁路沿线的各乡村，日本人的九成都是劝人吸麻药、害中国人的毒品贩子。他们热心地教着中国人药品的使用方法。"②

1933年12月18日，发生了山东周村公安局局长因布告中言辞不当向日本领事馆道歉的事件。山东省长山县周村公安局局长高金峰"自到任以来体韩主席之旨，于取缔鸦片相当用心"。由于当地洋行大部分卖鸦片，公安局12月5日发出布告，禁止一般民众出入洋行。其布告中说："自今而后，除与日人洋行保役有特别紧要事故准予去内接洽，但须事前

---

① 参看北平公使馆武官副官冲野亦男. 燕月报第13号[Z]. 1935年1月1日: 17。
② 参看E. W. 阿伦. 日本的毒品贸易蠹毒华北[J]. 中国新闻周刊，1933年8月5日。

来局报告或呈明事由,经本局许可后方准前去,以示限制而杜流弊,否则无论何人一概不准随便出入洋行,倘有违抗不遵,再以访友讨债为名擅自出入洋行者,一经察觉,即抓带局,定行从严惩处。"但高金峰严厉禁烟的姿态被日本人忌恨,这通文辞不当的布告,很快被日本人报告到领事馆。日本驻张店领事派出所的领事主任抓住其布告中的字眼,于 12 月 18 日上门兴师问罪,称该布告"使一般中国人恐怖,不正当地限制日本人于条约上享有的营业自由权,且让当地民众感到居住该地一般日本商人如同鸦片毒品媒介一般",指责该布告是违反条约行为,迫使高金峰道歉。①

韩复榘逐走刘珍年之后,1933 年 10 月视察烟台,将其在其他地区的政策在烟台实施。其在烟台厉行严禁鸦片毒品政策,并指示当地对抓获吸食初犯者在手腕上刺字以作证据,对再次吸食被抓获者处以死刑,对走私惯犯一经抓获即判死刑。此外,其在各地设戒烟所,收容鸦片毒品上瘾者。1934 年 3 月 23 日,山东公开贴出告示晓谕民众,对吸毒者贩毒者将以严刑峻法以待之,并坚持实施这一政策。

1934 年 11 月 7 日,济南公布戒烟药品取缔规则,只许销售经化验合格的药品,禁止销售含有鸦片、吗啡、海洛因、可卡因及其他毒质的药品。12 月 3 日,山东在芝罘枪毙 8 名吸食毒品犯和贩毒者,烧毁没收鸦片毒品。

1934 年年末到 1935 年年初,山东各地也开始采取禁止房主将房屋租给日本、朝鲜浪人的政策,以防止新的上瘾者增加和毒品市场进一步扩大。1935 年 1 月 28 日,日本驻张店领事派出所副领事报告,中国官员在普集为取缔毒品,拘留租房给日本、朝鲜浪人的房东。日本领事虽然表面上承认这是中方为取缔毒品的努力,却以"压迫房东可能影响日本人居住和通商"为理由向上报告,希望向中方施加压力。

这一阶段,由于平津地区贩毒市场相对竞争率低,停战区内又有日军撑腰,山东的日本、朝鲜浪人有向平津移动之势。流入平津和停战区的日本、朝鲜人远比流入山东的势头迅猛。加之韩复榘控制了芝罘到青岛的

---

① 驻张店出张所主任栗本秀显致外务大臣广田函件.周村公安局長ノ不法布告ニ関スル件[Z].1933 年 12 月 19 日.

沿岸,故加强了取缔。而华北山海关到天津一带沿岸被划进停战区,取缔力量相对减弱。因此,历来由大连到山东的沿岸走私又被河北停战区沿岸走私逐渐取代。因此,这一阶段山东的日本、朝鲜人的贩毒市场处于相对稳定的状态。韩复榘趁"九一八事变"发生和"一二八事件"国民政府穷于应对的当口,统一山东的行政权后,开始将原先在济南等地推行的政策推广到胶东。

由上述 1933 年到 1935 年年初的各种动向来看,韩复榘实施的禁毒政策的特征是：一方面,保持对日交涉,获得领事馆的谅解和协助,同时在公安局雇用日本人,安抚日朝居民,不使其生事；另一方面,严厉打击中国人吸毒贩毒,压缩毒品市场规模,使毒品市场保持相对稳定。这一政策取得了一定效果,因此这一阶段的山东与华北相比,保持了平静,无论是伤害日本人案件还是交涉案件都比较少。

第五节　蒙绥特税之争

1935 年年初,在华北发生了一场意外的争夺战,即以德王为首的分裂内蒙古势力与绥远省政府之间的"绥蒙特税之争"。该事件反映了军阀割据下西北的鸦片种植状况,及地方财政与鸦片收入的关系,也反映了以德王为首的分裂势力企图夺占鸦片收入的阴谋。

1934 年 4 月,蒙古自治政务委员会在百灵庙成立,除被伪满控制的蒙旗外,其主要管辖范围是中方控制下的锡林郭勒盟、乌兰察布盟、伊克昭盟。其中乌盟盟长云王、锡盟盟长索王年事已高,没有政治野心,伊盟盟长沙王长期生病疗养,实权落在锡盟副盟长德王手中,其野心也开始膨胀。为获得实际权力,德王于 5 月开始在绥远的各蒙古族地区设卡,对商人和贩运商品收税。当时国民政府认为这些税收最终会落在作为消费者的蒙古民众身上,因此未予理睬。[①] 此事到 1934 年年末、1935 年年初引发了绥蒙特税纠纷。

---

① 参看驻北平公使馆、大使馆参事官若杉要致外务大臣广田机密第一六四号函件.阿片抑留問題ニ関スル蒙古自治政務委員会ト綏遠省政府側トノ紛糾ニ関スル件[Z].1935 年 3 月 4 日。

由甘宁方面每年运往京津的鸦片号称600万两到800万两,是察绥两省的税收来源之一。各省都设有稽查处、清查处或禁烟局等机构负责征税,或承担运输。每年集散于张家口的鸦片有40万包(有60两、百两之分)。大致比例为甘肃20万包、宁夏10万包、绥远10万包。其中经平绥线运输者约25万包,经百灵庙至张家口者约15万包。甘肃产鸦片凉、甘二州所产皆经宁夏运往察绥,兰州产皆经西安运往南京。其运输途径为:甘肃鸦片主要通过黄河以北阿拉善旗入乌盟,经蒙古地区到百灵庙;宁夏鸦片通过河套达包头,经平绥路到绥远;百灵庙集散鸦片部分送绥远,其余运往张家口;绥远集散鸦片一部分运张家口,一部分满足当地需要,部分充作山西省皮制戒烟丸原料;张家口集散鸦片除满足当地需求外,主要运往京津。铁路运输采用40吨货车(每车108万两)进行,因金额巨大,运输由省府独揽。除察哈尔清查处征收印花税以外,绥远至张家口间运输,每百两缴纳25元手续费由省政府承运,由察哈尔运往京津地区的税收和运输则主要落在宋哲元手中。①

在1934年4月蒙政会未成立以前,"禁烟稽查多在百灵庙设卡,且各蒙旗亦有类似机关,收入颇丰"。② 但1934年下半年,甘宁鸦片开始向平津运输,"大批特货运绥黑沙图一带时,蒙政会竟以严厉手段,勒令缴税,此为纠纷起因"。事件发生后,傅作义遂派遣第70师王靖国部下两个团于黑沙图、乌尼乌苏、白岩山一带设卡,在征收特税的同时,要求运输鸦片的驼队和商人改向五原、包头方向,不再经过百灵庙。为对抗绥省,德王也派卫队数百名,两军处于对峙之中。何应钦一面派军分会委员赴百灵庙为双方调停,一面在北平会晤德王代表包悦卿与绥远代表石华严,商讨解决办法。蒙方要求马上撤退绥远军,承认其设卡。

3月11日,据德王向日本驻张家口领事馆透露,"已经决定1两鸦片自治政府可征税8分,通过百灵庙的鸦片每年达800万两左右,只要南京方面将特货转由陇海线运输策略不成功,自治政府可由此每年获得64万

---

① 参看驻张家口领事代理桥本正康致外务大臣广田机密第六八号.西北二於ケル阿片概况调查ノ件[Z].1935年3月18日。
② 绥蒙税收纠纷尚在争持中——何应钦派员调解无效,蒙政会设卡商民反对[N].大公报.1935年3月17日。

元,财政上一时处于危殆状态的该政府就能转危为安,预想其今后的活动会相当活泼"。① 德王劫夺绥远税收目的已达到,先在协议上签了字。但绥远方面的前提条件是停办张甘汽车公司,至 3 月 16 日却发现该公司并未停办,于 1 月前又派出 20 辆汽车,通过德王势力范围前往甘肃运输鸦片。② 如此一来,"绥省自仍无特税可言,傅作义乃拒绝签字,旋德王亦复推翻前议,遂成僵局"。何应钦派的调解代表萧仁源不得不离绥回平报告。

甘肃鸦片历来用驼队或汽车经阿拉善到百灵庙,德王为了增加百灵庙方面的特税收入,策划将宁夏和甘肃运来的鸦片全部绕道百灵庙,躲过绥远税收。德王利诱宋哲元,承诺只对经过百灵庙的特货征收 1 两 0.16 元的通过税和卡税就放行。这比绥远省征收的 0.34 元的特税要低 0.18 元,等于增加了宋哲元征收印花税和运输费的空间。经过绥远特货号称 800 万两,这意味着增加了 200 万元的征收空间。③ 宋哲元遂与德王密约共同为张甘汽车公司提供保护。于是,张家口汽车公司主席李西园设立了张甘汽车公司,公司将其汽车一辆(司机一、助手一)计为一股,价格 2 000 元,共准备了 35 辆汽车(但汽车中有一部分被德华洋行租去往返于乌德),由亚细亚石油公司独占其油料供给,并由德王派情报联络员常驻。1934 年 11 月,李西园就曾派汽车 8 辆、携带现金 10 万元,由叛变为匪、正被绥远通缉的原包西骑兵司令的王英率部下 38 人护卫,配备轻机枪数挺赴甘肃收购鸦片。在位于百灵庙西北约 500 华里的乌尼乌素,王英与傅作义派遣的王靖国的部下发生冲突,最终被逮捕。据李西园说,这一计划是宋哲元同意的,傅作义向宋哲元核实此事,宋哲元却回答说绝无此事。

表 3-6 是途经当地鸦片价格和各地方政府所征特税。表面看来,似乎德王征收特税额比较低,但实际上德王是在慷他人之慨,而且德王征税问题还涉及普通货物的统税。绥远市商会呈文省府说:"连日西来商人,

---

① 驻张家口领事代理桥本正康致外务大臣广田机密第五七号.蒙税收问题解决ニ关スル件[Z].1935 年 3 月 11 日.
② 驻张家口领事代理桥本正康致外务大臣广田机密第六七号.蒙绥特税纷争ニ关スル件[Z].1935 年 3 月 16 日.
③ 驻张家口领事代理桥本正康致外务大臣广田机密第四九号.蒙税收问题ニ关スル件[Z].1935 年 3 月 1 日.

纷纷报告,蒙政会所设税卡,近益变本加厉,勒证所及,巨细靡遗,扣货押人、日有所闻,群情惶惶、不可终日。窃查乌伊两盟,均属绥省辖境,省府综理全省事务,法有明文,商民等运经绥境货物,或已纳于口,或已征统税、应纳国税均已经缴足,自厘金取消,沿途不再重征,载诸税票,乃自蒙政会违法设卡以来,已税货物强令再税、绢细如毛、卡多于林,绥商民等一再呼吁,而钧府淡漠置之,使节往来尽系妥协之论,报章记载未见抗争之词。"[1]绥远市府商会请求省府与中央禁止德王的胡作非为。对商人来说,其历来由绥远省府征收统税后,在绥省内不再征税。德王所征税收是强制另加的税,既不合理,也会有损西北商业。但当时国民政府实施的是省治和盟旗并行的制度,蒙旗土地是世袭的。因此,从法理上说,中央政府无法直接令其撤销,只能采取谈判解决的方式。

表 3—6　　　　　　　　1935 年察绥两省鸦片价格和印花税

各地鸦片价格(银元/两)					各地鸦片印花税(银元/两)			
地名	甘肃	宁夏	绥远	张家口	产地或运出地	征税地	征税者	税额
^	^	^	^	^	凉、甘、肃州	百灵庙	蒙政会	0.08
新货	0.30	0.30	0.50	0.80	兰州	绥远	省府	0.34
陈货	0.80	0.80	1.20	2.20	百灵庙	张家口	德王府	0.08
新货多带泥土故价低,经一定年头者为佳品,称为陈货 在张家口,宁夏陈货1.5元至3.5元,甘肃陈货2元至4元				^	宁夏(百灵庙)	绥远	省府	0.34
^				^	张家口	青龙桥	察省	0.03
^				^	在甘肃及宁夏,收获时根据种植等级征税,征收出境税及印花税。百灵庙征收过境税8分。西苏尼特王府征收蒙中卡税8分。从张家口南下时征收出境捐,按每50两1.8元计征			

资料来源:驻张家口领事代理桥本正康致外务大臣广田机密第六八号. 西北二於ケル阿片概况調査ノ件[Z]. 1935 年 3 月 18 日。

谈判陷入僵局后,萧仁源回平报告,将状况报告国民政府最高长官将介石和汪精卫,等候回复。[2] 傅作义继续设卡拦截,令商民改道,并将察

---

[1] 绥蒙税收纠纷尚在争持中——何应钦派员调解无效,蒙政会设卡商民反对[N]. 大公报. 1935 年 3 月 17 日。

[2] 僵持中之蒙绥纠纷已向蒋汪请示——德王率队由滂到庙,双方争夺张甘交通[N]. 北平晨报,1935 年 3 月 16 日。

省汽车和货款扣下,不停运张甘汽车公司绝不放还。宋哲元又不敢出面承认保护,百灵庙的德王依然得不到税收。其间,国民政府一度邀请在五台山的章嘉活佛出面调停。章嘉活佛原是驻多伦的活佛,因坚决反对分裂、听从国民政府主张,被关东军挑唆锡林郭勒盟将其逐出多伦,驻节于五台山。因此章嘉活佛的调停也不可能有结果。① 最终绥省和德王都担心事涉鸦片利益,输赢都不光彩,都表示愿意接受中央裁决。3月下旬,由何应钦传达中央裁决案:绥远方不再向黑泥图派遣军队;内蒙古立刻自动停止与察哈尔合作运输鸦片;鸦片通过税定为1两2毛3分,其中1毛5分归绥远,8分归内蒙古(德王)征收。②

事后,德王勾结日军的分裂阴谋日益暴露。1935年5月日军签订《何梅协定》后,德王又赴察哈尔活动,开始所谓"内蒙工作"。其内容主要有两项:其一是直接"指导援助蒙古独立运动",其二是"驱逐和扫清构成蒙古独立运动障碍的汉人势力",两者"都对促进运动和开拓基础有关、互为依存"。

关于第二点,1933年日军支持李守信伪军侵入多伦,并趁机将其划入伪满版图,设立察东特别区。1935年6月,日方以张北事件为借口,逼迫宋哲元辞去察哈尔省主席职务,6月27日与察哈尔省签订《秦土协定》,将察北6县划入停战区延长线,迫使国民政府撤去全部武装势力,由李守信组织保安队进驻,实际上进入日军控制之下。关于第一点,日军先是利用韩凤林遥控德王行动,1934年9月韩被宪兵三团秘密逮捕枪毙。1935年7月,日军派伪满官员陶克陶潜入西苏尼特,催促德王前往新京与关东军勾结。板垣征四郎也于9月18日飞往西乌珠穆沁会见德王,25日会见云王。德王于11月22日在日本驻西苏尼特特务机关长陪同下飞往新京,乞求关东军帮助其"独立"。关东军决定援助其扩充保安队、供给装备武器,并给予其50万元的军费。连满铁的调查报告也说:"内蒙独立运动是以日军援助为条件而发展的德王一派的运动。"③

---

① 驻张家口领事代理桥本正康致外务大臣广田机密第八四号. 蒙绥特税問題二章嘉佛参加ノ件[Z].1935年4月1日.
② 北平辅佐官(使馆武官)1935年4月10日给参谋次长电报.
③ 满铁调查部总务部资料科长. 综合情报第10号外. 内蒙独立运动概观(极密)[Z].1936年3月1日.

但 1935 年七八月间德王为控制位于绥远境内的乌兰察布盟四旗，挑起乌兰察布盟西公旗内讧，要罢免不服其指挥的西公旗盟长石王。石王求庇于绥远原省主席傅作义，拒绝听从德王操纵的蒙政会的命令，这导致 1935 年 9 月底月绥境蒙政会的诞生。而德王操纵的蒙政会权力被分散，成为只能管辖察省的蒙政会，对绥远的税收也就无法再染指。此后，德王在关东军的唆使下，与盘踞多伦和察北六县的李守信伪军合流，想进一步进攻归绥，夺占绥远全省，最终导致绥远事件，其拼凑的蒙古军被傅作义在百灵庙大捷中一举击溃，接着发生内讧，分崩离析。绥远省政府军乘胜收复失地，日军在绥远以西各地设立的特务机关和谍报、电信等机构也纷纷撤退。关东军策划的建立由西北直通中亚走廊的计划也因此失败了，此为后话。但这一事件中，关东军利用其傀儡企图染指绥远和西北鸦片税收的意图昭然可见。

第六节 《何梅协定》之后的禁烟态势

1935 年签订的《何梅协定》和《秦土协定》，更为日军提供了活动跳板。关东军开始积极向西部各省渗透。日本公司通过西北贸易经察哈尔收购甘肃、绥远、陕西各省鸦片，进行加工精制。高纯度毒品以更小包装、更低价格销售，毒品之害愈演愈烈。察北六县划为停战区后，坂田组趁机把分公司开到了张家口，并设置拥有 170 名员工的海洛因工厂，每天生产纯重 18 两的海洛因 80 包，每包价格为 600 大洋。张家口分公司资本金为 10 万大洋，分作 10 股，将其中一股作为特别股赠送给日本领事馆。

日本官吏打着地方长官名义在察北 6 县发出告示，鼓励种植罂粟：(1) 对于按照要求种植罂粟者，免除其地租；(2) 种植 5 亩以上者免地租外，还免除其兵役；(3) 种植 20 亩以上者，除享受上项优惠外，还由县政府发给名誉证；(4) 种植 50 亩以上者除上项优惠外，由村、乡给予士绅资格，可登录公职候选人；(5) 由日本商社和县政府主持在六县设立鸦片配给协力协会，由协力协会从农民手中按每两 6 毛的价格收购鸦片，在日本庇护下运往北京。各县傀儡政府规定每亩地须交 100 两生鸦片，并严禁境内吸烟人减少消费量。"对种植者和吸食者动辄严刑责罚。很多鸦片种植者因其售给专卖局鸦片中混有杂物被发现而判死刑。"①1936年8月,日本扶植的冀东防共自治政府也为了增加财政收入,效仿伪满设立鸦片专卖制度,计划5年后鸦片收入达到1 250万元,纯利可达到200万元。②

日军向中国政府控制区,尤其是河北和北平展开了疯狂渗透。"《塘沽停战协定》签订和非武装地带设立后,中国政府就无法严厉取缔毒品交易了。"因为日本人有不平等条约规定的在中国开港城市自由旅行、设立企业特权,不受中国法律管辖。朝鲜人自1910年并入日本后,也享有和日本人一样的特权。"河北省全境遂沦为日本在华北推行其鸦片政策区域。"③河北2 700万农业人口中,估计约有500万人成为经常性鸦片吸食者。唐山、石家庄、清苑、新城、新镇、固安、永清等鸦片交易量尤多。

北平市在1936年1至4月间发现700件以上高性能麻醉剂案件,市政府在同年5月宣判70名以上的毒品贩子死刑。因屡被中国警察查获,日本、朝鲜毒贩结成团体,祈求日本军队保护。为躲过盘查,其利用日军调防让军队携带大量毒品到北平。毒贩将纯利35%交给日军作报偿。这个走私团体于1936年9月设立,在北平和通县设有据点,北平叫东亚同药分社,设在东交民巷日军兵营内,通县称东亚同药社,地点在马家胡同。俱乐部会员都是日本、朝鲜的毒贩,会费为每人每月5元。将走私纯利的5%作为俱乐部基金。④

在北平的毒品零售网点的扩张是利用黑社会进行的。据美国领事馆报告,当时北京最大的毒品后台老板是刘省三和常滨乡。当时,中国人不得经营毒品,但日本、朝鲜侨民仍不受此限,即使被查获,领事裁判也只判

---

① 上海美国领事馆财务领事给美国财政部的报告.北「察哈爾」二於イテ日本側ガ罌粟ヲ奨励ス[Z].1937年4月7日//A 極東国際軍事法廷裁判記録》(和文)(No.17、18):22—24,日本外交史料馆.
② 中国派遣军参谋长桥本群致陆军省次官梅津美治郎.冀東政府禁煙法規草案ノ件[Z].1936年8月17日.
③ 上海美国领事馆财务领事 M.R.尼克鲁孙给华盛顿 D.C 关税部的报告.北支二於ケル日本ノ麻薬政策[Z].1936年7月30日//A 極東国際軍事法廷裁判記録(和文)(No.17、18):28,日本外交史料馆.
④ 上海美国领事馆财务领事 M.R.尼克鲁孙给美国财政部调查部、关税事务官报告.通县及北平二於ケル日本人薬種密輸入機関[Z].1937年1月13日//A 極東国際軍事法廷裁判記録(和文)(No.17、18):44—45,日本外交史料馆.

很轻的罚金。刘和常专为想开设海洛因馆和加工厂的中国人介绍日本、朝鲜合伙人,帮助其获得执照,并征收保护费。一旦中国人被政府拿获,刘和常就会带上日本、朝鲜合伙人去警察局捞人。对于不交保护费的单独经营者,则查明地点向中方警察举报。日本人和朝鲜人想染指海洛因买卖时,也会请刘或常为其介绍。刘和常还向北京周围的毒品零售人批发海洛因,这些地区由于抗日势力存在无法设立海洛因工厂。[①] 京津地区的鸦片,原来大部分经绥远和察哈尔运来。1936年年初,两地所产烟土几乎皆被为大连运来的低价高性能麻药所夺。日本人在新城、涿县、石家庄等地开设了很多大连产麻药销售公司,沿着津浦线和平汉线向中国内地走私毒品,价格为每两2.5元到3.5元。"据报每月有100万两毒品流通,销售额300万元左右。天津单独向内地每月出售30万元左右的'海洛因'。朝鲜人毒品制造业者几乎在北京随处可见,但没有特殊原因的话,中国官吏警察无法对其进行搜查。"[②] 高纯度毒品成为日本向内地渗透、扩大吸毒人群的工具。

  毒品泛滥之势也远及绥远、察哈尔等地。李守信伪军配合日军,强制百姓种植鸦片,在察北六县开设海洛因店,在多伦设立制造吗啡和海洛因的工厂。允许日本坂原组在张家口开设药店,目的是向察南十县卖毒品。从察北到张家口、再到察西的毒品运输,皆由李守信伪军武装护送。地区的销售代理都是当地无赖。[③] 察北六县的毒品销售网点和价格如表3—7所示,所有毒品店的负责人名义上都是日本人,由于中国政府控制区的禁烟法制,使两地之间价格差异增大,利用这一价格差异牟取暴利,成为日本人走私贩毒网络疯狂扩张的动力。

---

  ① 美国驻上海领事馆财务领事室给美国财政部的报告. 大北京の「ヘロイン」業の「親分」としての二人の中国人. 证明材料9521号[Z].//A 極東国際軍事法廷裁判記録(和文)(No.17、18):46—48,日本外交史料馆.
  ② 上海美国领事馆财务领事给美国财政部的报告. 北「察哈爾」二於イテ日本側ガ罌粟ヲ奨励ス[Z]. 1937年4月7日//A 極東国際軍事法廷裁判記録(和文)(No.17、18):22—24,日本外交史料馆.
  ③ 上海美国领事馆代理财务领事 E.M. 加科普孙给美国华盛顿 D.C. 关税部的报告. 北察哈爾六県. 陥落以来の同地に於ける麻酔剤の脅威[Z]. 1936年6月8日//A 極東国際軍事法廷裁判記録(和文)(No.17、18):19—20,日本外交史料馆.

表 3—7　　　　　　　察北六县的麻药销售店及海洛因价格

县名	多伦	宝昌	沽源	张北	商都	康保	张家口
店铺数	15	9	12	9	5	5	
经营者国籍	日本人	日本人	日本人	日本人	日本人	日本人	
1 两价格	37 元	37～38 元	37～38 元	37～38 元	37～38 元		45 元

资料来源：上海美国领事馆财务领事给美国财政部的报告．北「察哈爾」ニ於イテ日本側ガ罌粟ヲ奨励ス[Z].1937 年 4 月 7 日//A 极东国际军事法廷裁判记录（和文）(No. 17、18)：22—24，日本外交史料馆。

截至"七七事变"前，关东军和华北派遣军在华北控制区内大量扩展罌粟种植，大量制造海洛因等高纯度毒品，鼓励日本、朝鲜浪人走私，以之作为向其他地区渗透和掠夺的手段。同时，关东军和华北派遣军也参与毒品运输和销售，以获取对华特务工作和军事行动的经费。华北高纯度毒品泛滥不仅使得人民深受其害，也破坏了华北的经济基础，造成了华北百业凋零、各种走私和毒品独盛的局面，为关东军和华北派遣军扶植伪政权提供了条件，为其殖民统治制造了顺民。这些毒品还通过日本、朝鲜浪人之手走私到上海、汉口、厦门、重庆、成都等内地城市和地区，关东军和华北派遣军利用日控区与内地的差价，大肆进行经济掠夺。

在这一时期，日本驻华外交机构则充当了保护犯罪，尤其是毒品犯罪的角色。在日本驻华领事裁判案件统计表中，"九一八事变"前毒品犯罪比例仅占两成到三成，1933 年后由于军方和政府的加入，日侨毒品犯罪案件急速增加，占到日本人刑事犯罪的六成以上，日本控制下的大连、天津日租界成为生产、销售高纯度毒品的大本营。因为日本对在外国出售毒品刑罚极轻，仅仅判处很少罚金即予以释放，根本起不到打击贩毒的作用，因此，日本、朝鲜浪人成为向华北和内地走私毒品的急先锋。日本领事裁判权起到了破坏中国禁烟法制，保护日本、朝鲜毒贩的作用。

表 3－8　　　　领事裁判刑事案件中日本人在中国的毒品犯罪比例

年份	有关鸦片烟犯罪(伪满境内)	违反鸦片"吗啡""可卡因"及注射器取缔规则[伪满鸦片法]	违反"吗啡""可卡因"取缔规则	违反外务省鸦片麻醉剂取缔令	其他犯罪合计	毒品犯罪占所有犯罪的比例 包括伪满控制区	伪满控制区以外
1925	43	208	15		857	266/857	266/857
1926	39	104			785	143/785	143/785
1927	35	60	14		781	109/781	109/781
1928	31	24	74		599	129/599	129/599
1929	84	4	141		917	229/917	229/917
1930	140		128		969	268/969	268/969
1931	61	2			777	63/777	63/777
1932	85	11	3		807	99/807	99/807
1933	(41)6	1	(19)	(191)222	(1 263)359	413/1 622	229/359
1934	(69)7	(4)4	(48)	(258)176	(1 420)358	434/1 778	187/358
1935	(70)3		(28)	(346)241	(1 699)294	587/1 993	244/294
1936	(39)3	[76]	(43)6	(306)298	(1 777)480	680/2 257	307/480
1937	2			212	344	214/344	214/344
1938	4			424	645	428/645	428/645
1939	6			1 111	1 638	1 117/1 638	1 117/1 638
1940	8	违反麻药取缔令 1 375		违反鸦片取缔令 111	2 400	1 494/2 400	1 494/2 400
1941	13	违反南京伪政权麻药取缔令和鸦片取缔令 1 497			2 515	1 510/2 515	1 510/2 515

资料来源:外务省条约局第二课.1928—1942 年各年度领事裁判関係統計表[Z].外交史料馆.

但是，日本发动全面侵华战争后，由于天津和上海租界的存在，加上顾及英美法德各国在华利益、国际社会的谴责，日本不得不表面上做出取缔走私、贩运、吸食毒品的姿态。但因罚则过轻，且只罚走私货，不罚贩卖官土者，这种取缔完全没有效果。1937年以后日侨在华毒品犯罪直线上升，在规模和数量上都达到开战前数倍。直到太平洋战争爆发后，日本觉得掩耳盗铃已无必要，关于日侨犯罪的领事裁判记录也就戛然而止。

本章小结

这一阶段中日关于禁毒与反禁毒的对立逐渐激化，南京政权中，以蒋介石为首的集团逐渐出台以军法机构为监督执行机构的禁烟禁毒政策。日本的外交机构一面表面上配合中国禁烟政策，一面却默认贩卖毒品为经济危机下涌入中国的日朝侨民提供生计的事实。同时，日本还通过国民政府中的亲日派牵制中国向世界揭露日本政府和军队在中国制造贩卖毒品的事实。大连、天津、青岛、上海、厦门等城市的日本租界成为接受外来毒品走私、对中国腹地进行制毒贩毒活动的中转站和堡垒，日朝侨民成为租界制造的大量毒品的贩运者，而且随着中国禁烟政策的逐渐严厉，日朝侨民逐渐垄断了贩毒市场。

这一时期，华北的毒品危害主要来自几个方面：

其一，20世纪30年代初，由于国际联盟和世界各国对于国际鸦片麻药交易取缔日益严格，国际制贩毒行业被迫停业的机器、资本、技术等有向取缔松弛的中国大举转移之势。

其二，随着1929年世界经济危机的发生，日本国内经济危机深重，一向以老实本分著称的日本东北农户大量破产，卖儿卖女、流落四方，被作为"日本弃民"向世界各国移民。日本占领的殖民地朝鲜和台湾地区的农民和中小工商业者也因经济危机的压迫，转向海外寻求生路。这些贫民1930年以后大量涌入中国：日本人和朝鲜人主要向华北和华中涌入，中国台湾人主要向华南涌入，他们来到中国大陆后因无法从事正当工商业，很多人利用治外法权干起了制贩毒品生意。

其三，"九一八事变"后，日本驻华派遣军的关东军、华北派遣军开始在华北制造混乱和摩擦。1933年5月《塘沽停战协定》签订之后，日军利用不断扩大解释停战协定的手法，强化其对停战区的控制，将停战区变为走私走廊。

其四,伪满洲国实施鸦片专卖之后,最初 1933 年到 1935 年,由于私土和满铁附属地走私的夹击,鸦片销售数量远低于收购和进口数量,为了获取收入而走私到天津市场。

其五,利用中国历来的地区贸易机制,获取毒品来源。北洋军阀统治时期,陕、甘、绥数省逐渐成为大的鸦片产地,每年运销平津地区的鸦片达 1 000 万两以上,其利用租界的制贩毒机构吸收这些鸦片制成的大量毒品,成为对其他地区渗透的工具。

其六,绥蒙特税之争表面上看来似乎没有日军参与,但正是由于日军的背后唆使和为其扫清道路,才使得德王敢于挑战绥远省政府和国民政府的权威。

《何梅协定》和《秦土协定》的签订,迫使国民政府的武装力量退出华北。国民政府在华北实施禁烟禁毒的计划,也因此难以收到效果。日本关东军和天津派遣军开始实施分裂华北计划,而其分裂华北的主要经费相当部分来自大规模毒品走私所获收入。但华北政务委员会和各省将领在日军的百般威胁利诱下,拒绝参加其阴谋,使日军不战而吞并华北和拉拢蒙古族亲日分子从而建立西北直通中亚走廊的计划破产。同一时期,国民政府也整理各地禁烟措施和成绩,在国际联盟鸦片会议上做出不懈努力,使中国禁烟状况逐渐被国际社会理解。

第四章

福建的禁烟与反禁烟

福建是中国最早开放的地区,新、旧势力与内、外种种势力争夺激烈。到了 20 世纪 30 年代初,该地各种势力交替频繁,政策变动剧烈。从 20 世纪 20 年代末到 30 年代中期,以宁汉战争、福建事变和两广事变为代表,该地一直处于与南京政权对立的半独立状态。另外,福建的厦门、福州地区,聚居着很多日籍台湾人,从甲午战后日军侵占台湾地区开始,就有很多人从事不法贩毒聚赌活动。本章主要以福建的福州和厦门各地的禁烟与反禁烟过程为线索,在观察华南的禁烟斗争与政治变动关联的同时,探讨华南禁烟政策的基本特征。

第一节 早期福建烟政与侨民

一、1928 年禁烟法公布前的禁烟态势

1927 年下半年,财政部根据国民政府中央执行委员会第一百零五次政治会议决定主管禁烟事务,财政部根据广东的办法制定了《禁烟暂行章程》,秘密下发至江、浙、闽数省命令实施。[①] 其基本内容是:3 年内实现完全禁烟;禁止毒品进口;禁止种植罂粟;国民 25 岁以下者强制戒烟、25 岁

---

① 参看驻福州总领事西泽义隆致外务大臣田中机密第三零六号.国民政府财政部禁煙暂行章程送付の件[Z].1927 年 12 月 2 日.财政部就禁烟章程实施对福建省政府通知.

以上者限老年和有病者许可吸食,但须领受戒烟执照,逐年减少,3 年内完全戒除;烟膏价格按年度逐年递增,出售烟膏者应领受特许证,禁止私运私贩。厦门的鸦片业从北洋军阀统治时期就已自成体系。1927 年年末财政部禁烟暂行办法并未对其造成影响,反而将其合法化了,1928 年年末实施禁烟政策前,几乎完全处于自由交易状态。根据 1928 年年底厦门领事给外务省的厦门调查报告[①],当时财政部对鸦片业的管理状况如下所述。

在鸦片贸易上,到 1928 年年底前,厦门有从事鸦片和鸦片烟膏进出口业者 60 户,俗称顶盘业者。这些业者每月交禁烟查缉处 15 到 50 元的税金,获得甲种商照从事进出口和国内采购运销,运进者全为生鸦片,运出者主要是鸦片烟膏。进出口和国内运输时须接受查缉处检查,按规定纳税,因税率比较低廉,几乎没有走私者。查缉处也设立监视站,配置稽查员严厉取缔走私。

在禁种罂粟上,厦门岛并无种植,但同安、泉州、安溪各地种植很盛。当地官员为筹措军费、奖励和包庇种植罂粟(甚至有地区强制种植),在发芽后每亩收取 8 至 16 元的税收,因此一到种植季节,鸦片充斥田野。

在禁止毒品进口方面,早期的毒品进口主要来自欧洲,尤其是德国和瑞士。1928 年国民政府与德国和瑞士签订了《关于麻药类交易的中德、中瑞协定》,规定了对麻药进口的批准流程和许可权限。但是福建的麻药走私极少,主要由上海、香港、厦门、汕头各地转运而来,还有海军收取一定保护费的走私。因此上述协定对于当地毒品交易影响不大。[②]

在烟膏管理上,当地从事烟膏制造者对查缉处缴费领取执照(执照分甲、乙两种)后,即可随意从事制造,并不受其他取缔或监督。对无证制造者实施最严厉的取缔。烟膏销售业者俗称二盘业者,查缉处为其发放乙种商照,每月征收 15～30 元税金,而且并无允许销售给谁、有何限制之类的规定,约有 75 户。

---

① 驻厦门领事坂本报告.厦門地方ニ於ケル阿片取引ノ現状ニ関スル調査報告[Z].1928 年 12 月 26 日//日本外务省条约局.各国ニ於ケル阿片取締状況[Z].1929:197-205.
② 驻福州总领事西泽致外务大臣田中机密第 206 号函件.麻藥類取引ニ関スル獨支及瑞支協定ニ関スル件[Z].1928 年 6 月 11 日.

吸食管理上,对上瘾者根据查缉处禁烟规则发行各种执照,其数约 1 500 余人,但取缔方针不彻底,无照吸烟者不少。吸食执照分 5 种:特种月交费 15 元,可在辖区任意地方吸烟;甲种:每月 4 元,场所规定同上;乙种:每月 2 元,许在执照记载场所吸食;丙种:每月 1 元,场所规定同上,但限低级职业者。除上述外还有待客执照,分为特许商务招待客照每月 4 元、旅社旅馆客栈客照每月 4～10 元、书寓妓院客照每月 4～15 元、俱乐部公馆或公众集合场所客照每月 10～16 元。

烟馆业者俗称三盘业者,查缉处发给丙种执照,每月征收税金 6～12 元,其数约达 400 户。原本只限有执照者吸食的规定,但因取缔不彻底,无照者也可自由吸食。

在走私管理上,实施禁烟前因交易公开进行,并无走私。但有转口走私他处的交易,当地进口鸦片原产地以波斯和云南为主,发往南洋者因该地难以直接登岸,多数情况利用日本船运输,这是因为南洋对日本船货物检查不严格。另外,从厦门先将鸦片运往台湾地区,再转载去南洋船只的做法相当盛行。

由以上状况可知,当时厦门的鸦片业由顶盘业者、二盘业者、三盘业者构成,三者分别各约有 60 户、75 户、400 户,饭店、旅馆、书寓、妓院、俱乐部、会馆等也都有不特定客照,登记的吸烟者虽只有约 1 500 人,但对整个鸦片业的管理非常松懈,无照吸烟者人数相当多。除此之外,还有对南洋的转口走私交易和少量的毒品交易。

二、实施禁烟法与厦门领事馆对应

1928 年 8 月国民政府禁烟条例发布后,福建于 9 月 1 日另设省禁烟委员会,根据政府命令筹划详细禁烟办法、处理一切禁烟事务。9 月 9 日发布第二十三号布告,禁止种植罂粟,违者将田亩充公并依法予以惩处。对举报者将没收田亩变卖价的一半作为奖励,禁止官员和军队包庇。[①]
10 月,福建省新的省政府成立,省主席杨树庄向省政府委员会提出禁止

---

① 福建省代理主席郑宝菁.福建省政府布告第二十三号[Z].1928 年 9 月 9 日.

鸦片吸食办法议案，决定至1929年2月为止禁绝鸦片。福建省开始实施以下措施：设立戒烟院，限所有上瘾者到1929年2月为止戒烟。此期间内如何实施劝导、查验、登记、医治及其他事项，由禁烟委员会制定详细办法切实实施。封闭吸烟场所，由公安局和县政府严格搜查，不问公开还是秘密一律查封，令其具保今后不再令人吸食和销售，以后再行发现依法惩治。对其经营者亦严重处罚；取缔外籍烟民私设烟馆或庇护烟馆，发现外籍无赖侨民私设烟馆或庇护中国烟民购买吸食者等事实，由交涉员向驻闽领事交涉，依法处理。①

福建省政府委员会于10月5日通过了上述措施，由杨树庄根据《禁烟法》第二条发出布告，宣布于1928年11月开始实施，至1929年3月为止全面实现禁烟。厦门市公安局局长和思明县县长也联合签署布告，宣布废止征收各种鸦片税收、封闭鸦片烟馆和鸦片商行，撤销原先依据财政部令设立的禁烟机构禁烟查缉处。开始严厉禁止鸦片进出口，对所有业者和烟馆实行严厉取缔。严禁措施对当地鸦片业者，尤其是顶盘业者造成了极大震慑。当地鸦片业"与居住当地日本籍民具有最密切关系"。禁烟实施后，当地顶盘业者秘密串通、百般考虑对策，但最终得出"停止营业只是时间问题"的结论。② 仅有的希望是官员包庇走私的存在。福建的"日本籍民"是指日籍台湾人，在厦门烟赌业拥有很大势力。

据日本领事报告，禁烟法实施后观察到以下效果：在禁种方面，很多地区禁除了烟苗，但距城市较远地区仍有种植；在烟膏管理上，政府令烟膏制造业者登记和查封现存鸦片、停止制造、听候政府处置，但命令不彻底，仍处于放任自由制造状态；对吸食者取缔上，已将抓获的数十名吸食者送交法院，但因为管理烟犯经费困难，主要靠对其进行罚款解决；对从事销售的二盘业者，已禁止其销售，但业者也在考虑对策；对三盘业者，禁烟实施后严令一律关闭，违者没收烟具、处罚当事者，已有不少被查获者。涉及"日本籍民"烟馆业者，在限制查获的同时，派交涉员与日本领事馆谈

---

① 驻福州总领事西泽致外务大臣田中机密第354号函件．福建省ニ於ケル禁煙辦法二関スル件[Z]．1928年10月27日．
② 驻厦门领事坂本报告．厦門地方ニ於ケル阿片取引ノ現狀ニ関スル調査報告[Z]．1928年12月26日//日本外务省条约局．各国ニ於ケル阿片取締状况[Z]．1929：197—205．

判禁止办法;麻药走私进口一直较少,但有涉及上海等地的少量转口走私案件。10月11日,自上海入港太古公司甘州号货物中查获海洛因20磅,每磅价值500元。厦门水上公安局将其没收后,在10月15日中山公园的全国卫生宣传运动大会上公开烧毁,走私进出口涉案人员皆为华人和日籍台湾人。[①]

　　福建省实施禁烟后取得一定成效,但因长期放任,不少官员本身是瘾君子,加上吏治腐败,对于取缔方法事先未制定具体方针,单纯依据政府命令查封烟馆、逮捕烟民,没有对现存鸦片进行处理和对烟民采取救济措施,招致社会非难。加上取缔走私不彻底,使很多鸦片业者,甚至外国领事都误以为这只是临时性政策,认为其最终会虎头蛇尾、不了了之。但到了1928年12月,中方禁烟活动依然在持续,禁烟宣传活动规模也进一步扩大。同时,省府派出交涉员对各国使节发出照会,要求查封各国商人开设的烟馆和鸦片有关营业机构,公安局局长和思明县县长也与交涉员一道拜访驻厦门日本领事馆,递交照会,详细说明中方严厉取缔鸦片业的方针,与日方交涉取缔侨民中经营鸦片业者。同时,在厦门的取缔行动中,中方警察误将日籍台湾人开设的烟馆当作华人烟馆进行搜查的事件屡有发生,连续引发警察与日籍台湾人冲突、斗殴事件,日籍台湾人感到极大的威胁。其烟馆业者40余人联名向日本领事请愿要求领事保护,顶盘(贸易)和二盘业者(制造、中介)也多次开会,开始密议对抗方针。

　　至此,日本领事才不得不开始正视中方的禁烟行动。为采取主动和防止引发更大冲突,1928年12月,日本领事出面通知台湾公会,要其选出代表共同商讨对策。台湾公会选出9名会员,加上其他有力者7名(主要为鸦片业者)计16名组成临时禁烟委员会,公会长任委员长。经委员会讨论,其向领事馆提交了给予6个月禁止缓冲期间的请愿。领事馆则依据买卖现品、回收赊欠及转业所需时间,要求在4个月内,即1929年4月末,必须实现所有关系者完全脱离的目标。日本领事于1928年12月

---

　　① 驻厦门领事寺岛报告.禁煙實施后ニ於ケル取締狀況ニ関スル件[Z].1929年3月25日//日本外务省条约局.各国ニ於ケル阿片取締狀況[Z].1929:206-211.

28日回复中方,指出:中方政策由公开许可突然转为严厉禁止,等于是强人所难,"鉴于此乃事关人之生存之重大问题,难测会突发何等恶性事件",要求对日籍侨民的禁烟宽限到1929年4月。对此,中方交涉员"因而出于对内关系,正式以公文回复认可此事实属困难,只能以口头承认对此表示谅解,但必须于4月末日切实禁绝"。①

1929年1月11日,日本领事召集全体当地日籍台湾人鸦片有关业者约120余名,令其于4月末脱离鸦片业,但在期限内由个人根据资产和营业状况,相应各自设立期限脱离,由领事馆警察实行监督。但领事对于"经营烟馆的贫困者,许其延期到最长期限的4月末日,给予其筹集转业资金之便。但估计十余名极贫者没有很容易获得转正业所需资金的可能,且家庭人口众多处于可怜状态,以救济这些人为目的,又禁烟委员会要求输出入业者(拥有数万、数十万资产者居多)捐助,计划根据每人状况分给穷困者为转业资金,现在捐助已达3 000元"。②

日本领事馆在中方交涉下,开始在侨民中实施禁烟,但其给予侨民的期限比地方政府的要求要晚1个月。那么,上述期限过后的情况如何呢?据1929年5月底的厦门领事报告③,由于中方禁烟政策的漏洞,整个鸦片行业出现转入地下的趋势,走私活动趋于猖獗。

中方对下层烟馆烟民的取缔雷厉风行,日籍台湾人的烟馆也受到压制。但省府政策对鸦片进出口业者、中转交易业者或烟膏制造业者没有任何取缔措施,也没有对烟民的救治方法,导致私设烟馆数量反而剧增。"据闻当地华人受当地海军方面庇护,于本年2月间和4月间分别走私进口30万元、40万元的鸦片。"此事虽无实据,但市场动向却表明其绝非虚构。厦门实施禁烟后,鸦片行市迅速上涨,烟土行市开始趋于回落。厦门警方对烟馆取缔姿态也宽严有别,厦门市公安局下辖三个区署,第一区署辖区在市局附近。因此,最初第一区取缔稍严,而第二区、第三区署动作

---

① 驻厦门领事寺岛报告.禁煙實施後ニ於ケル取締状況ニ関スル件[Z].1929年3月25日//日本外务省条约局.各国ニ於ケル阿片取締状况[Z].1929:206—211.
② 同上。
③ 驻厦门领事寺岛报告.厦門地方ニ於ケル阿片取引状况報告方ノ件[Z].1929年5月30日//日本外务省条约局.各国ニ於ケル阿片取締状况[Z].1929:212—215.

缓慢。之后,第一区署也改变政策,开始默许私烟馆。坊间有各署对烟馆秘密收取每月 20 元保护费的传言。但保护费并非市局正式规定,而是下级职员所为。受贿警员在市局采取行动时为烟馆通风报信。日籍台湾人有实际向警察行贿者,日领事馆警员突击检查私烟馆时,也常在现场看到中国官员或警员因吸烟或受贿而到烟馆。

根据日本领事报告,根据财产状况限期转业办法的实施效果为:命令发出同时,即刻或限期实现转行者已达 103 户。其中完全转正当行业无后顾之忧者有 46 户,已中止从事鸦片业尚未从事正业者 13 户,虽已脱离若不严厉监管有返回之虞且私下有关者 44 户,还有刚开设已发出停业命令者 7 户。已提交保证书、限期停业者中,也有以上瘾者请求、处理现货、回收欠款等为由到期不停业者,领事馆警员根据其提交的保证书,到现场破坏烟具、迫其具保关闭者有 37 户(包括新开者),毁坏烟枪 183 支。日籍台湾人也有开设私烟馆者,但人数很少。顶盘业者正在处理现货,但听说中方官员庇护华人大量走私进口消息后,虽然有犹豫不决者,但顶盘业者总数 32 户中大部分断绝了关系。此外,正由台湾公会探求如何使因此产生的失业者再就业。①

这份报告虽强调中方取缔不彻底对日本侨民的影响,且其对日籍侨民转行报告也有含糊其词的痕迹,但其部分反映了 1929 年年初中方严厉取缔政策对领事政策和日籍侨民社会的影响。

三、促使福建禁烟政策转变的因素

从 1928 年年末开始的严厉禁烟措施,一直实施到南京政权财政部准备再次实施专卖为止。1931 年国民政府财政部再次准备实施鸦片专卖,导致禁烟运动转变方向。那么,从个别地区的角度来看,影响这一政策转变的因素有哪些呢?

1929 年年中,福州、厦门、泉州、漳州各地共逮捕鸦片销售者 24 名,烟馆老板 120 名,逮捕鸦片吸食者 941 名,没收鸦片总量为 13 万两。5

---

① 驻厦门领事寺岛报告.厦門地方ニ於ケル阿片取引状況報告方ノ件[Z].1929 年 5 月 30 日//日本外务省条约局.各国ニ於ケル阿片取締状況[Z].1929:212-215.

月以后，取缔依然没有涉及顶盘业者以及旅馆、妓院、自家吸食者。相反，下等烟馆和在其中吸食的贫民上瘾者屡被捕获。日本领事推测，这是因为"禁烟政策已不如当初那么严厉，偶被查获的烟馆，都是因未贿赂负责取缔官员或有人挟嫌报复而被捕者居多"。① 依照禁烟法对烟犯应有刑事处罚，但到了下半年几乎都以罚款了事。这是因为"如此办理非因情理，乃因监狱经费不足，而且没有对上瘾者医疗设施"。② 将上瘾者罚款后直接释放，起不到矫正效果。禁烟法制的松弛，导致厦门领事管区内的日籍台湾人鸦片业者持观望状态者增多，私烟馆转向增加。1929 年 2 月，日籍台湾人已脱离鸦片业、迟迟未从事正业者合计达 68 名，需要时时密查防止私卖者 37 名，都在经营私烟馆，但其规模较小，平均只有两三套烟具。③ 由以上状况可知，官员腐败、经费不足等因素导致执法上的"罚而不惩"的趋势，法制的松弛引起日籍台湾人业者持观望态度。

当时的禁烟政策，主要以城市为中心展开，对于距城市较远的农村，并未造成太大的影响。当时厦门附近的同安县石浔港就发生了一起大规模走私进口波斯鸦片事件，乡民与索贿未遂带警队前来查获的县官发生冲突，最终将被没收鸦片抢回并藏匿，而当地教导团却拒绝予以援助。驻扎漳州同安的军队，因军费不按时支付，公开对烟毒实施课税。厦门警备司令部也有招来日籍台湾人探讨令其承包烟税的动向。禁烟法令影响限于城市，地方军队的干预，也是造成禁烟法之松弛的要素。

1930 年 4 月 23 日，福建《民国日报》登载了中央禁烟委员会特派员郑希涛对福建禁烟的调查报告。其指出福建全省禁烟存在三大特点，其一，1928 年下半年以后，禁种曾取得相当效果。但 1929 年下半年，闽南地区私种之风再起。其二，福建省烟政废弛已久，即使骤然严禁运输，漳泉福宁各县烟土贮藏足堪使用五六年，厦门、马尾、三都、涵江为烟土运出要地，民间冒险渔利之风依然未息。其三，福建省烟土销售以福州、厦门为最，因此破获大案也以两地为最多。至 1929 年年底破获的大案有：厦

---

① 驻厦门领事寺岛致外务大臣币原机密第六七号函件.支那侧阿片取締状况报告ノ件[Z]. 1930 年 2 月 19 日.
② 同上。
③ 同上。

门神州药房 26 400 两,叶定国家 115 磅,吴添丁家印度烟土 220 磅、杂土 150 磅、烟膏 105 磅,长乐县林某住宅 2 647 两。报告总结的三大特点,意味着福建禁烟的长期性和反复性。上述报告也提到,在 1929 年 2 月底前,福建省曾实施将捕获的吸烟者送医院强制戒烟措施,但从 3 月开始实施"禁而不治"政策,撤销了禁烟医院。而到了 1929 年下半年以后,福建又对捕获烟犯实行"罚而不惩",即缴纳罚款就释放的政策,这是导致之后禁烟矫治效果不佳的主要原因。

1930 年 5 月,中华民国拒毒会对吉林省政府的通牒中,曾全文转载福建省禁烟委员会的调查报告,报告指出:"自去年末以来已有达肃清毒气之望,唯有台湾籍民得到日本领事庇护公然开设烟馆,正在破坏我国禁毒事业。据本次实地调查,福州、厦门两市由台湾籍民大小烟馆、烟土店总数达 400 户左右,每日销售额达 10 万元以上,吸食者皆为我国苦力和零售商人。"[①]报告表明随着中国禁烟取缔的进行,福建省日籍台湾人独占鸦片业的现象凸现出来。而这一现象的根源是领事裁判权保护,"这些台湾人多是无业游民,犯罪逃亡者多,毫无廉耻之心,即便被拿获,亦被宽松法律所处分很快释放,处于昼拿夜还状态,禁绝极为困难。而且其搜查必有日领派员到场,但其派员接到通知到现场时,往往已藏匿完毕,偶有查获,亦由日本领事裁判,不容中国官员致问。至有我国人向日籍台湾人交纳招牌费,公然受其庇护营业。彼对我方取缔屡有开枪抵抗者,我方人员有因此负伤者。对日领交涉亦不得要领、无从措手。"[②]报告列举了福州、厦门两地从事鸦片业的主要商号:福州合源洋行、永华洋行、财记洋行、东光洋行、春大洋行、室泰洋行、仁源洋行、山海洋行、意发洋行、珏兴洋行、三信洋行、合春洋行、日兴泰洋行、松山洋行、公平洋行、高德记洋行、源泰洋行等 139 户;厦门王南波、李富康、黄氏粉、蔡大龙、卢元奶、欧添、吴光彩、谢文分、许兆来、华顺英、陈添福、李增佑、叶永昌、陈阿头、李全、陈润等合计 203 户之多。

---

① 驻长春领事田代重德致外务大臣币原公信第三四五号函件.支那侧拒毒會ノ滿鉄附屬地「モルヒネ」阿片密売状況調査方ニ関スル件[Z].1930 年 7 月 25 日。

② 同上。

中方调查表明，福建日本领馆所谓的"取缔籍民"，实际上是把公开烟馆逼到了地下。而且由于日本法律对在外的鸦片罪惩罚非常轻，起不到惩罚犯罪作用。搜查侨民住处需要中方会同、由日领事警察实施，但日领派员到来前往往走漏消息，导致会同搜捕没有效果。加之中方严厉取缔导致华人鸦片业者减少，假借日人名义的私烟馆增加，1930 年 5 月以后，领事裁判权保护下的日本侨民的贩毒活动成为福建禁烟政策的主要障碍。此后，福建禁政也开始与对日交涉紧密相连。

1930 年 8 月 7 日，思明县县长杨廷枢照会日本驻厦门领事，要求取缔日籍台湾人私卖鸦片活动，并递交中方掌握的日籍台湾人的鸦片犯罪名单，要求其配合。日驻夏领事寺岛广文于 8 月 27 日回复中表示："经对贵翰所附各侨民派馆员调查结果，如另文甲号所载者已由该处撤去，乙号所载者乃业经查实以贵国人名义或贵国人任意利用本国人名义者。对此等请由贵国官员取缔。除上述甲乙号之外者，大多数已完全脱离，然仍有部分时时参与，本馆正极力厉行取缔以努力完全肃清。"①其附件甲号中载有 25 家地址人名，附件乙号载有 22 家地址人名，其中一户日籍台湾人已死亡，乃当地人假借其名，另一户房主为日籍台湾人，要求搜查时有日本领事到场。上述的信函内容表明，当地违法私营业者的半数以上是日籍侨民，其他一少半是中国人借日本人名义开设的。

1930 年 7 月，经省政府批准指定厦门同善医院为戒烟医院。② 思明县还组织了同善堂委员会实施管理，将逮捕烟犯中无法自行戒除的上瘾者，强制送入医院实施免费治疗。对自发戒烟者免于刑事追究，由其自行来院治疗，每天收实价药费银洋 4 角。③ 同善医院院长为日籍台湾人翁俊明，其经营组织为同善堂，是当地慈善社团，70 余年前由中国人叶得水创办，投入私产 1 万余元。其后同善堂又获其他中国人捐产获得发展，到 1930 年时有资产 200 万元，月收入房租 1 万余元、地租 2 000 余元。同善堂还经营医院和养老院，并出钱资助其他慈善事业。当时该慈善组织由

---

① 驻厦门领事寺岛广文.公函第一六七號[Z].1930 年 8 月 27 日。
② 参看思明县长杨廷枢.思明县政府布告第六十二号[Z].1930 年 7 月 28 日。
③ 参看思明县长杨廷枢.思明县政府布告第八十二号[Z].1930 年 9 月 10 日。

思明县县长和公安局局长,漳厦警备司令和参谋长,及县党部、教育会、妇女协会、商会、鼓浪屿华民议事会等各社团的主席共同成立管理委员会管理。①

至 1930 年下半年以后,随着禁烟政策实施,当地公开烟馆都被禁止,私烟馆大量增加,而私烟馆主要是日籍台湾人和当地人借日籍人名义开设的。福建的禁烟政策遇到了治外法权的阻挠。领事馆表面上对中方要求给予配合,但领事裁判权下的查获程序、日本法令刑罚过轻,实际上起到了纵容鸦片犯罪的作用,致使日籍台湾人名义的私烟馆者大量增加。福建禁政实施逐渐与对日交涉联系起来,主张禁烟也开始带有"反日"的色彩。

四、影响进一步禁烟的问题所在

福建的禁烟活动受到了治外法权的干扰,当地政府只得借助号召民众形成社会压力,以迫使日本领事顺应中国的禁烟政策,但其收效极为有限。到了 1931 年 6 月,省府的禁烟方针开始出现明显的矛盾:一方面,省政府刚刚通过成立厦门禁烟委员会的决议;另一方面,省政府居于指导地位的高官公开宣称,不撤销现行禁烟委员会,就无法实行禁烟。这一矛盾的根源在于南京政府内对禁烟方针的争论和摇摆。

5 月 14 日,厦门禁烟委员会组织大纲由省政府第九十五次会议通过,规定由厦门警备司令任主席,福建高等法院第一分院院长、鼓浪屿会审公堂委员、省禁烟委员会委员和当地热心拒毒人士各一名组成。其主要职责为:"办理与厦门禁烟有关事务,根据省政府禁烟委员会的命令对该地的禁烟执行机构行使指挥监督之责。"其主要构成是最高军事机关和法院人员,可知重点在于解决禁烟中的暴力对抗和法律问题。②

6 月 3 日,福建省府和禁烟委员会在福州西湖公园召开纪念虎门烧烟大会,参加者主要是省府及所属各机构代表 300 余人。其中,省政府委

---

① 驻厦门领事寺岛广文致外务大臣币原机密第四四九号函件.支那官憲ノ阿片取締並ニ癮者改煙施設ニ関スル件[Z].1930 年 9 月 29 日.
② 驻厦门领事寺岛广文致外务大臣币原机密第二一六号函件.厦門禁煙委員会設立ニ関スル件[Z].1931 年 5 月 21 日.

员郑宝菁以下3人,省党部、省高等检察厅和闽侯地方检察厅的检察长、省禁烟委员会委员参加。大会回顾1年来禁烟状况并对下一步禁烟活动展开动员。省禁烟委员陈为铫的讲话,回顾了前段禁政状况后,将与福州日本总领事馆交涉使其配合中方禁烟作为禁烟成绩进行报告:"福州总领事馆此次持彻底扫荡的方针,于4月15日召集与私卖鸦片有关业者150名到馆,对其发出彻底消灭私卖的警告,并给予至5月15日一个月限期,宣告若到期不能实现转业将采取断然处置。并编制违法业者名单对其实施监视,将其中毫无悔改可能的26名惯犯于5月20日驱逐出福州。又于5月27日实施二次打击,对私设烟馆的38户宣布,在其转为正业前暂时查封其营业活动。"①至此,实现了勒令约100人离境、查封数十户的成绩。希望官员民众奋起支援中国禁烟,对日本总领事馆的严厉取缔表示感谢。省党部指导委员甘云在讲话中指出:"若不能驱逐庇护种烟的军队、各级政府机构中的瘾君子,不能实现彻底肃清,就无法矫正外国籍民的鸦片犯罪者。"进而断言"若不撤销现在的禁烟委员会,反而难以在中国实施禁烟"。

从1930年12月到1931年4月,还发生数件日本驻福州总领事馆在没有知会中方的情况下,擅自拆封中国警方查封的烟馆,换贴领事馆封条的案件,表现了日本领事对中国主权的无视和践踏。南京外交部对此提出抗议和交涉。②

上述的动向反映了当地实施禁烟已经取得一定成绩,同时也反映了国民政府内部存在关于进一步禁烟的方法之争,从1928年下半年到1931年上半年的禁烟中,反复出现腐败地方官员和军队干预和阻挠、治外法权的干扰等问题。这一时期的经验也证明,禁烟并非短期内能够实现的,因此如何在相当长的、持续的禁烟期间防止鸦片利益被外国势力和割据势力所独占,成为下一阶段禁烟所必须考虑的问题。而在福建最关键的问题是如何抑制日本利用治外法权保护日籍台湾人鸦片

---

① 驻福州总领事田村贞治郎致外务大臣币原公第一六三号函件.六三焚燬鴉片纪念大會狀況報告ノ件[Z].1931年6月8日.

② 驻南京领事上村致外务大臣币原机密送第二五七号函件[Z].1931年4月8日.

业的问题。

第二节　禁烟政策摇摆与日籍台湾人取缔

一、禁烟回潮与福建禁烟局势

如在福建禁烟运动所表现的,南京政权的禁烟政策面临转折关头。而影响其转变的主要因素是:(1)地方军阀保护种植和运销、腐败官员保护鸦片消费;(2)民间鸦片储存和走私;(3)治外法权,尤其是日本有关法令罚则过轻,中国人鸦片行业被抑制,反导致了日籍侨民对鸦片业的垄断倾向。上述倾向表明,禁烟并不是很短时间内能够实现的,严厉的禁烟政策并没能禁止鸦片消费,军阀保护私种和走私猖獗反而导致鸦片量供给增大。表面的严禁和没有后续政策反而提高了非法鸦片交易的利润,也给毒品扩张留下了空间。因此,严厉禁止吸食政策反而带来了有利于割据势力和外国势力、鸦片出口国收入增大、个别地区日籍侨民垄断鸦片和毒品交易的后果。1931年上半年财政部的鸦片专卖计划和国民政府内关于专卖制的争论都是在这一背景下产生的。

1931年6月14日,厦门《江声日报》电报栏报道,称财政部设立全国禁烟处,任命李基鸿为处长,各省禁烟局直属于全国禁烟处。之后,财政部迅速在苏、浙、皖、赣、闽五省设立禁烟查缉处,并任命了各省处长。财政部规定将各省禁烟局作为中央直属机构,以防止地方官员和军人干涉。福建省禁烟查缉处长由原马尾船政局局长袁缙担任。这一政策迅速招致各省政府和舆论的反对,福建省政府禁烟委员会和民间拒毒团体认为,这与鸦片专卖如出一辙,与禁烟不相容,表示强烈反对。省政府于6月29日召开临时会议,认为查缉处办法问题太多,电请中央缓期实施。此外,省政府通令各机构和军警,在中央有明确回电前,按以前禁令严格禁止,一律扣留以任何借口进口的鸦片。省、县党部和祛毒社及各报则积极唤起舆论。但袁缙不顾各方反对,发布了于7月1日在南台泛船浦就任查缉处长的通告。① 厦门分处处长郑能培到任,4日厦门分处开始办公,专属公安局的保安队两个排约50人巡警,调属查缉处。其预定一周内做好各种准备,开始实际行动。厦门分处迅速与当地日籍台湾人鸦片业者秘密接触,商定了许可条件、人数、税金等事项。②

财政部计划内容是打算模仿台湾地区或新加坡的专卖制度,上海、香港、厦门、汕头各地的鸦片贩子闻风而动,组织了资本金400万元的公司,打算承包实施专卖各省的鸦片供应。福建则由日籍台民在福州组织资本金10万元的公司,在厦门组织拥资30万元的公司,欲承包全省的鸦片专卖。专卖制下的国内鸦片供应也由财政部与四川、云南交涉,产地价格每两0.7元,加运费税金后成本约为2元,再加价为2.5元左右批发。查缉处计划对土店、烟馆、个人吸食者分别征税:土店月税金150元,烟馆一等300元、二等200元、三等100元,吸烟执照许可费每月1.5元。③

财政部的政策遭到了各方面的反对和非难,其中尤以福建省的反应最为强烈。福建省民政厅直接下令下属机构拒绝配合④,县党部和媒体也在积极策划反对运动,以福州总商会为首展开反对运动和撤销请愿。⑤在国民政府内部,汪精卫一派此时正与宋子文处于激烈对立状态,其控制下的行政院于7月8日以民众和舆论反对为由发出电令,废除禁烟查缉处。福建省和厦门市的机构分别于7月11日、12日关闭。国民政府的首次鸦片专卖尝试就这样短命而终。

二、无奈的"有限禁止"政策

1931年"九一八事变"、1932年"一二八事件"爆发后,民众反对侵略热情高涨。"一二八事件"后,十九路军于1932年下半年调往福建驻扎,

---

① 驻福州总领事田村致外务大臣币原公第一八七号.福建禁烟查缉处成立ニ関シ報告ノ件[Z].1931年7月8日.
② 驻厦门领事寺岛广文致外务大臣币原机密第二九二号.禁煙查缉处厦門分处設置ニ関スル件[Z].1931年7月6日.
③ 同上。
④ 驻厦门领事寺岛广文致外务大臣币原机密第三一零号.禁煙查缉处厦門分处撤廃並禁煙宣傳大會ニ関スル件[Z].1931年7月16日.
⑤ 驻福州总领事田村致外务大臣币原公第一九五号.禁煙查缉处撤廃ニ関シ報告ノ件[Z].1931年7月14日.

福州市公安局对日籍台湾人的烟馆逐渐加强限制。福建禁烟运动再掀高潮,矛头直指日本侵略行动和治外法权。但最初的成果却是以"有限禁止"的形式实现的。

1932年10月6日,福建《民国日报》发表《市公安局决心取缔籍民烟馆》的报道,称福州市公安局在5日的局务会议上决定,将对台湾籍民烟馆采取三阶段对策,即先劝导台籍烟馆于3日内自发关闭,对超期不关者命令其移居他处,仍然不听者,将采取断然手段予以取缔。

此事引起日本领事的担心,并于10月7日向省府外交主任质其真伪,回答却是,"此为新闻社随便报道,无此事实"。领事又命领事馆警察拜访当地公安局下属署长,搞清公安局的真实意图是:(1)对籍民经手鸦片者不直接查获;(2)即使是当地人借籍民名义经手的鸦片生意,也在与领事馆取得协调后查获;(3)其他怀疑可能与籍民有关的场所,也在照会领事馆判明与籍民无关后再采取行动;(4)取缔依公安局长命令实行,但也意味着搜捕不法之徒;(5)行动中公安局人员可能误闯籍民有关场所,为防止此类事故发生,需预知管区内籍民住址商号等详情,希望总领事馆提供情报。即公安局准备查封中国人经营的烟赌业,但为了防止误入日籍人地盘,引起不必要的麻烦,请日方提供日籍台湾人信息。

10月10日,公安局第四署署长向领事馆发出照会,要求提供侨民信息,日方回答正根据要求制作籍民名簿。11日公安局长王懋访问领事馆,向其提交中方调查的300余名籍民私卖鸦片者名单,说明省政府此次要严厉地取缔烟馆,务求领事馆配合。但日领事却推说:"籍民烟馆基本靠中国人供应原料、为中国人所开设,严禁中国人吸食是前提。且当地烟馆源远流长,个中颇有奥妙。根绝虽不易,但领事馆对名单开列部分可令其减少一些。"[①]而公安局长因绥靖公署和十九路军方面屡有要求,其目的也不过是迫使日籍台湾人有所收敛而已。但公安局无法实施直接取缔,只能请求领事馆协助,并制造舆论压力迫使其自行收敛。

这种有限制打击行动得到了领事馆表面上的配合。厦门工部局

---

① 驻福州总领事守屋和郎致外务大臣内田机密第二九五号函件.公安局ノ籍民烟馆取缔ニ关スル件[Z].1932年10月19日.

1932 年没收精制鸦片 1 650 两、烟土 600 两、鸦片屑 100 两、烟管 53 个、烟灯 65 个及其他吸食用具,并于 1932 年 12 月 29 日将上述缴获品全部公开销毁。但其并没有对日籍台湾人经手的鸦片业形成根本的打击。

三、十九路军与福州禁烟

(一)福州:加大打击力度

1933 年年初,因日本进犯热河和华北,中日关系进一步紧张。福建省增大了对日本侨民经营的鸦片业的打击力度。2 月 3 日,福建省府外交科长访问日本驻福州总领事,受省府和公安局局长命令向其递交《关于取缔台湾人烟馆办法备忘录草案》,请日方考虑。其中提出双方共同查获日籍台湾人烟馆办法。当时福州有日籍台湾人烟馆 200 余处,屡禁不绝。而此时十九路军已取得福建省政府主导权,加之民众反日情绪高涨,屡有中方警官和士兵在日籍台湾人烟馆打架事件发生。福州总领事虽尽力拖延回复,"也不得不采取将性质恶劣的台湾人烟馆一律封闭的措施"。[①]

省府与公安局举行各种宣传,制定办法限制和打击烟馆活动。2 月 15 日禁烟委员会宣传队在市内各处张贴标语,福建省禁烟委员会也于 16 日会议决定,改变历来消极姿态,实施积极取缔,决定对日籍台湾人实施三项措施:(1)严密调查;(2)取缔进出各烟馆吸烟者,禁止吸食;(3)对租赁房屋给经营烟馆业者的房东加重处罚。2 月 27 日,福州在禁烟委员会指导下,在市内大张旗鼓地实施查禁。3 月 10 日,福建省主席蒋光鼐发布告,令省府以下各机关职员具保绝对不吸烟,令吸烟者定期戒烟。发布简明禁烟法令十三条,下令遵照实施。[②]

福州媒体也展开了揭露日籍台湾人经手鸦片的事实,唤起民众,以压迫日本领事采取行动。2 月 15 日,《国光日报》发表社评《禁烟 治外法权》,指出:"据公安局调查,本市烟馆竟多至 211 家。……以吾人所知,本市二百余家之烟馆,盖无一不是台籍人所开设,间有例外,亦为台籍人所

---

① 福州总领事守屋和郎致外务大臣内田第四三号电文[Z].1933 年 2 月 4 日.
② 福州总领事守屋和郎致外务大臣内田(公第一〇三号函件).禁煙委員会ノ近況ニ関シ報告ノ件[Z].1933 年 2 月 24 日.

包庇。然台籍人何以敢至于此,则不外治外法权为之伥而已……日本国者,固为不顾念国际道义之国家也。国家体面之事,尤非其所注重。是以凡可以扰乱吾国社会秩序之事件,皆不恤冒天下之大不韪而公然为之,本市包庇烟赌之事实,尤仅具一端耳。"该文明确指出福州的鸦片泛滥,是由于台籍人违法开设,而其违法行为受到日本领事保护,指出日本是不顾国际道义的国家,其外交政策是对干扰中国社会秩序的所有行为予以公然的保护。

2月16日,《新潮日报》社论《禁绝烟赌 丘局长之决心》指出:"查外侨在福市经营烟赌者,据省公安局之调查,唯日籍台湾人耳……查过去之事实,非日领之故意容纵,实吾当局之无决心禁绝。据传往日台籍侨民之经营烟赌者,均有供纳例费。对日领则表示宽容,私索例费则入荷包,既可媚人,又可利己,一举而两善备,此过去之主公安者,所称为良谋也。然则所谓容纵者,故在此而不在彼矣。"该文指出侨民之所以敢于如此,是因为地方官员索贿,当局没有取缔决心。

2月24日,福建省公安局发行的《警政画刊》第八期,配有日军手端刺刀的漫画,其刊头辞《贯彻禁烟政策》指出:"以本市而论,华人之烟馆,经公安局各署队竭力破获,几将绝迹。唯台籍浪人,恃恶势力之保障烟馆为数之巨,竟达二百余家,实为本市之污点,与我整个国家之体面,关系亦大。现已调查列表,函日领自动禁止,不得在中国领土内,做害中国人之事实。吾人应下决心与毅力,务期台湾烟馆,全数肃清,以贯彻禁烟政策而后可。"该文揭示台籍浪人烟馆在中国禁烟运动中被恶势力保障下来,这里的恶势力,不仅包括手握治外法权的领事馆,也包括当地的腐败官员和警察。中方将台籍人烟馆调查列表,照会日领查禁。

声势浩大的舆论压力,迫使福州总领事馆不得不做出姿态,查封部分"恶性"日籍台湾人开设的烟馆。但福州日本总领馆所谓"取缔",只是为了应付舆论压力和维持"外交颜面"所做姿态,福州日侨大部分生计来自烟赌业,因此领事馆只是表面上取缔,私下却在纵容。福州总领事馆同时寄希望于政府政策的改变,探听上层动向,日本谍报人员不仅探得当时国民党上层有实施鸦片专卖的动向,还探得杜起云受中央命令从南京来福的目的之一,与鸦片交易有关。①

(二)厦门:禁烟外交对抗

自十九路军掌握福建实权后,其再三声明要彻底肃清烟馆赌场,对厦门中国人经营的烟馆赌场取缔也获得一些成绩。1933年年初以后,厦门公安局利用报纸和舆论以及法、荷领事对日本领事施压,以达到取缔台湾人开设的烟馆的目的。为利用舆论压力,厦门市在对日禁烟交涉中采用了先登报后对日领事递交照会的做法,这种做法能防止其通过预做部署、隐匿事实来欺瞒舆论,造成日方在对应上的被动。但这一举动也引起4月到任的日本领事冢本的极度不满,其对于中方提出的交涉,也采取了先登报、再对中国警方发通知的对抗手段,形成了中国地方当局与日本领事馆之间利用舆论互相攻击的局面。

日本领事认为:"中国官员中有从此等台湾籍民获取生活之资的事实,政府一面发禁烟声明,一面利用台湾人承包鸦片公卖,私下里是两地大烟贩近乎公开的活跃。可知政府私下也有公开许可买卖鸦片之意。之所以表面高呼口号,是因为有政府训令和十九路军声明放在那里,其内心并无彻底扫清诚意。但中国人反映,他们只取缔华人、对外国人不闻不问的做法不妥,一再请愿查缉台湾籍民,内政部也时时催促。当地台湾籍民大半靠烟赌为生,是难以否认的事实。而且随着中方取缔,出现了当地人借台湾人名义秘密经营烟赌场的倾向。于是,显得似乎烟赌业完全是台湾人特权一般,事实上帝国也在考虑采取某种方法进行改善。因而原则上首先禁止新开业者,考虑到直接查封会产生失业,只好取缔来厦门刚谋生的新人,结果反倒保护了已置产的原有大规模业者。直接取缔使领事馆警察处于两难境地。"②日本领事把在中国经营贩毒和赌博看作日本"既得权益",厦门日籍台湾人生计主要靠非法烟赌业维持,但迫于中国政府和舆论压力,又不得不采取措施。其为了欺骗舆论,显示状况没有恶

---

① 福州总领事守屋和郎致外务大臣内田(公第一〇〇号函件).福建省阿片专卖局長ニ関スル件,[Z].1933年2月24日.
② 驻厦门领事冢本毅致外务大臣内田机密第一九〇函件.厦門ノ煙館賭場取締問題ニ関スル件,[Z].1933年5月12日.

化,只好取缔新来者,而对已有业者作为"现状"加以保护。

针对日本领事馆维持现状的方针,厦门当局不得不借剿匪、维持治安等其他借口采取行动,以迫使其采取进一步的行动。从1933年5月24日晚开始,公安局出动武装保安队数百人在各赌场附近设卡盘查行人。日本领事认为这是为了压迫台湾人烟赌业事先计划好的行动,故其一面秘密通知日籍台湾人业者预做准备,一面以"此举有刺激籍民情绪亢奋引发冲突之虞"为由,屡屡对厦门公安局长发出恐吓。①

但厦门警方并没有被其吓倒,组成侦缉队搜查藏污纳垢的私烟馆。中国警方与日籍台湾人烟馆业者的对立逐步升级。1933年10月7日,日籍台湾人武装对抗侦缉队的事件发生。此事引起中方舆论大哗,很多报纸以"日本领事馆官员率台湾人开枪强抢犯人"为题报道。福州总领事馆不得不出面澄清事实,表示抢劫犯人事件并非领事馆指使。实际情况是,7日夜,侦缉队根据线民报告查获私烟馆,并逮捕了一干人犯,但遭遇二三十名暴徒开枪强抢犯人,打伤侦缉队员,侦缉队与之交战并拘捕暴徒6人。日本领事于9日到公安局交涉,证实上述6人身份是日籍台湾人,要求引渡。公安局指出,日籍台湾人不仅买卖鸦片,还持械行凶,要求日本领事赔偿造成的损失,严惩凶手,保证将来不再发生类似事件。② 此事引起中日外交高层的注意,福州、厦门的日籍台湾人垄断烟赌问题成为中日间外交隐患之一。

(三)"闽变"中的鸦片专卖

1933年11月20日,"闽变"发生。"闽变"中的新政府为解决财政困难,于12月1日宣布计划实施鸦片专卖制。其计划虽因事变失败短命而终,但在这一过程中,叶清和与当地日籍台湾人鸦片贩子纠合起来,要求实施鸦片专卖的活动呈活跃化特征,并在"闽变"平定后与南京政府的鸦片专卖计划连接了起来。

"闽变"中的政府为实施鸦片专卖,于12月1日设立了福建全省军警

---

① 参看驻厦门领事冢本毅致外务大臣内田密第一三三电文[Z].1933年5月25日.
② 福州总领事守屋和郎致外务大臣广田第三零一号、对厦门第十五号电文(密)[Z].1933年10月15日.

督察处，13日改称为全省禁烟督察处，处长为邓瑞和。督察处发布了《福建全省军警督察处禁烟法则》《福建军警督察处禁烟实施章程》。该处设立查缉股，股长由前公安局侦缉队队长王光伟担任。王于12月8日召集中国鸦片商15人宣布以下规则：(1)许可经手鸦片者限于市内15户，许可费每月一等100元、二等50元；(2)对运输和销售予以保护；(3)不许在台湾籍民房屋内营业。对于上述规定，鸦片商提出其与日籍台人多年来形成了复杂的关系，难以一朝断绝。王说，已决定对于关系好的台民，督察处由市内鸦片原料商及烟馆业者每日征收850元（一说中国人陈伯康以750元承包）的税金，由台人负担其一半，两者当无冲突。希望鸦片商给予配合。[①]

禁烟督察处在厦门、漳州、泉州分别设立分处，选任了分处长。厦门分处长为第一方面军总指挥部秘书叶民钦（少泉），叶与邓瑞和一同来厦。12月18日挂出福建全省禁烟督察处闽南分处的牌子，23日正式就任，之后发布《福建全省禁烟督察处闽南分处布告》《承包规则》《闽南分处组织条例》《临时戒烟保证书格式》等布告及规则。邓瑞和也以福建全省禁烟督察处长名义发出布告。[②] 有鸦片王之称的叶清和此时也回到厦门，运动承包鸦片专卖，并于12月18日访问厦门台湾公会长进行种种私下谈判。[③]

对此，12月18日《华侨日报》以《寓禁于征》发表评论文章，指出："以前南京政府或福建当局有鸦片公卖之说时，我福建人皆曰'丧心病狂''饮鸩止渴''自杀政策'加以反对，然本次新政府成立又闻寓禁于征办法，人民不胜惊愕。人民政府成立以来，实施人民革命、救国救民等宣言百出，其唾液未干，忽闻此举，不知人民政府之寓禁于征与南京当局之有何不同？又或是相信不禁鸦片鸦片会自绝？请政府明白宣示其利害所在。"

福建的日籍台湾人分为武力派和绅士派，上述计划引起他们对承包鸦片专卖的争夺。叶少泉和叶清和都从日籍台湾人中寻求合作者，台人

---

① 福州总领事守屋和郎致外务大臣广田机密第七九零号信函.福建ニ於ケル阿片公賣実施ニ関スル件[Z].1933年12月15日.
② 驻厦门领事冢本毅致外务大臣广田机密第五七九号函件.阿片公賣ニ関スル件[Z].1933年12月30日.
③ 驻厦门领事冢本毅致外务大臣广田机密第五六九号函件.福建ニ於ケル阿片公賣実施ニ関スル件[Z].1933年12月21日.

方面也早早开始策划,各派竞相争夺承包权。"武力派数次连续开会,决定承包原则:(1)台湾人中若有想独占承包者将反对之,尽量利益均沾;(2)承包试验期为 4 个月;(3)督察处理应向台人烟馆下发执照,尽量不由此征税,而主要对中国人尤其借名义的中国人处收税;(4)承包费每月应在 1.4 万元以下、开办运动费应在 3 000 元以下。"① 日籍台湾人贩毒团伙不仅打算从专卖中取利,还要求使其免于纳税,使鸦片专卖成为其搜刮中国民众的工具。

12 月 27 日《华侨日报》报道,厦门鸦片专卖最终由绅士派的王昌盛承包,条件是王每月向闽南分处缴纳 13 000 元,该分处将其中的 3 000 元作为经费返还给王。王在签订契约时附上以下条件并获得准许,科料罚金等皆由王负责的查缉所处理,分处对此不得干预;对台人经营的烟馆予以特别优待。

如上所述,从 1931 年下半年到 1933 年年底,由于中央和当地政府方针几度变换,福建禁烟也时断时续,只有日籍台湾人对烟赌业的垄断越加牢固。当地人烟赌业屡遭打击,纷纷托庇于日籍台湾人,最终形成中国实施禁烟必须央求日本领事配合才能获得效果的局面。十九路军禁烟政策虽获得一些成绩,但其在"闽变"中实施鸦片专卖制的举措,促成了上海与福建、广东各地大鸦片贩子势力的纠合,造成其势力进一步增大。但"闽变"发生后的鸦片走私,部分涉及台湾日本驻军制造事端的阴谋,破获台湾驻军阴谋与消灭为其服务的割据势力,成为延迟专卖实施的要素之一。

第三节 福建鸦片专卖制的实施

一、"友好"掩盖下的刀光剑影

1934 年 1 月,"闽变"失败,十九路军残余势力被广东政府收编。南京任命陈仪主政福建。此时,日本台湾派遣军也派间谍进入福建活动,策

---

① 驻厦门领事冢本毅致外务大臣广田机密第五八八号函件.阿片公賣ニ对シ台湾人動静ニ関スル件[Z].1933 年 12 月 31 日.

划华南国傀儡政权活动,企图制造事端,制造干涉中国内政的口实。南京派往福建的专员杜起云反而与驻台日军勾结,企图销售台湾走私来的鸦片筹集军费,收编土匪制造暴乱。但驻台日军阴谋是秘密实施的。陈为稳住日本外交当局,摆出一副友好姿态,选任日语较好、较了解日本的官员任各级对日交涉机构主官。曾参与华北对日交涉的李择一负责省府对外交涉,龙瓒负责与日本武官联络,刘某为特察长,负责公安局对日联络。

陈的安排使日本福州总领事感到机会来了,双方在 1934 年年初展开密切的接触:(1)日本领事通过李择一向陈仪指出,"在福建有展开亲日行动的必要"。其将与李择一关系密切的大仓组冈田有民引荐给陈仪,与陈仪商讨亲日合作的具体问题。(2)日本领事认为"陈能够很好地理解日本,因此当地两者交涉比过去显然容易了",有亲日倾向的部分市民也可不受阻碍地与日方亲近,尤其是陈应日方请求任用通晓日语的官员负责对日联系,可以"防止因鸦片馆问题导致中日感情的恶化"。(3)提议亲日行动不能光靠与省政府交涉,还需派员平行地运动中央要员,以打破中方对日关系的观望态度。①

陈仪也派李择一对日本领事说明,最近将停止一切抵制日本的活动,禁止散发反日传单。对屡屡引发中日民间感情对立的日籍台人烟馆问题,其也将通过对两国民采取公平取缔方针(对两国民烟馆数进行有限制许可,不使其数量比现状更多),以图感情融洽。日本领事对此也私下表示赞同。② 同时,陈仪根据南京政府旨意,宣布计划实施鸦片专卖。首先在福州和厦门设立特税处,任命杨天育和陈德森为厦门特税处正副处长。利益诱惑使当地鸦片商活动骤呈活跃状态。叶清和曾从上海和福州采购大量鸦片藏匿于台籍民洋行内,这一时期开始寻求与新政府合作的方式。据报纸报道,杨陈两人不久将到厦门,登记现有鸦片。鸦片税额是每两外国鸦片 5 毛、国产鸦片 2 毛 5 分,估计福建全省能获得百万元收入。③

---

① 福州总领事守屋和郎致外务大臣广田密第九四号电文.往電第八三号ニ関シ[Z].1934 年 2 月 13 日。
② 福州总领事守屋和郎致外务大臣广田密第九七号电文.往電第九四号ニ関シ[Z].1934 年 2 月 15 日。
③ 驻厦门领事冢本毅致外务大臣广田机密第一一四号函件.福建省ニ於ケル阿片公賣ニ関スル件[Z].1934 年 3 月 20 日。

在表面"友好"气氛的掩盖和利诱下,中央军别动队和蓝衣社在福建各地迅速击败了驻台日军在福建收买的土匪,粉碎了其为制造入侵福建借口而设计的"华南国"阴谋。5月初,参与"华南国"阴谋的首脑杜起云被捕,驻台日军代表被蓝衣社狙杀,当地土匪首脑和参与支持的日籍台人也在漳州被中央军别动队逮捕,并对华南国主谋者吴赐展开讨伐①,福建大局迅速平定。

与此同时,鸦片专卖却引起了福建日籍台湾人之间的争夺。南京政权计划将全省鸦片专卖由一个机构承包,但省府欲在各县设置承包机构,双方意见不一导致总机构设立的迟误,也导致日籍台湾人内部纷乱迭起。由叶清和牵头,厦门、广东、澳门大烟贩出资的承销公司海丰公司于4月中旬成立,并将"闽变"时期进口的350余箱鸦片从同安运到厦门,作为实施鸦片专卖的准备,每箱成本5 000元,福州禁烟督察处设置的闽南分处每月预算费用为1 960元。日本领事乐观地估计,厦门不久将实施专卖②,但鸦片专卖此后迟迟没有下文。

此时的福州和厦门的日籍台湾人内部围绕承包专卖的争夺有激化趋势,南京政权进一步扫清策应驻台日军阴谋的土匪和黑帮的行动也在秘密进行。因此,6月中下旬厦门发生一连串暴力事件。中日双方围绕事件处理的外交也显得彼此心照不宣。据日驻上海公使有吉明接到的报告,6月19日夜,有中国人集团(日方说是公安局警员)欲进入台湾公会而被拒绝入场,拔枪对建筑物射击。据日方报道,该团伙抢劫了台湾公会。同月22日夜又有同样的事件发生,中国人数名袭击了台湾有势力者的家,被阻止和包围,双方对射,但并未造成大的损害。关于此类事件原因有种种说法,但多数认为是黑帮内讧。受袭者多为走私赌博黑帮头目,而袭击者据推测是为从其非法收入中分成的官员或机构。但此处的判断都是依据日方报道,并无实际证据证明袭击者的身份。有吉明推测,"纷扰的根源在于部分台湾籍民的不法行为,中国官员虽对此强硬反对,但另

---

① 驻厦门事务代理武藤致外务大臣.第九八号(部外密)电文[Z].1934年5月3日.
② 驻厦门领事馆事务代理武藤真喜致外务大臣广田机密第二四七号函件.福建省阿片公賣問題ニ関スル件[Z].1934年5月28日.

一部分地方官员却在参与非法活动"。① 但驻台日军建立"华南国"傀儡政权计划由其单独实施,驻华外交官只有极少最高层知晓,因此事件的解释接近于黑帮和腐败官员的内讧。

驻南京总领事须磨弥吉郎在会见南京政府外交部部长唐有壬时也对福州、厦门局势表示担心:"华北问题最终将设法收拾,但常年令人困扰的问题是福州、厦门的台湾籍民问题,他们巧妙利用双重国籍加剧西南纷扰或被利用的事实被频繁报告,令人不胜担忧。"但日方也担心中方追究"华南国"阴谋,因此须磨故意指责"蓝衣社活动是扰乱台湾籍民、妨碍日本侨民安全的因素"。② 唐则举出种种事例说明,近来有不少冒充蓝衣社作乱的人,并说最近陈济棠在广东处决 80 多名蓝衣社社员,但实际上这些人却和蓝衣社没有任何关系。唐要求日本总领事协助帮助管束台湾籍民。

日方将厦门纷扰的原因解释为台湾籍民利用双重国籍牟利以及被中国官员利用,并进一步以蓝衣社活动刺激日籍台湾人为由解释厦门暴力冲突升级的原因,以掩盖台湾驻军的阴谋。同时日方推托领事的取缔责任。中方则佯作不知台湾驻军阴谋,一面对其继续痛加追剿,一面要求日方管束日籍台人的活动。同时,为防止日籍台人被分裂势力进一步利用,以承诺鸦片专卖为利诱,引发日籍台人内讧,以实施对其行为的约束。由于"华南国"阴谋迅速被中方击破,这个问题始终没有被提到中日实际交涉中。

二、福州暴力活动升级

1933 年八九月,军事委员会南昌行营已取得对湖北特税处的主导权,1934 年 4 月将湖北特税处改为全国禁烟督察总处,开始向各省逐渐推广这一政策。但是,禁烟督察处对于福建专卖制却一反常态地并不积极,原因是"闽变"引发的一些后续问题的解决尚需时日。福州和厦门的禁烟督察处于 4 月、6 月分别挂牌,但具体制度和处长任命却迟迟未发,直到 9 月 1 日以后才有所动作。

---

① 驻上海公使有吉明致外务大臣广田密码电报第五二三号、转发厦门第八号电文[Z].1933 年 6 月 28 日.
② 驻南京总领事须磨致外务大臣广田第七四零号密码电文[Z].1934 年 6 月 29 日.

9月初,日籍台人黑帮在福州大搞恶性的花会赌博引发了与地方政府的对抗。负责清剿土匪和取缔花会赌博的公安警员,经常以检查为借口包围日籍台人的赌场或烟馆,带走中国烟民和赌徒。日籍台人开始与宪兵团、警队发生冲突。从9月5日开始,两者每晚发生冲突,每次宪兵团都开枪震慑。日总领事8日与省府交涉,并派领事警察与公安局交涉,全无效果。9日晚,宪兵在烟馆开枪,打伤日籍台湾人1名。10日晚,有人在城内和南台投掷炸弹,前者未爆,后者爆炸炸伤中国人4人。11日,有中文报纸指责此事是台湾人报复行为。① 之后状态进一步恶化。很多厦门的日籍台湾人到福州为其助阵,陈仪下令警方和宪兵严厉镇压,日籍台湾人则结伙反抗,趁夜四处投放炸弹实施袭扰。9月11日晚,在南台后洋里投放的炸弹,炸伤了保安队员。日本总领事为防止事态扩大,于9月12日向外务省发出急电,提出要将日籍台人中的暴徒黑帮一网打尽,要求由上海速派20名领事警察到福州帮助弹压。②

面对日籍黑帮的反抗,福州宪兵团展开报复行为,9月11日,宪兵在多处日籍台人开设的烟馆赌场开枪,此后又爆发一连串宪兵捣毁赌场事件。10月5日,又有宪兵数人在日籍台人私烟馆捣毁烟具,日方担心这是宪兵由捣毁赌场转向捣毁私烟馆的前兆。此后当地恢复了表面平静。但日本总领事担心:"当地虽恢复表面平静,实际上籍民内情未必有任何改善,难保不因形势再度发生恶化。而且,这种情形绝非暂时现象,而是因移居本地籍民的性质基本恶劣所致,因此职以为此种状况为半永久的。而且,据最近统计,当地籍民数有增加倾向,若听之任之,徒让不良分子跋扈,势将招来很多来自外部的各种阴谋挑动。"为此,福州总领事请求外务省许可增加福州总领事馆警察定员或重建警察队伍,最少增派10名巡警,其中日本土人和台人各5名。在日籍台人居住最多的南台设立派出所。③

事实上,蒋政权在西安事变发生前,对日本的步步紧逼一直采取忍让政策,但1934年9到10月间宪兵团在福州所为却与之一贯政策大相径

---

① 福州总领事宇佐美致外务大臣广田密第一九四号密电[Z].1934年9月11日.
② 福州总领事宇佐美和彦致外务大臣广田第一九五号(至急)密电[Z].1934年9月12日.
③ 福州总领事宇佐美和彦致外务大臣广田第二二四号密电[Z].1934年11月12日.

庭,这说明宪兵团在市内搜捕的"土匪"可能与某种阴谋有关,而福州总领事也一反常态地处处配合,也表明日方有难言之隐。而日籍台民黑帮敢于出面庇护"土匪",并展开大规模对抗,不仅表明背后有某种势力撑腰,也说明官方不便出面。总之,一连串的行动在10月初以后戛然而止。其结果很可能是进攻一方的目的已经达到,或者双方达成了某种谅解。此后,厦门日籍黑帮武力派的巨头纷纷转向对鸦片专卖的争夺。

三、利益重新分配引发的争夺①

1934年1月"闽变"平定后,叶清和与广东人黄某组成海丰公司,5月开始运动省政府欲承包专卖。还有其他日籍台人主动进行制度策划。但都因蒋剿共军情紧张、福建善后事宜未定而被束之高阁。叶清和之后改换策略,出资20万元组织鹭通承销公司,开始运动设立闽南区承包机构,南昌行营及省府方准其所请。叶于8月16日召集股东会议,集资20万银元设立鹭通公司。鹭通公司于1934年9月15日开始办理事务,各机构也相继设立完成。

十省禁烟督察处在福建开设办事处,在厦门设立事务所,负责鸦片行政监督和税收,其下设厦门烟公栈,负责统一保管运出入鸦片,办事处根据销售出库状况课税。另外设立与事务所平行的缉私专员厦门事务所和监运所,负责缉私事务和保护运输,其下各配属缉私队、查缉队和监运警卫队。

叶清河设立的鹭通公司网罗了不少日籍台湾人的顶盘、二盘业者,名义资本金为20万元,实缴15万元,股份分为30股,每股5000元。叶清和总揽一切,但1932年叶清和因私造吗啡被上海特别区法院发布逮捕令,所以此次改名为叶振声签署承包契约。鹭通公司承包了闽南25县的鸦片专卖,将其包销量分包给各公司,烟膏批价1两3元,二级批发价3.3元、零售3.5~3.6元。仅12月初已定20县的承包数量就达每月10.29万两。鹭通公司分支组织还有陆通公司、海通公司。陆通公司专门收购福建鸦片,海通公司负责四川、云南、波斯鸦片的进口和运入。

---

① 驻厦门领事冢本致外务大臣广田机密第五一〇号信函.福建省阿片公賣の実施状況[Z]. 1934年12月4日.

鹭通公司股东名单：
叶振声 4 股　　林回中 3 股　　长　记 2 股　　黄新发 2 股
何炳富 2 股　　王成源 1 股　　李岳秀 2 股　　黄品端 2 股
陈振裕 1 股　　黄金安 2 股　　陈义源 3 股　　合　记 1 股
长　济 4 股　　文　瑞 1 股

因厦门地区状况复杂，叶将其承包权交给以日籍台人武力派为主出资设立的东瀛公司。东瀛公司由林汉忠（一名林清埕）网罗武力派 30 余人组织公司，以林清埕、何兴化为首，资本金 2 万余元。

但东瀛公司未能全部网罗原顶盘、二盘业者。被排除在外者屡屡密谋对策之后，以土产公会（后改为同业研究会）名义网罗烟馆业者设立益商公司，强硬反对实施专卖。该公司董事长、副董事长皆为日籍台人，反映日籍台人的意愿。东瀛公司不得不对其要员采取怀柔政策，将其首脑十余人拉成股东，希望其最终自行消灭。但数百名三盘业者看到益商公司首脑软化后，于 10 月 18 日再次树旗独立，另组织同业合作社，专门妨碍东瀛公司计划实施。东瀛公司先因益商公司反对而难产，9 月 27 日成立、10 月 6 日刚开始营运，又遭同业合作社横插一杠子。公司内部执掌会计大权的何兴化与掌经营权的林汉忠为争权夺利互不相让，导致股东意见不一，连股金也难以收齐。但该公司还贪欲难足，无视《厉行戒烟取缔吸户章程》，想对发行吸食执照和指定代售处收取高额保护费。这导致禁烟机构拒绝其要求，代售处承包人持观望态度，不得不停业。

专卖制的实施由禁烟督察处的办事处取代了原顶盘业者作用，二盘业者也只有一部分能获得代售处承包权，另一部分不得不停业。烟馆开设数量也将受到限制。福建有约 3 万人的上瘾者，鸦片业影响上千户鸦片业者和寄生于该业的上万人生计。根据专卖开始后的状况判断，实际得到许可继续营业人数不到设想的一半。这种变化伴随着对日籍台人走私、私买的严厉取缔，这种取缔是在实施专卖中获得既得利益的日籍台人公司协助下，甚至是由日籍人的缉私队进行的，使很多原鸦片业者陷入困境。这种变化也使领事馆无法偏袒任何一方，只能由日本驻华总领事提出笼而统之的抗议。1935 年 1 月 25 日，日本驻南京总领事派员向高宗武递交抗议信:"就以下事项向其提出严重注意并要求做出满意的答复,南京政府对籍民的非法压迫将对中国各地造成重大影响,万一在福州、厦门等引发重大事态,所有责任全在中方,与日方一概无关。"①实施专卖制之后对日籍台人的不利影响被解释为"对籍民的非法压迫"。

制度变更为中国禁政实施创造了环境,1935年3月末闽东闽南的罂粟种植被军政机构彻底肃清,中央派员于4月下旬到福州检查成绩。②4月武昌行营对福建省发出密令,指示对"实施中日亲善之际如何对待台湾籍民"的基本办法:"(1)实施中日亲善,对台湾籍民众从事正当行业者给予优待,应给予与本国民无区别对待。(2)对违法业者应积极与日本领事馆交涉要求取缔。(3)对于在街道上妨碍治安的籍民,按照现行犯直接将其拘留,审讯后搞清台湾籍民身份者引渡给日本领事馆要求对其处分。"③至此,长期纠结不休的福州、厦门的日籍台人公开违反中方禁烟法令的问题得到暂时解决,此后到1937年没有再掀起更大波澜。

四、表面平静下掩盖的罪恶

随着鸦片专卖的实施,1935年上半年维持了相对平静,但到了下半年,日籍台人对福州赌博业的争夺曾一度加剧。据1935年10月领事馆统计,福州的日籍台人人数比上年同期增加了500人,突破1 000人。另有偷渡后申报者130名,领事馆估计未申报者也达二三百名。其增加是因台湾黑帮入境造成的:"他们携带武器、经营赌博,频发伤害中国人案件。眼下拘留所已经处于满员状态。"④日本领事担心这种状态持续会导致对日感情恶化,因此决定逐渐实施封闭赌场的行动。要求外务省加派3名警员帮助实施。这说明在烟馆业扩张受到限制后,日籍台人将盈利重点放在赌博业,赌场业的兴盛导致偷渡者增加。

专卖制实施之后,中方开始每年有计划地减少鸦片销售数量和许可

---

① 驻南京总领事须磨致外务大臣广田第七十号密码电报[Z].1935年1月25日。
② 驻福州总领事宇佐美致外务大臣广田公第一四八号函件.福建省禁煙特派專員ノ来福ニ関スル件[Z].1935年4月9日。
③ 台湾总督府警务局局长石垣仓治法日本殖民各机构.警高甲第七六二四号密件:武昌行営ヨリ福建省政府宛台湾籍民取扱ニ就テノ内命ニ関スル件[Z].1935年4月23日。
④ 驻福州总领事中村致外务大臣广田.第一六八号简易密码电文[Z].1935年12月29日。

烟馆数,日籍台人承包的鸦片业逐渐被压缩,但同时私烟馆的数量剧增也成为舆论关注焦点。1936年5月30日,日本外务大臣有田八郎曾对福州总领事中村发出内部训令,涉及日籍台人内容中,要求保护日籍台人烟馆作为正当业务不受中方压迫,发布新法规取缔违法业者,扩大对烟馆许可范围。但福州总领事根据现状逐条反驳了这三项要求,并以"在与中国现行法规关系上无适用余地"为由要求其取消训令。总领事的理由如下:

(一)福建省内的鸦片采购制度和中国全国一样,许可总批发、中间批发、零售,登记上瘾者可在家中吸食。本地有日籍台人隐藏真实国籍,组织中国公司(法令只允许中国人经营),与禁烟督办处签订承包福建全省运输、总批发合同。公司外表虽不显眼,但其规模相当大。而成为内外指责焦点的烟馆,因中国法规以判无期或5年以上重刑严禁,所以日籍台人滥用治外法权,借名义给华人或者自己经营,数量达500以上。两者皆为违法,尤其是私烟馆显然是违反中国现行法规的犯罪行为,不属于你内训中提到的由该管官员获得正当许可的机构,因而不能看作日本《刑法》第三十五条所规定的"正当业务",你训令宗旨若有将现状合法化余地的考虑的话,我认为,现在条件仍不具备。①

(二)本次制定新政令的宗旨是要彻底取缔,但据当地形势和籍民性格看,我担心会使其误以为伴随新令有公开许可的可能性,这样反会导致私烟馆越发增加,不仅与制定法令宗旨完全相反,与中方交涉案件也会层出不穷,反倒令人怀疑我方诚意。我认为应取以下原则方为妥当:对鸦片业者一定要彻底贯彻以刑法和外务省令严加禁止的宗旨,以内训和馆令封闭其后路,只在过渡期不得已情况下才暂缓逮捕,坚持逐步善加引导,以使籍民从事正业。

(三)前段我曾向陈主席提议,在过渡期应在一定限度内许可烟馆才比较符合实际,探讨其扩大许可烟馆的意思。他回答,现行法制下不允许。我对于烟馆取缔方针前曾与厦门领事探讨,决定采取逐渐减少方针,6月13日向本省请示,请查阅。本官以为你发来的前项训令,与中国现

---

① 驻福州总领事中村致外务大臣有田第一〇一号电文之一[Z].1936年6月14日.

行法上没有适用的余地,且容易招致误解,切望能够取消①。

这段回答说明了中国 6 年禁烟计划正在逐步实施,通过对日领使馆正当交涉,迫使其配合中方禁烟计划,逐渐减少烟馆数量。但日籍台人中仍有违法业者,一种是冒充中国籍承包鸦片批发,另一种是自己或借名义给他人开设私烟馆,达 500 家之多,两种皆为犯罪行为。而外务省对于当地情况完全不了解,其发来的训令因与中国现行法律抵触,没有可实施的余地,相反福州和厦门领事提出的方案比较符合当地状况。中方并无专门压迫日籍人的意图,对中日双方民众公平的执法态度,也使得日本领事无法拒绝中方的请求。

至于当初引发原烟馆业者强烈反对的东瀛公司的业务,被"厦门台湾籍岛民会"的事业部所取代。据美国领事的报告,该组织是以厦门鸦片交易人为主的日籍台人发起的协会。② 该会章程中规定:"A. 事业部的本金由会员出资;B. 事业部专门尽力从事鸦片买卖;C. 本金为 2 万元,每股面额 20 元,分为 1 000 股;D. 协会会员每人至少应募 1 股,股金分 4 次缴纳。首次缴纳票面价值四分之一,余额根据本部通知按规定时间随时缴纳。"销售鸦片的利益被平分给原来所有鸦片业者。另一个日籍台人组织"厦门台湾人商工会",使用种种手段致力于促进中国人消费,不惜动用武力进行鸦片、麻药、武器走私等所有违法活动。日籍台人依然主宰厦门的鸦片交易。部分业者也从事各种走私活动,但其与中国地方官吏及警方的冲突却大大减少,围绕专卖制的内讧也因平均分配销售鸦片的利益而消于无形,从而出现一种表面平静的状态。

据 1937 年 4 月美国领事馆人员在福州的实际观察,其发现当地不仅私烟馆林立,当地的日籍台人还有转向高利贷的趋势。比如,南台是福州的商业中心,由南台大街很多通往各处的小巷,进入小巷就能看到有日本人和台湾籍人的药店集中在那里。药店的表面立着"日本人经营某某屋"的牌子,牌子下面吊着广告传单。传单上写着"楼上烟馆营业中,美味廉

---

① 驻福州总领事中村致外务大臣有田第一〇一号电文之二[Z].1936 年 6 月 14 日。
② 上海美国领事馆财政部领事对美国关税局调查部报告.关于厦门台湾人团体的报告[Z].1936 年 7 月 10 日。

价鸦片,敬请一试"。通过这一带的小巷,到处都有烟馆。还有如此奇妙的广告:"高级鸦片专家制成优秀波斯鸦片 1 钱 1 毛,且有美人服务。"在这种烟馆,还都兼卖海洛因、吗啡等毒品。"由于中国官员不断向福州、厦门的日本领事提出交涉和抗议,如此前报告所说,若干鸦片商和烟馆被封闭。据最近所闻,这些店铺将资产改为高利贷业,无视中国的法律和规则,向贫民贷款以获得法外的高利息。"[①]

由以上 1935 年到 1937 年的状况可知,当地正式许可烟馆虽被纳入管理,处于逐渐减少趋势,但私烟馆的数量却大为增加。随着中方的抗议和私烟馆被压抑,日籍台湾人有转向扩张赌博业或高利贷的趋势。这些状况表明,大多数日籍台湾人实际上是依赖烟馆、赌场、高利贷等非法营业获取生活之资的。南京政权通过默许日籍台湾人垄断鸦片专卖换取了对其实施管理、日本领事馆的配合,以及日籍台湾人对抗行为的减少,在 1935 年以后维持了相对平静的局面。那么,上述大量私烟馆的鸦片来自哪里呢?这就涉及 1934 年以后主要鸦片的走私渠道问题。

第四节 投靠外国的大鸦片贩子下场

根据日本方面的记录,叶清和从 1931 年 6 月起就曾在财政部的鸦片专卖计划中担任 5 省转运使之类的职务。叶原先居住在上海,有"鸦片王"之称。后因其设于虹口的海洛因工厂被公共租界查获,叶也一度被逮捕。交保候审期间,叶于 1933 年年初逃回故乡福建。1933 年年末,随着十九路军准备实施鸦片专卖,叶曾在当地组织海丰公司运动承包鸦片专卖,并为此进口了相当数量的波斯烟土。"闽变"平定之后,叶于 1934 年 8 月中旬组织了鹭通公司,获得了闽南 25 县的鸦片专卖权。当年 10 月,叶受台湾总督府鸦片专卖局邀请,偕同厦门日籍黑帮陈长福一同前往台湾,"其使命为制造供应华南的麻药采购大量波斯鸦片而与台湾的日本当

[①] 上海美国领事馆财务官 M.R.尼克鲁孙对美国财政部调查部报告.福建省日本药商侧记[Z].1937 年 4 月 15 日.

局交涉"。①

据美国领事馆财务官尼克鲁孙的调查②,台湾总督府的这批鸦片原是过去4年间因外交上的理由保有的。"九一八事变"后驻台日军策划了吞并福建阴谋,计划通过收买中国背叛者、援助福建内地反叛土匪制造骚乱,以制造干涉福建省事务的机会。日本军部曾派代表严崎勾结杜起云,企图通过杜收买内陆匪帮吴赐制造暴乱。严崎及部下为将提供给杜的价值10万元的鸦片武装走私到厦门,与中国税关员发生了数次武装冲突。但这一计划因杜被处决、严崎被暗杀而失败后,日军通过住在厦门的日籍台湾黑帮陈长福,对叶提出,欲将上项价值1 000万元的波斯鸦片以半价出售给叶,作为制造麻醉剂的原料。双方就此达成一致,据其约定,叶先交100万元定金,日军用炮舰运输至厦门交货。其余400万元在一定期间中由叶支付。叶为此秘密访问台湾。叶从台湾返回后,整日忙于与有关者商量,筹措交易所需资金。"各种状况表明,商业性考察中掩盖着重大政治目的。"通过勾结日本势力低价购得的鸦片,成为厦门与福州各地私烟馆的烟土供应来源。

主要据叶清和的手下记忆等写成的《大走私者叶清和的一生》③中指出,叶清和是被军统特务敲诈勒索未遂而遭绑架的。但这只是一家之言,当时叶已改名叶振声,加入了日本籍,和日本势力勾结在一起,公然对抗蒋介石"6年禁烟、3年禁毒"的方针。其控制下的省禁烟处不仅包揽鸦片专卖,还从走私烟土和麻药、向私烟馆提供货源中得利。其存在如同一颗埋在福建的定时炸弹。一旦爆发中日战事,其立场必然站在日本人一边。由此可知,对叶实施"绑架"绝非偶然。

逮捕叶清和是在1937年6月上旬发生的事。早在1937年年初,福建的军统局即开始找叶清和的麻烦,此时两广事变已告平复,西安事变也已解决,全国掀起抗战热潮,南京政权战前的禁烟和禁毒政策也走向最高

---

① 中华民国上海美国领事馆财务官M.R.尼克鲁孙对美国华盛顿关税部税务司报告.关于台湾及厦门产鸦片交易件[Z].1934年11月9日.
② 同上.
③ 根据叶清和手下陈、叶两人的谈话,加厦门市政协文史资料委员会老人们提供的资料整理。转引自山田豪一.オールド上海阿片事情[M].东京:亚纪书房,1985:107—134。

第四章　福建的禁烟与反禁烟

潮。因此,对于这样一个依靠日本势力、黑白两道通吃的汉奸式人物控制省禁烟局,中国绝难容忍。

1937年3月16日,裕闽公司门前发生了景晟土膏行鸦片检查人员欲扣押走私鸦片而遭反抗事件,土膏行上级机构是禁烟督察处。事件中,检查人员虽最终扣留了走私鸦片,但检查人员也有数人被打伤。① 这说明禁烟督察处已开始对裕闽公司走私烟土问题进行调查和监视。裕闽公司也仗着有日本人撑腰而公然对抗禁政。

1937年6月上旬叶清和被军统诱捕后,日本驻福州总领事馆很快派出人员与国民政府交涉,要求释放叶清和。但叶清和加入日本国籍是通过伪造履历和籍贯进行的。其父本是福建省南安县的叶燕卿,叶却声称自己"为台湾人叶孟陬的三儿子(高雄市旗后町5—8),渡往中国时未曾申报。1934年9月经厦门领事馆向台湾总督府申请,高雄知州允许其添入父亲户籍,发给高雄签发的护照"。②

关于叶清和的国籍,日本驻福州总领事内田以1936年高雄签发护照和户籍誊本为证据,与中方数次交涉,主张其为台湾籍。中方反驳说,叶是号称"鸦片王"的重要人物,关系甚大,所以省政府以慎重姿态处之,坚持下述三条理由,因此至今尚未解决:(1)该人长年作为中国人从事特殊业务,从未表明过其是台湾籍;(2)有证据证明其父为南安县人叶燕飞,而并非叶孟陬;(3)其人虽在1935年10月取得台湾籍,但只能理解为新加入,但并未脱离中国籍,所以中方主张其为中国籍。

最终,内田认为:"综合由台湾人方面获得的情报,关于该人获取国籍一事,基本上中方的主张是正当的。考虑到继续深入下去,反会露马脚。因此,关于我方是否压服对方接受厦门来电底线,尤其对其真实父亲为何人(本名为明治27年生时所取,父亲加入日本籍时为2、3岁幼儿,所以漏记云云,有些牵强)这些问题,涉及我方交涉分寸,请尽快回电。"③

台湾总督府对叶清和被捕一案也做了调查,认为:"叶清和在厦门被

---

① 上海美国领事馆财务官M.R.尼克鲁孙对美国财政部调查部报告.福建省日本药商侧记[Z].1937年4月15日.
② 厦门总领事代理致外务大臣广田第二五号密码电报[Z].1937年1月7日.
③ 驻福州总领事内田致外务大臣广田第一三零号密码电报[Z].1937年7月24日.

逮捕一案,简言之是因该地籍民间帮派对立内讧所致,有风传说是不明大局一派故意构陷叶。"并指出:"我方依据各方情报了解到,最近领事馆中对于指导和管制日本、台湾人颇为敬而远之。"言下之意是叶清和被逮捕,与领事馆保护不力有很大关系。① 其威胁之意溢于言表。

同一时期,上海美国领事馆调查也表明:"有'鸦片王'之称的波尔·亚珀(叶清和的英文名)和原福建省特别鸦片取缔局局长程蓝瑙,因从事不法鸦片交易、违反政府鸦片取缔法嫌疑,与很多中小鸦片违法者一齐为接受特别鸦片取缔总局长官审判而押送汉口候审。日本领事曾数次要求释放他,但地方官员否认逮捕了他。"②

由上述相关证据可知,叶清和被捕并非简单的敲诈案,而是有计划的秘密逮捕。当时,中国的抗战准备已全面展开,叶清和却占据着福建禁烟要职,与日本勾结一味谋求私利、大行走私、破坏禁政,无论从斩断其与日本勾结,还是从维护禁政实施角度,将其拿下都是必要的。而且因其加入日本国籍,公开逮捕必将引起日本领事干预,因此军统采取了秘密诱捕、逮捕后押赴汉口的办法。日方的交涉也都因叶清和伪造履历和出生地而被中方主张无效。

本章小结

20 世纪 30 年代中期,随着国民政府禁烟政策的实施,对国内取缔的逐步严厉,华人贩毒业者逐渐减少。但这种环境反倒被当地日籍台湾人利用,开始垄断当地鸦片和毒品市场,与国民政府的禁烟政策形成直接的对抗。"九一八事变"发生后,日本的台湾驻军也企图利用鸦片收益、勾结当地土匪武装制造事端。因此,福建禁烟活动处于极为复杂的局面,常常面临来自内外几方面的夹击,因此在国民政府禁烟政策体制中,实际上处于一种特殊的地位,形成了与其他地区不同的管理特征。

---

① 台湾总督府外事科长坂本致外务大臣广田第七七号电文[Z].1937 年 7 月 26 日.
② 上海美国领事馆财务官 M. R. 尼克鲁孙对美国财政部调查部关税部长报告.在汉口拘押等候审判的波尔·亚珀和原福建省特别鸦片取缔局长[Z].1937 年 7 月 26 日.

第五章

1930 年前后各地的鸦片管理

华东、华中、华南是 20 世纪 30 年代中国政治经济的中心地区,也是外国列强侵略中国、传播鸦片毒品的重灾区。附着在鸦片毒品利益上的,不仅有帝国主义势力,也有其支持下的军阀势力和旧中国的帮派势力。国民政府实行禁烟禁毒不仅要面临这些势力的挑战,还要面临国民党执政集团中主张实行鸦片专卖、获取眼前利益的人的反对。因此,从北伐战争开始到形成彻底禁烟方针为止,南京政权本身也在真正实施禁烟,还是以禁烟为名义获取财政收入之间摇摆。上述各种势力也趁其这种政策上的摇摆而大做文章,禁烟效果也呈现时进时退的状况。

从 1926 年 7 月北伐开始到 1934 年上半年为止,南京政权中推行禁烟政策的主体先后经历了财政部、禁烟委员会、南昌行营的时期。财政部政策容易着眼于财政收入,禁烟委员会着眼于表面立法和调查,寄希望于列强各国能配合中国禁烟,两者在军阀割据、列强横行、官员腐败的状况下,由于其本身的强制力很有限,因而收效都不大。南昌行营的禁烟政策是以军法为骨干、以拥护独裁的新生活运动为辅助的,比前两者更具强制力,因而随着国民党实际控制地区的扩大而得以实施。

国民政府如此逐渐强化禁烟政策并不是偶然的,对于南京政权来说,20 世纪 30 年代初到 1937 年抗战全面爆发,禁烟有着数重意义:其一是国民健康和兵员问题;其二是事关财政收入;其三是关系到能否获得对各割据地区的实际支配权,能否获得抗战战略后方的问题;其四是在外交上关系到能否揭下日本作为"文明国家",却以鸦片毒品为侵略武器的真实面目,能否显示执政能力以获取世界反法西斯力量支持的问题。因此,直到抗战全面爆发前,在种种因素交互作用,不真正禁烟就无法达成上述战略目标的环境逼迫下,国民政府终于走上真正禁烟之路,并在全面抗战开始前获得了相当程度的成功。禁烟政策的成功,收到了断绝军阀割据财源、促进民族统一战线形成、建立西南战略后方、向世界揭露日本真实面目的效果,为国民政府赢得世界反法西斯阵营的支持做出了贡献。

国民政府的禁烟政策大体上可分为四个阶段,北伐开始到1929年7月修正后禁烟法公布前为第一阶段,是由财政部主导、各地各自为政的禁烟阶段;1929年8月到1932年6月为第二阶段,其中前半段由禁烟委员会主导实施,因遭到各割据势力的强烈反对,引发对禁烟的反动而失败;1932年6月到1934年年初为第三阶段,一面是南昌行营结合军令禁烟与法西斯蒂运动的强制禁烟政策逐渐形成,另一面是鸦片原料生产扩大导致鸦片毒品的毒害迅速蔓延;1934年年初到1937年抗战全面爆发为第四阶段,对内强制禁烟政策体系化与新生活运动结合,对外展开揭露日本政府和军队对华贩毒阴谋的外交攻势,收到了斩断军阀割据财源、揭露日本欺骗伎俩的效果,在抗战期间,在国民政府控制区域基本实现了禁烟。

但在日军重点渗透的华北和如福建的厦门和福州、广东的广州和汕头这种日籍侨民居住较多地区,中国的禁烟政策遭到了破坏和扭曲。

本章主要探讨国民政府在北伐开始前后的禁烟政策。北伐开始到1929年7月修正后禁烟法公布前是国民政府禁烟的第一阶段。这一阶段明显存在两个体系:一个是北洋军阀时期各省形成的鸦片税收,在响应北伐的各省继续延续;另一个是在北伐军占领地区由财政部实施的寓禁于征体制,基本采用广东实施的鸦片专卖做法。两者都是利用鸦片获取税收。直到1928年11月全国第一次禁烟会议召开,禁烟才正式开始实施。国民政府最初在广东对鸦片实施专卖政策,其后被运用到浙江、江苏等省。这一阶段的鸦片管理主要由财政部负责,而且在1927年12月2日公布《国民政府财政部禁烟暂行章程》以前,并无相关统一法令,因此各地禁烟政策内容最初并不一样。

第一节　广东的鸦片专卖制

一、禁烟与广东财政

北伐战争的胜利与广东省财力支持是分不开的。广东在清代已是对外贸易中心，是税收最多省份之一。加之随着海外贸易的展开，由广东远赴海外创业华侨逐渐增加，来自海外汇款每年也达巨额，民力远比他省丰富。"民国"成立后，各省解款中央的约3 000万元收入中，广东省解款达650万至700万元，为个中翘楚。北伐胜利后，新军阀也展开了对于广东财力的争夺。"本次两广战争原因在于中央与广西派对广东财力之争夺，即无论桂系窥伺广东，蒋介石志在广东，不外以广东之财力为目标。而且中央政府早已在广东设立国税管理委员公署，将中央和地方税收明确分开，之后又改为财政特派委员公署，致力于统一财政、整理税制，无非尽量将广东财力吸收于中央之手段而已。"[①]

国民政府于1921年在广东设立财政部，掌管国家财政事务。北伐完成、国民政府迁离后，广东省政治分会改变为原来的省政府组织，同时在广东设立国税管理委员公署，继续过去"财政部在粤事务"，在政治分会指挥监督下，管理广东的国税（盐务、关税、印花、烟酒）及有关中央银行、金融、造币各事项。以上管理委员公署设秘书处、禁烟总处、统计处和总务科、执法科、印刷局，另外为防范中央银行纸币暴跌政策，设置金融整理专员办事处及毫银改铸处。如此这般，国民政府明确区分国税和地方税性质，以期确立中央财政。但实际上广东省管理委员由省府财政厅厅长兼任，其权限受政治分会约束亦少，以至于财政统一的成绩也极差。因此国民政府于1929年根据《政府组织法》第二十四条规定，修正公布了财政特派员章程10条，规定在各省设置财政特派员处理辖区内国税和中央财政

---

① 驻广东总领事馆书记生松平.广东省税制[Z].东京.日本外务省通商局,1929年6月:4-7.

事务,特派员由财政部部长任命,不受省政府任何掣肘,增加了特派员权限。

广东省于1929年3月1日将原国税管理委员公署改组为财政特派员公署,范其务就任特派员,上述特派员公署将原印花税处和烟酒公卖处改为印花税局和烟酒事务局,将原国税公署管辖的禁烟总处、印刷局、营业税筹备委员会、执法科、毫银改铸厂暂归财政厅管理。也就是说,1929年以后禁烟、豪银改铸、纸币印刷、缉私执法等权限实际归省财政厅,这是造成两广独立升级的原因之一。①

省财政厅厅长表面由中央政府任命,实际上却由当地实力派推荐,中央任命只是形式。财政厅被当地实力派操纵,有动辄干预国家财政的倾向。② 广东省财政厅内主要税收项目有田赋、沙田、禁烟、筹饷等事宜,设有沙田清理处、土地局、禁烟局、税捐局、印刷局等机构。具体省税收入中,禁烟、筹饷(许可赌博收入)、印花、厘金四个项目规定为临时收入。1929年年初,两广暂告平定后,6月8日,宋子文赴广东与广东要人协商,将禁烟收入、厘金收入及沙田收入中的竹料收入划归国税,表面上导致省库收入骤减,但据宋子文说,归中央财政支付项目也增加了,实质上没有任何变化。③

1926年广东国民政府财政部禁烟收入为537.5万元,1927年1—3月为183.2万元,占全部收入的7.2%。④ 1927年6月1日至1928年5月31日国民政府岁入约为1.482 6亿元,其中广东缴纳收入约4 764万元,禁烟收入约为448.9万元。广东的国税约占国民政府岁入的3成弱。

广东省税以田赋、烟酒税、厘金为经常收入,北伐以后,随着军费的膨胀,开始征收种种附加新税以增加收入,但各地区财政独立,不遵省政府命令者多,尤其张发奎政变之后,东江、北江、西江、南路财政完全独立,地方财政被当地驻军司令部所占,地方官员不再向财政厅报告,广东省税收

---

① 驻广东总领事馆书记生松平:广东省税制[M].东京.日本外务省通商局,1929年6月:13、14.
② 驻广东总领事馆书记生松平:广东省税制[M].东京.日本外务省通商局,1929年6月:15.
③ 驻广东总领事馆书记生松平:广东省税制[M].东京.日本外务省通商局,1929年6月:25.
④ 宋子文.广东省财政报告[Z].1927年4月22日.

处于仅止于广州市附近的状态。之后经政治分会设法回收整理,到 1928 年 7 月,广东省七八成的税收得以统一。广东历来有由商人、官吏、地方团体以缴纳一定税额方式承包征收捐税的恶习,比如厘金、筹饷、禁烟等皆由商人或官员承包。筹饷收入为公开许可赌博并对赌场经营者课征税收,与禁烟税并称恶税。政府将特定区域的赌博许可发给商人,由其按月缴纳规定税金,1928 年度广东省筹饷收入每月达 100 万元以上。[①] 1928 年度广东省政府岁入约为 4 354.6 万元,其中禁烟收入约为 664 万元、筹饷收入约为 1 467 万元,两项合计约占广东省岁入的一半。

二、广东鸦片专卖

广东国民政府 1924 年 1 月设立了禁烟督办署、戒烟药分处等机构,以军队所提供鸦片实施专卖。对种植罂粟每亩收取种植税 15 元,对制烟膏收取 5% 的税、每个烟灯收取每月 5 元的烟捐,以充当军政民政费用。但收入难以偿付官设机构的支出,导致军费不足,引发了对鸦片收入的争夺。1924 年 3 月底烟膏批发办法改变,设置广州市禁烟局,5 月 13 日更改为以每天缴纳 6 000 银元特许费的代价,将鸦片批发权转交给万益公司。据 1925 年 6 月禁烟局的调查,全市合计官准烟馆达 1 100 余处。[②]

1926 年到 1927 年年初,政府指定机构从广西梧州方面按 1 两 2 银元的价格采购鸦片原料运至当地,由禁烟所制成烟膏,以 1 两 4.5 银元的价格批发给零售商,零售商以 1 两 5 银元的价格出售给吸烟者。广州市内当时有零售商约 1 000 户,由政府收取保证金发给营业执照。吸烟者必须领取执照方可吸食,执照分 1 年、半年、1 日、半日几种,1 年者收费 300 元,执照上需贴照片。若领取不贴照片执照,还需再交 200 元。所有吸烟所都必须获得政府许可,准许开设地区限在广州市河南地区内,当时有约百户。到指定吸烟所吸烟并无身份限制,但必须购买该所鸦片吸食。对于烟具的制造和销售也没有任何限制。当地私卖鸦片者也达上千户,从

[①] 驻广东总领事馆书记生松平.广东省税制[M].东京.日本外务省通商局,1929 年 6 月:86—87.

[②] 外务省通商局第二课.支那阿片问题攻究资料[Z].1925:13,附件 15—16.

广东腹地或梧州方面走私烟土,在自家中制成烟膏以1两4.5银元的价格秘密出售。政府规定私卖鸦片者,除没收鸦片外,还按照资产多寡及私卖数量罚款100到1 000元。对于查获私吸鸦片者按资产多少和地位处以5元到500元罚款,若无力缴纳罚款,按照1元罚金1天的比例予以拘留。广东国民政府靠这种管理方式,1926年获取收入达340万元以上。①

广东国民政府为防止私运鸦片,在西江一带港口设置了检查所,对过往船只收取护费,检查船只②,国民政府要求不管任何国家的船只,均须接受检查。1926年下半年,西江的港口发生多起英船拒交护费、拒绝接受检查,甚至出动军舰强行拖走被扣船只的事件。广东国民政府外交部奉令于12月初对其提交抗议,英国领事反向广东国民政府抗议,提出"该项检查与领事裁判权有抵触"。国民政府外交部当即发函驳斥,并指出:"贵国对于本政府之地位与关系、尚未有法律的根据、可以提出违约问题、即就曩时中央条约而论、其所规定领事裁判权行使之范围、原仅限于民刑诉讼事件、与行政权绝不相干、即于一八五八年《天津条约》第二十一款、亦不过规定贵国领事不得妨碍我国警察所行使之义务,而非规定其任何权利、或曰一经中国官员照会、领事官即行交由、不得推托庇庇,此乃规定贵国领事馆不得不交由、而非规定中国官不得不恳请也。"严正申明国权,驳斥其谬。

此时,国民政府在工农运动支持下明确提出废除不平等条约的口号,引起了各帝国主义国家的恐慌。日本驻广东领事就向本国报告说"主张废除不平等条约的广东政府无视各国与中国签订的现行条约,正在不断引起与外国之间的种种麻烦。"③禁烟问题一开始就和外交有关,而广东的鸦片管理方式后来也被带到了江浙等地。

---

① 参看驻广东总领事森田宽藏致外务大臣币原机密公第一四零号信函.广东ニ於ケル阿片专卖ノ方法卜其ノ密卖者等ノ取缔报告ノ件[Z].1927年3月22日.
② 外交部抗议英舰横行西江——英帝国主义者又以条件为籍口[N].国民新闻,1926年12月8日.
③ 驻广东总领事森田宽藏致外务大臣币原机密公第五五五号信函.广东政府ノ阿片检查所ニ关スル件[Z].1926年12月15日.

第二节　四川鸦片通过税与北伐

　　早在北洋军阀统治时期，各地军阀就依赖鸦片生产和运销利益。1926年北伐开始之际，盘踞四川的杨森，管辖川东20余县，一面接受吴佩孚讨贼联军川军第一路总司令、四川省省长的委任，一面又接受广东国民政府任命，任国民革命军第二十军军长兼川鄂边防总司令之职，对北伐持观望态度。1926年2月，驻守宜昌的萧耀南死后，吴佩孚方面任命卢金川接任其职。杨森与卢有隙，决定断其粮道、逼其下台。杨森与襄郧镇守使张联升联合，阻断了由万县向下游的水路运输，将由万县运出鸦片改行陆路经郧阳运到襄阳，再由襄阳向各地运输。阻断鸦片运输收到了意外效果，1925年秋宜昌每月高达300万银元的鸦片税收，到1926年6月降到30万元左右。卢金川虽指使济宜公司与杨森交涉，但杨森提出苛刻条件，导致谈判破裂。鸦片税收减少直接影响了宜昌的军饷支出。到了1926年7月，宜昌频频发生逃兵劫掠民家案件，加上各种谣言，造成人心浮动、朝不保夕的影响。[①]

　　7月，卢金川向宜昌商会索要军饷，商会不得已自筹4万元，再从其他商户和鸦片商处收取6万元，筹足10万元支付给卢。旧历八月，又由商会出2万元、鸦片商12万元、中国银行2万元、各钱庄2万元，合计筹措18万元支付军饷。这笔钱因未分给刚调到武汉的奉系于学忠第二十六师，引起不满。于学忠要求商会按照其现有兵数再提供军费30万元。商会无奈，只好对宜昌集散的鸦片加征运入、运出税，而且不问运出与否一律加征。当时宜昌鸦片商手中积压着8 000担鸦片，却因战乱无法运出，鸦片商提出手头无现金难以纳税，愿将所有现货全部存放禁烟局，直到时局安定能够运出为止。商会收不到现金，决定发行公济票100万串（约合30万元）以付军饷。[②]

[①] 驻宜昌领事代理浦川昌义致外务大臣币原机密往信第九三号.宜昌阿片收入减少ニ関スル件[Z].1926年8月11日.

[②] 驻宜昌领事代理浦川昌义致外务大臣币原机密往信第一二五号.公济票発行ニ関スル件[Z].1926年10月20日.

但当年夏季，吴佩孚军主力被消灭，吴在河南受奉系排挤到万县投靠杨森，又令杨森浮起拥戴吴佩孚统一四川旧梦。1927年9月日本第一遣外舰队司令官率舰队访问万县，在其对军令部次长报告电文中说，"在万县受到杨森盛大欢迎，今后对杨要采取如下策略：(1)杨对日本有好感，日清汽船其势力范围航行也无事故，今后应保持对其密切联系；(2)杨对当下政局的基本看法是推戴吴佩孚、先统一四川；(3)杨军费并不困难，光鸦片收入每月不下70万元，但补充弹药不易，目前正派代表携款40万元在上海购买汽船和弹药"。①

杨森通过截断宜昌鸦片税收入，加速了武汉北洋军的失败。但禁止水路运输造成了通过外国轮船私运鸦片的猖獗。另外，陆地绕行刘存厚防区运往湖北者亦不少。杨森意识到这样做对自己不利，因此在1927年下半年改变政策，对运往湖北的鸦片征收通过税。杨森在管区内二十县征收的鸦片吸食税、烟馆营业税、通过税等有关收入每年达500万元，在万县对汽船征收通过税每月可达20万元，加上管内二十县其他税收合计每月达60万元，这些收入构成杨森的主要财源。杨森征收通过税方法如下：(1)自奉节、巫溪和巫山各县运往巫山的每千两鸦片征收过道捐80元，其他各县运往巫山的每千两征收120元；(2)自开县、开江、大竹、梁山、忠县、石柱、綦江、云阳、黔江运出万县者，在万县征收过道捐；(3)自酉阳、秀山、彭水出涪陵者，在万县征收过道捐；(4)自江北、长寿、酆都、涪陵出万县者，在万县征收过道捐，万县所征过道捐比率为每千两鸦片水路100元、陆路80元。②

杨森在万县的所为既造成了北洋军阀的困难，也给航行长江的外国船只私运鸦片提供了机会。

第三节　财政部暂行禁烟章程与江苏鸦片专卖制

北伐初期的国民政府是为打倒北洋军阀的各党各派联合政权，但南

---

① 第一遣外舰队司令官致军令部次长.一遣机密第六八五番电[Z].1927年9月2日.
② 驻万县伊地知书记生致领事代理后藤禄郎万公第六八号.革命军第二十军管下ノ阿片移出二関スル件[Z].1927年9月9日.

京政权发动"四一二事变"和武汉政权"七一五分共"之后,整个北伐军和国民政府转变为新军阀联合体。1927年8月到1929年年初,国民政府实际上被新桂系控制。1927年9月至1928年1月,南京政权财长由孙科担任。财政部为筹措军费,决定在江、浙、闽数省实行鸦片专卖。

1927年9月,国民党中执委第一零五次政治会议决定:从民国17年(1928年)开始,3年内完全肃清鸦片及其他类似药品,由财政部设立机构办理。同年10月18日国民政府第八次常务会议通过财政部组织法,于月底公布。其中规定在财政部内设立禁烟处,其职掌为:(1)关于监督禁烟事项;(2)关于烟药之运输限制事项;(3)关于征收烟药税及厘税率事项;(4)关于稽核烟药税收支及检查侦缉事项;(5)关于烟药税收支预算决算事项;(6)关于禁烟事务之统计及各项表册之编辑事项。

财政部于1927年12月1日公布《国民政府财政部禁烟暂行章程》。暂行章程由13条构成,其基本内容为:(1)从1928年起的3年内完全禁绝鸦片;(2)由财政部设立禁烟处管理禁烟事务;(3)自章程公布之日起禁止种植鸦片、禁止除医药用以外的鸦片和各种麻药的进口;(4)对国民25岁以下者强制禁烟,25岁以上者只允许老年、患病者领取戒烟执照者吸烟,但必须逐渐减少,至1930年完全禁绝,对于购买戒烟药加征高额印花税,至1928年年末加征7成,1929年加征10成,1930年加征20成;(5)禁烟期间销售戒烟药者必须向财政部申领特许证,对违反者处以没收店铺和3 000元以下罚款;(6)销售者必须购买财政部统一批发、贴印花的戒烟药,对企图脱漏印花税,或受租界内洋侦探及内地军警庇护私运销售者,除没收药品之外对主犯处以5年以上10年以下徒刑,对销售店及个人或买主,处以3 000元以下罚金或5年以下监禁,对于企图伪造、脱漏印花税者、私种鸦片者,处以5年以上10年以下徒刑;(7)本章程于国民政府禁烟条例公布同时废止。

这个章程实际上是为南京政权控制下各省实施鸦片专卖提供了法律依据。其特征是,对于鸦片吸食实行官营,课以递增税率,禁止无照运销和吸食。在罚则中,有对受租界保护者和军警保护者走私、漏税者的惩罚规定。该章程出台后立即由财长通知南京政权控制下的江、浙、闽等省实施,但其在浙江省遭到抵制,在福建也未得到回应,只在江苏省得到了实施。

江苏省在孙传芳统治时代,有很多名为"燕子巢"的私烟馆,据估计,苏州城内有 500 余处,城外有五六十处。1927 年 8 月初,南京政权趁前方战事告一段落,开始在江苏实行鸦片官营,为此公布《商营戒烟药品特许证章程》《戒烟执照章程》,并解释说这是"革命进行中不得已之选择"。这两个章程和上述《国民政府财政部禁烟暂行章程》构成了典型的寓禁于征政策的代表性法令。据财政部官方解释,寓禁于征政策的关键在于"增加吸食者负担可期断绝流毒,不平等条约尚未修改,租界尚未回收,空言禁烟会导致走私增加,价格低廉也只会导致吸食者日益增加,所以不如实行征税,可达到根本解决,并能将其收入用于军费"。

具体管理方法包括禁烟机构设置、吸烟者管理、销售者管理三部分。禁烟机构在省内各市县设置禁烟分局,在乡镇设立戒烟分所。禁烟分局内设执法官、办事员、稽查员、护缉队,分局管理吸食执照发放,经营鸦片特许证发放,并负责销售烟土。吸食者管理主要是戒烟执照发放,对上瘾者发放许可证、凭证吸食。执照分为甲、乙、旅行者用三种:甲种执照费每年 36 元、乙种每年 12 元、旅行者用为 1 天(1 张)3 毛。戒烟执照必须每年更新,执照费第一年按规定额征收,第二年增加 5 成,第三年增加 1 倍征收。旅行用执照可由旅馆、餐馆等代领,最少必须一次性购买 50 张,并代填必要事项。分局将执照费的两成支给其作为代理手续费。销售者管理主要是特许证发放,欲经手鸦片者,必须领取商营戒烟药品特许证,领取特许证需一次性交纳过证费一等 3 000 元、二等 1 000 元、三等 500 元,尔后每月交纳必须相当于过证费一成的营业税。领取特许证的特许店,可购买鸦片烟土制造原料出售及精制烟土销售,但不得在店铺内设置吸烟设备招徕吸烟客。鸦片运销由禁烟分局控制,烟土须从禁烟分局购买。对无特许经营者,没收物品处以 3 000 元以下罚金。

但当地私烟馆历来靠向警察和官员行贿维持营业,上述章程明令关闭燕子巢,禁止在店铺内设置吸烟设备招徕吸烟客。但禁烟执照章程却允许旅馆、餐馆代领旅行执照,实际上是给烟馆留下了后路。但禁烟分局批发烟土价格为 1 两 5 银元,比一般行情高得多。当地的燕子巢老板虽能承受"过证费",但禁烟局的烟价却难以承受,"申请许可证后仍卖私土徒为将来留下祸根"。于是,烟馆老板们索性联合起来抵制财政部的鸦片官营办法,拒绝领受特许证,并对被禁烟分局查获惩罚的同业支付救济金,继续私卖鸦片。这导致鸦片专卖开始后禁烟分局收入极差,财政部鸦片官营计划遭受挫折。

财政部在制定上述章程的同时,也分别与中兴、信远两公司商讨承包鸦片专卖收入,江浙两省合计一年承包额为 1 500 万元。[①] 江苏由上海信远公司承包,财长孙科与信远代表杜林云商定条件签订了承包合同。其条件为:(1)南京政府给予信远公司一年鸦片专卖权;(2)信远公司一年向政府缴纳 900 万银元承包费;(3)信远公司另提供 58 万元保证金。合同签订后,政府收到首付 30 万元保证金后,发布财政部布告第一号《承办江苏省戒烟药品专卖批约》。其第八条规定,信远公司任命承包本县鸦片专卖的集益公司代表沈祖縣为吴县戒烟药品分处长,集益公司又将本县内各村鸦片专卖权以每月三四十元至 300 元的价格转包给当地人。信远公司从 10 月 9 日开始着手在江苏出售鸦片。

《承办江苏省戒烟药品专卖批约》第七、第八、第九条规定,财政部任命承包人为专卖处处长,专卖分处由承包人设置,专卖分处设检查员、获缉队,其人数可由专卖处决定。专卖处成为公安局、禁烟局并立的机构。但专卖处与公安局、禁烟局权限规定极不明确,往往引发问题。吴县公安局局长郑诚元为此向江苏司法厅请示如何处分违反者,11 月 17 日接到批复,令其依据《审理烟案简易程序暂行条例》,由地方法院和公安局处理。尽管如此,规定中依然有不少权限不明之处。

专卖制刚刚实施了 1 个多月的 11 月 20 日,上海信远公司突然通知停止专卖事务,南京禁烟总局电令当地禁烟分局:即刻查封专卖处,扣留所有鸦片。禁烟分局会同公安局查封了苏州专卖分所。其原因是信远公司为减低承包额行贿案被揭露。信远公司为减低承包金额,向财长孙科

---

① 南满洲铁道株式会社庶务部调查科.最近支那财政概说.满铁调查资料第一零八编[Z].1929 年 7 月:247.

行贿3万元上海四明银行支票,向省禁烟总局局长行贿1.2万元支票和5万元信远公司股票,此案被作为紊乱纲纪案件处理。同时该案也引起南京政权对信远公司资力的怀疑,恐其无力按合同缴纳承包费,趁机中止与该公司关系,以寻求更好的合作者。而信远公司本身一来缺乏熟悉鸦片专卖内情者,二来缺乏必要资金,不具备承包能力。此后,信远公司为此进行重组,除旧股东外,又吸收上海法租界著名鸦片商郑洽记号老板和其他富商数人,另组三新公司代替信远公司与政府秘商。最终,专卖处仅停业5天即于11月25日重新开张,据推测是三新公司获得承包权。此外,各县专卖分处承包额为吴县(苏州)7 000元,无锡5 000元,武进4 000元,江阴、宜兴、金坛、溧阳各2 000元。当地的专卖价格为1两烟土3.4元、四川产烟土2.3元。

此时,南京政权与广东国民政府虽然形式上都是专卖制,但性质上有所不同,江苏省鸦片专卖权被出让给法租界买办资本和封建帮会势力,虽然获得部分财政收入,却使自北伐以来的形象大打折扣。日本驻苏州领事对此事评价说:"南京政府此次的鸦片政策,除让政府获得些许财政资源外有百害而无一利……这与南京政府的声明完全相悖。"[①]而其制定的《国民政府财政部禁烟暂行章程》《商营戒烟药品特许证章程》《戒烟执照章程》《承办江苏省戒烟药品专卖批约》《审理烟案简易程序暂行条例》,构筑了包括禁烟条例、专卖承包管理、吸烟者管理、烟案执法程序的一整套专卖体系,使买办势力与帮会组成的承包公司坐享合法贩毒利益,实际上导致烟害的扩大。

第四节 浙江省鸦片专卖制

1927年6月在浙江省政府省务委员会议上,有委员提出浙江鸦片专卖提案。提案在省政治会议分会讨论时,主席委员张静江指出,"鸦片公卖计划从增加政府税收和取缔吸烟上看似一举两得之策,在台湾也取得

---

① 驻苏州领事岩崎荣藏致外务大臣田中公领机密第三一七号函件.南京政府ノ阿片專売実施二関シ報告ノ件[Z].1927年12月12日.

了好成绩,但在国内实施势必造成流毒蔓延无法收拾"。① 由于张的强烈反对,议案被否决。7月,江浙两省鸦片专卖案又被财政部提交南京中央政治会讨论通过,并迅速着手实施,10月1日浙江禁烟局及浙江戒烟药品专卖处设立,按预定计划逐步落实。但当年12月,浙江省党部提出,指定商人实施鸦片专卖的制度必将流弊百出,浙江省党部发起反对运动,命令各县党部表示一致反对,同时向国民党中央发起请愿,强烈要求取消该计划。浙江省府也提出同样的请求,中央财政部不得不取消与中兴公司缔结的承包浙江全省专卖合同,撤销已设立机构。

浙江省政府一面拒绝南京政府直接插手鸦片专卖计划,一面为解决财政困难,撇开南京政权单独制定了省营计划,1928年1月公布《浙江省禁烟条例》和相应机构组织规程,每月由省财政拨出7.8万元预算实施。② 条例由23条构成,明确规定:"本条例遵照总理拒毒遗训、为在本省内禁止鸦片所制定。"(第一条)并规定对私种者判处死刑,对私运、私卖、私造者、以销售为目的的私藏者处以5年以上15年以下有期徒刑,并相对私卖金额课以3倍的罚款,对不以销售为目的的私藏者课以私藏鸦片价值10倍的罚款,对官吏军警犯有同上罪行者判死刑(第三条)。对于私造烟具者也判处徒刑或高额罚金(第七条),对开设烟馆者除没收物品和房产外,按私卖罪论处(第六条)。对于私吸者除判处高额罚款或5年以下徒刑外,还令其限期戒绝(第五条)。对在禁烟机构接受检查领受许可证戒烟者,可在相当期间对其销售戒烟药品,或令其住入戒烟医院,根据许可证期限令其戒除。不能短期以药品戒除者,可暂时使用烟膏,但必须根据期限逐次减少或改换药品戒除之(第九条)。对使用烟膏者"最初6个月按每月递增烟膏价20%征税,之后6个月按每月递增40%征税,再次6个月按每月递增60%征税,最终6个月按每月递增80%征税,直至增至烟膏价格的12倍为止"(第十条)。官营的"戒烟药品及烟膏全部由

---

① 驻杭州领事清水长太郎致外务大臣田中普通第一五二号信函.浙江省政府阿片公賣計画ニ関スル件[Z].1927年6月22日.

② 驻杭州领事清水长太郎致外务大臣田中普通第三三号信函.浙江省ニ於テ阿片專売実施ノ件[Z].1928年2月7日,驻杭州领事清水长太郎致外务大臣田中普通第三六号信函.「浙江省禁煙臨時土膏票税竝証明書類料金徴収規則」訳文進達ノ件[Z].1928年2月10日.

禁烟机构聘佣医师及药剂师制造出售"。

在禁烟机构设置上,省政府设立直属禁烟局、禁烟监察委员会、高级禁烟法庭,其职责分别为"掌管全省有关禁烟、禁运、禁卖、禁制、禁藏、禁吸、戒烟药膏制造与发放及教育宣传事务""掌管有关全省禁烟事务的监察、审议、检查、研究的事务""审理初级禁烟法庭判决上诉案";市县设立禁烟处、禁烟监察委员会、初级禁烟法庭,其职责分别为:"受省禁烟局之命办理市县有关禁烟、禁运、禁卖、禁制、禁藏、禁吸、戒烟药膏制造与发放及教育宣传事项""受省禁烟监察委员会之命办理本市县有关禁烟事务的监察、审议、检查、研究事务""受理本管辖区内违反本条例各犯罪事件"。在市县设立戒烟药品出售所和戒烟医院,其职责分别为"办理本市县有关戒烟药品及烟膏的领受、分配、销售事务""办理本市县有关戒烟事务"。对于违反戒烟条例的犯罪规定,"犯有本条例所记载犯罪者全部由禁烟法庭审判";对于禁烟收入规定,"所获收入专门充作禁烟经费,若有剩余时由省政府支配"。

浙江省的禁烟条例远比《国民政府财政部禁烟暂行章程》目的鲜明、罚则严厉,对于烟犯处理也规定全部由法庭审理,对禁烟收入也规定主要用于禁烟。但这一条例并未完全生效前就已终止。原因是,浙江省规定施行禁烟条例后到禁烟机构开始制作戒烟药出售时间为5月1日,截止到4月末,另制定《浙江省临时禁烟办法》《浙江省禁烟临时土膏税并证明文书费用征收规则》,由商人领取特许,继续运输、制作、销售鸦片供给上瘾者。

浙江省与财政部对抗的背景,是南京政权中拥蒋势力与新桂系的对抗。上述条例刚刚公布后的1928年1月3日,孙科因江苏鸦片专卖收贿而遭攻击,孙科以各省不服财政部号令为由辞去财长赴英考察,宋子文于1月4日接任财长。当年1月初,财政部部长宋子文召开江、浙、皖三省财政税收会议,会上估算国民政府每月捐税收入约为800万元,其中包含上海禁烟局收入100万元。① 2月,宋从统一禁烟事务角度出发,专程赴

---

① 驻上海商务参赞代理副领事加藤日吉致外务大臣田中商第十五号信函.国民政府财政计画の件[Z].1928年1月20日.

浙江，与浙江省达成关于财税问题协议：(1)将滞交的浙江省国税缴纳南京财政部（包括禁烟局收入）；(2)浙江省财政厅上缴额由每月50万元提高到70万元，另发行二五附加税为担保的内债200万元；(3)暂时搁置浙江省计划的对卷烟和石油新增税项。① 之后南京政府财政部宣布，将浙江省营专卖和江苏承包专卖全部改为财政部直接管理，在两省设立省禁烟局长掌管禁烟事务。

同年3月10日，南京国民政府公布新刑法，在第271条至276条的鸦片罪规定中，参考海牙会议关于鸦片和麻药的决议，增添了对包括吗啡等麻药的规定。当月，第51次国民政府常务会议通过并公布了《修正禁烟条例》。规定由财政部设立禁烟处，各省设立禁烟总局和分局。令全国鸦片上瘾者向该局申报，领受执照，允许其由一定的特许机构购买药品和少量鸦片吸食，逐渐减少吸烟率，从1928年开始的3年内达到绝对禁止吸食。对上瘾过重者，令其住入另设的禁烟医院治疗。在禁烟期间中，对禁烟药品第一年加征5成、第二年加征10成、第三年加征20成的特税，以造成吸食困难。至禁烟期间结束后，除供药用的鸦片以外，严厉禁止鸦片的种植运输和销售，对违反者进行严厉处罚。② 条例承认了财政部章程提出的逐渐加重对鸦片课税的原则，提出了设立禁烟医院治疗重度上瘾者的措施，也将此前偏向于获取收入的管理政策方向进行了修正。但基本方法并无大的变更。

财政部根据上述条例，很快制定和公布了《各省检查烟苗局章程》《检查烟苗局办事规则》《财政部征收戒烟药料特税章程》，开始对鸦片生产进行管理，意在对种植征税。财政部以"严禁私种、补充制药原料"为目的设立检查烟苗局，掌管烟苗的检查收税、药料收购事务。各省检查局适当规定其各自征收的登记费、检查费、特捐数额。检查烟苗局办事规则相当于章程细则。例如皖北检查烟苗局办事规则的征税规定如下：登记费每亩5角，于登记时缴纳；检查费1元，于检查时缴纳；特捐相当于实际收获的

---

① 驻上海总领事矢田七太郎致外务大臣田中公信第一四四号.国民通信の発表セル宋子文杭州行使命に関する件[Z].1928年2月16日.
② 南京总领事冈本一策致外务大臣田中普通送第一一六号.国民政府ノ阿片吸喫禁止計画ニ関シ報告ノ件[Z].1928年4月24日.

3成。《财政部征收戒烟药料特税章程》是对运输的管制规则,为取缔私运,在各省要地设立专运所,对于通过该地的鸦片,除征收各种捐税外,每千两鸦片征收300元戒烟药料特税。财政部规定的征税方法成为此后对鸦片运销征税的依据。

各省和财政部的法令和政策,在1928年9月10日公布《禁烟法》和《禁烟法施行条例》之后本应当废止,但由于中原大战爆发后军费紧张,财政部为获取财源,以每次延长4个月的短期政令,又将这些机构保留1年以上。财政部的鸦片政策作为过渡性鸦片政策,起到了筹措军费的作用。据南京政权公布的1927年6月至1928年5月的财政部收支决算,当年的禁烟收入为448.9万银元。而当年财政收入为14 825万银元,外加185.4万两白银。

第五节　禁烟法公布前后的烟政

早在1928年3月,国民政府就制定发布了新刑法。新刑法参考《海牙条约》等国际禁烟条约,列出了对鸦片和毒品犯罪的详细内容,并于3月底公布了《修正禁烟条例》。同年7月13日,国民政府会议又通过了《禁烟委员会组织条例》和《全国禁烟会议组织条例》。9月10日《禁烟法》和《禁烟法施行条例》公布。11月1日至10日第一次全国禁烟会议在南京召开。第一次禁烟会议宣言指出:"1918年之后,时局变迁导致军阀割据,'寓禁于征'政策导致烟害扩散。"因此,禁烟委员会将断然改革"寓禁于征"之弊政,其指出各地军人强迫种植和保护运销、租界和治外法权以及外国军队占据铁路沿线是实施彻底禁烟的两大障碍,并为此提出了以下措施:(1)政府向全国各地派遣秘密调查员,检举种植鸦片及取缔不力之官员,一般国民负连带责任互相监视;(2)对军人制定专门法律,发现庇护种植、运输鸦片的军人,不仅对本人,对其长官和部下也给予处分;(3)对由海外入港船只,由中国海关会同禁烟委员会特派员严密检查,如发现有走私情由,除没收现品外,惩罚其责任者;(4)对内河航行船只和飞机运输此等药品者,将取消其部分或全部航行权;(5)在中国警察权所不及的各租界和外军占据的铁路沿线,由于治外法权保护尚无法施治,如上海租界实为鸦片类交易中心,因此有必要迅速回收治外法权,提请希望肃清中国鸦片之害的友邦考虑;(6)特别指出云南禁烟会导致缅甸和安南走私进口增加、东北禁烟会导致日本私运吗啡等毒品增加的状况,希望各国予以配合。

禁烟会议宣言指出了中国禁烟面临的严酷状况和主要问题,明确指出"寓禁于征"政策的危害。其所造成的舆论环境,使得此后任何变相的"寓禁于征"政策都遭到激烈反对,构成促使真正禁烟政策出台的背景。全国禁烟大会之后,中央禁烟委员会向受租界和外国军队影响严重地区派员调查,还向这些地区地方长官直接发送调查问卷了解情况,通过外交部向各国公使馆发出照会,请求各国公使协助调查该国禁烟政策和鸦片毒品禁止状况。委员会准备就中国的禁烟状况与外国租界和军队的影响向国联鸦片委员会递交申诉,请求协助中国禁烟运动。

随着禁烟法的公布和禁烟委员会的成立,国民政府势力所及的各省相继撤销了过去设立的禁烟局和禁烟征税机构,根据禁烟法展开禁烟行政。

湖北省在7月下旬就已在新桂系主持下形成了有关禁烟的一致意见[①],决定根据吸食者年龄以渐进方式严格实施,以期达到1年内完全禁止。此外,湖北省决定实施调查、转业、宣传以及分年龄段的戒烟方针。第一,调查:调查湖北全省鸦片吸食者人数、靠销售鸦片为生的商人数,以及罂粟种植面积、烟馆数;第二,转换职业:致力于烟馆和以销售鸦片为生的商人的职业转换,罂粟种植地的利用,以防止失业;第三,宣传:尽力宣传,使吸食者彻底了解鸦片之害,烟馆和销售鸦片商人确切认识其职业不正。分年龄段的,具体戒烟方针为:从1928年8月1日开始实施禁烟,要求各年龄的人在下述期限内完成强制戒烟:50岁以上者1年内、40岁以上者10个月、30岁以上者8个月、20岁以上者6个月、10岁以上者3个月、10岁未满者1个月、60岁以上者不强制戒烟。对在法定期间内不能

---

① 驻汉口总领事代理原田忠一郎致外务大臣田中公信第四九三号函件.禁煙方法ニ対スル湖北省政府委員ノ意向ニ関シ報告ノ件[Z].1928年7月20日.

完成完全禁烟者实施以下惩罚:20 岁以下者枪毙,40 岁以下者罚银 50 到 5 000 元或 1 年到 5 年有期徒刑,50 岁以下者罚银 100 至 2 000 元,党员犯禁者开除其党籍,参照军政官吏处罚,对军政官吏从重处罚。

河北省于 9 月 7 日公布《河北省禁烟暂行条例》《烟民登记规则》《戒烟公所组织规则》,并派交涉员照会日本驻天津总领事馆,宣布撤销以前设置的禁烟总局和分局,将民政厅作为禁烟监督机构。

福建省于 9 月 9 日发出布告,宣布封闭各地禁烟局,于 9 月 1 日另行设立禁烟委员会,根据政府命令筹划详细禁烟办法、处理一切禁烟事务。此外,福建设立戒烟医院,查封烟馆,取缔外籍人私设烟馆及庇护烟馆,并向省内发布第二十三号布告,禁止种植鸦片。

北平特别市政府设置北平特别市禁烟处,任命公安局局长为处长,社会局局长、卫生局局长为副处长,于 10 月 1 日公布《北平特别市禁烟条例》。其规定严禁出售、种植、吸食鸦片、吗啡、金丹、海洛因及相同性质的东西,已吸食者限在半个月内到禁烟处登记,3 个月内停止吸食,无资力戒除者可以公费实施。所有娱乐场所、公共场所提供烟具供人吸食者,给予处罚并令其停止营业,如因医学必要需购买此等违禁品者,可向卫生局申请护照。

江西从 1928 年 10 月 20 日开始实施取缔,制定 1928 年 10 月到 1929 年 3 月的每月目标,并分期实施。江西省历年从管理烟政获得的收入只有二十七八万元,不对财政构成重要影响。省政府打算先从南昌、九江两大城市入手,再及乡下。

广东根据全国禁烟大会决议,于 1929 年 1 月由民政、财政两厅制定公布《广东全省禁烟施行大纲草案》,决定 3 个月内禁绝鸦片。自大纲公布之日起,废除历来实施的所有鸦片征税办法和经手鸦片的公司、局、处,设立禁烟委员会办事处办理一切禁烟事项。各县市设立禁烟委员会办事处,其委员由县长、市长兼任。绝对禁止公务人员吸食,严禁年龄未满 40 岁者吸食,年龄 40 岁以上的老弱、患病者或一时难以戒除者,可由当地禁烟委员会办事处申请接受诊断、登记后获取吸食执照。但 6 个月以内应递减分量,直至戒除。

第五章　1930年前后各地的鸦片管理

广西省制定了《广西全省禁烟办法》，全省禁烟由财政局统管，参照禁赌运动经验，将全省分成12个区设立戒烟局，在各县设戒烟分局，于1929年3月1日开始实施全面禁烟。

山东省由于毒品为害剧烈，重点放在查禁毒品上。省政府于1929年4月发出禁烟布告，设立山东全省查禁毒品督察处，制定并实施《查禁毒品暂行简章》。

湖南作为云贵川三省鸦片运出通道，鸦片流毒甚深，而且省内也有不少种植。尤其是湘南、湘西地区因与主要产地相接，种植更多。湖南当局也对鸦片课税以补充军费大部。但南京政府要求以1928年12月1日为限，一律裁撤各地历来的烟税征收机构，实施禁烟。湖南省政府于1928年11月底公布了禁烟办法：(1)自1928年12月1日以后，绝对禁止省外鸦片进入湖南境内；(2)省内所有鸦片及其他麻醉品至1929年1月末为止一律运出省外；(3)鸦片吸食者到1929年2月底为止一律戒烟；(4)立即禁止鸦片种植；(5)查封烟馆。严厉惩罚违反者，向各地派遣禁烟专员担任指挥监督，命各县县长、公安局局长或警察署、挨户团严厉监视和取缔，以期彻底禁烟。

除在各省内禁烟外，各省还依照禁烟委员会指令，通过外交部交涉员向各国对外使领馆提出交涉，要求允许在租界宣传禁烟，订立防止内河航行外国船只私运办法。比如宜昌禁烟分局鉴于发生多起外轮公司私运烟土案，派出交涉员向各国公使交涉对外轮进行随时临检。① "凡川轮抵宜转货至下驶各国商轮应请……敝局得随时派员赴下驶各轮船舱里舱面详细检查，如有运私情形，敝局得将人货带交法院惩办以严禁政；凡由川来宜之轮船无论何国应请……敝局得随时检查之；在川轮转货时间，敝局得派巡船停泊该川轮及下驶轮旁，以资监视。"②但各国最终只是答应仍由海关人员检查。③ 外国船只私运烟土依旧猖獗。

对于在租界内的禁烟调查和宣传的交涉，日本驻杭州领事认为"本件

---

① 文中"其平"轮为美国船只，"湘和"轮为英国船只.中国交涉员公函[Z].1928年7月2日.
② 《中国交涉员公函》附件.宜昌禁烟分局.计开应请交涉各条[Z].1928年7月2日.
③ 驻宜昌领事代理浦川昌义致外务大臣币原往信第一零五号.宜昌禁煙局ノ外国船検査申出ニ関スル件[Z].1928年7月8日.

从实质上说原无任何不妥,但在租界内允许中方调查和宣传,对条约和其他问题有不少影响"①;驻重庆领事代理则认为,"在我专管租界内默认这种中方机构行动,于我方行政权行使上有不便之处"②,也就是说,中方活动本身没有问题,但日本领事唯恐对其治外法权和租界行政权造成影响,因此拒绝了中方的合理要求。

另外,在由地方军阀控制而鸦片收入较多的省份,其禁烟政策设置了明显的逃遁责任渠道。比如湖南命令将所有鸦片于1月底前运出省外;湖北一面在省内严厉禁烟,一面却征收高额鸦片通过税、烟馆照常营业。四川重庆市虽由公安局屡屡发布禁烟消息,大张旗鼓进行禁烟宣传,但"街面上烟馆林立,无论早晚到处笼罩着鸦片臭味,嘴上说鸦片之害,事实上却没有任何改善痕迹。更何况本省是屈指可数的鸦片产地,年产不下20万担,其所附税收亦多,实乃当省重要财源之一"。四川外交部交涉员向外国使领馆递交照会,但面对外国领事对当地状况的责难,却私下透露说,在当地对急速实施这类措施很感困难,此次照会不过是"依照国民政府命令,处于置身职责转达政府意思而已"。③

本章小结

综上所述,这一时期各地的禁烟明显存在几方面的问题:一是中央公布法令相互间并无有机联系,在军阀割据状况下,中央立法并无强制实施力,财政部主导的禁烟措施主要目的是增加税收以应急,是明显的"寓禁于征"政策;二是各省仍然各自为政,禁烟期限虽长短不一,但基本上是3个月到1年内短期禁绝,禁烟机构名称不一,有些省根本没有裁撤鸦片征税机构;三是由于军阀割据,各省禁烟政策流于表面禁止和禁烟宣传,如湖南对鸦片生产运销采取"运出省外"的以邻为壑政策、四川禁烟宣传和

---

① 杭州领事代理米内山庸夫致外务大臣机密第一三二号函件. 租界内ニ於ケル阿片禁止辦法実施方ニ関スル件[Z].1929年5月27日.
② 重庆领事馆事务代理松本仪郎致外务大臣田中机密第一五四号信函. 外国租界内ニ於ケル支那側ノ阿片取締ニ関スル件[Z].1929年6月10日.
③ 同上.

吸食鸦片并行不悖、湖北照样征收鸦片通过税;四是各省与租界单独配合中国禁烟的交涉都遭到拒绝。尽管有上述种种问题,但拥护北伐的工农运动所显示的反帝、废除不平等条约的巨大威力抑制了列强在华的活动,促进了国民政府最初政策的展开。

1929年7月,南京政权对禁烟法和禁烟法施行条例进行了大幅修改,增加了有关禁烟机构规定、鸦片犯罪罚则以及禁烟法与刑法的关系等的规定,于1929年7月5日再行公布。[1] 新禁烟法理顺了法制关系,更重要的是将禁烟政策制定权收归南京政府,此后可以随着其势力扩大而逐步实施,将其作为削弱割据势力财政支持的工具。同时,国民党第三次全国代表大会也通过关于禁烟原则的决议。[2] 第一项,确定禁烟为本党最近重要施政方针之一:(1)中央执行委员会应通令各级党部监视当地同级政府办理禁烟事宜,并令全体党员一致协助政府人员侦查烟犯;(2)对于鸦片一项,无论种烟、运烟、卖烟、吸烟、庇种、庇运、庇卖、庇吸,一概处以重刑;(3)责成外交部严重交涉,禁止外人在华贩运鸦片及麻醉毒品,如大连、济南、石家庄等处最近发生之事件;(4)地方政府应严厉取缔外人所设立之毒品贩卖机关;(5)国民政府应促成各国政府限制制造麻醉药品,务实行遵守《海牙公约》所定科学用医药用之范围。第二项,国民政府应限令广东省政府及广州特别市政府严厉实行禁烟禁赌以挽颓俗而纾民困。

尽管南京政权在法律、行政、党务、组织等方面都做出了禁烟决定,但此后阶段的禁烟政策实际上是在四大派军阀和国民党新老派别制衡下形成的,具有超越中国现实追求法理完备的特征,其实施上存在很大问题。处于半殖民地半封建社会的中国,租界林立、军阀割据、内战连绵、烟毒泛滥,四者间呈现相互扭结攀升局面。在客观环境限制下,不能阻止鸦片原料生产,单纯在消费地实行严厉查禁运销和吸食,反而提高了贩毒利润,迫使鸦片生产运销和消费转入地下,导致禁而不止。此后几年,随着分裂割据状态的持续,烟毒泛滥反倒日益扩大深入。

---

[1] 国民政府公报(法规第二二六号)[Z].1929年7月5日:1—3.
[2] 国民政府训令第六一一号[Z].1929年7月20日//国民政府公报训令第二二二号.

第六章

禁烟与军阀战争

1928年年末形式上统一全国之后，国民政府最初的经济政策目标是实行裁厘和禁烟，因此，需要寻求代替厘金和鸦片税的财源。与此同时，北伐后的新军阀战争，导致各军阀集团的财政窘迫，尤其涉及控制鸦片运输中枢的湖北，各派之间争夺异常激烈。1927年以后的宁汉、蒋桂、中原等军阀战争中都有争夺武汉税源因素的影响。1929年年初蒋介石控制南京政权后，也发生了鄂省军人与财政部、剿总与财政部的税源之争。本章主要探讨1929年8月修正禁烟法生效到1932年6月省鄂豫皖三省剿总设立前为止的禁烟政策效果，军阀战争对于鸦片税源的依赖成为禁烟的主要障碍。

第一节 两湖财权之争

1927年宁汉战争爆发到1929年蒋桂战争之前，南京政权一度处于新桂系控制之下，江浙实施鸦片专卖的背后都有新桂系的支持。湖北从1926年年末到1928年年初，先被武汉政权财政部控制，1928年4月到1929年4月间，湖北省政又被新桂系的鄂籍军人集团控制。北伐开始后，宋子文先任广东国民政府财长，后任武汉国民政府财长。宁汉合流前，宋原本受汉方委派劝说蒋介石，反被蒋介石所笼络，形成了蒋宋联姻。

第六章　禁烟与军阀战争

宋在蒋介石下野的同时,辞去财长职务。1928年1月蒋再次复出,宋也再次出任财长。1928年年初,财政部受南京政权委派接手江浙鸦片专卖,鸦片收入开始成为南京政权的重要收入。

二次北伐胜利后,很快爆发蒋桂战争和中原大战。如宋子文在《国民政府十七年度财政报告》中指出:"溯自十七年夏,北伐军克服北平后,形式上全国既臻统一,事实上某项行政权亦已统一,但依国家方面财政观察,川、滇、黔、秦、陇、晋、热、察、绥、东三省及宁夏诸省,除海关收入外,实际犹未收入于财政部范围,至若两湖两广,均在十八年春夏平定桂系以后,始陆续收回,其他尚有数省,亦系上年会计年度将终时甫归直辖。"①即直到新桂系势力被击溃的1929年春,两湖财权方才落入南京政权之手。财政报告1928年的收入项目中,包含了两种未分类款:一为各省未经抵解收款(直拨军费)6 238.1万元,二为杂收(特种营业税等),约762.5万元。前者中就包括二次北伐中各省截流中央税收支付军费的部分。另据日本外务省调查,从1926年7月到1928年7月国民政府税收总额估计约为1.53亿元,发行内债额约为2.57亿元,其税收总额中,包括鸦片税约490万元。②

1927年1月5日,湖北版《民国日报》上登载了时任湖北省财政委员会秘书危诰生起草的湖北财政整理大纲的基本内容。据这份大纲,当时湖北省财政收入预计为4 165万元,而其中禁烟收入为2 000万元,占全部收入的约一半。其所附说明中指出:汉口地区平时收入接近1 000万元,宜昌、襄阳两处收入无法确知,但西北5个师1个混成旅军饷由此支付,可知其合计额与汉口相差无几,估计为2 000万元。禁烟税收入额依据北洋军阀时期数字估定。当时湖北财政委员会将其列为将来须裁撤的临时收入。

1927年9月,广东国民政府迁至武汉,新组织的财政委员会任命了各处处长,其中包括税收处处长王祺、官产处处长刘鸿书、库藏处处长孔

---

① 秦孝仪.抗战前国家建设史料——财政方面[Z].中国国民党中央委员会当时委员会,1982:225.
② 日本外务省亚细亚第一局.国民政府的财政[Z].1929年6月.

庚、禁烟所所长宋英仲。据1928年1月武汉临时财政整理委员会公布的数字,1927年12月5日到月底的收入中,在厘金项下征收的税额中仅为18.3万元,其他收入为174.1万元,禁烟特捐金额达61万元,约占其收入的三分之一。①

1928年2月,南京政府财政部开始做裁厘准备,首先整理和区分国税和省税,令其分别纳税。南京政府规定湖北直属财政部的收税机关有9处,其中包括湖北禁烟局和宜昌禁烟分局。② 但此时湖北省政府依然被桂系军阀控制,所谓国税也只是名义上收归国库,实际上直接拨付桂系的军费。这相当于以上提到的未抵解收款部分的支出。

此时,武汉国民政府已经取消,两湖处于新桂系控制之下。1928年4月,桂系控制的武汉政治分会开始整理两湖财政,于6月1日设立财政委员会作为该会直属机构。原武汉政府财政部所管理财产(各地营产、逆产和公债),最初由武汉政治分会财政委员会设立湖北公产处管理,后归武汉临时财政整理委员会管理。两湖善后会议决定将上述财产直接收归湖北省政府管理,直属财政厅管辖。③

新桂系管辖下的湖北,设置全省禁烟督办机构,每月缴纳鸦片税72万元,禁烟督办一面严厉查缉走私,一面对纳税的烟土提供运输保护。其方法是在宜昌设立检验所和纳税处,对运入当地烟土每担征收200银元,如若运出,再征收每担200银元的输出税,并派兵护送至汉口,到达汉口后向禁烟局申报烟土种类、数量、价格,缴纳每担200银元的输入税和印花税、落地税,对于运往上海等其他地方的鸦片再征收每担200银元的输出税。对烟膏制造者征收一定税金后许其自由制造。对吸烟者,1928年8月1日发布禁烟暂行规定,要求其登记,以治疗疾病为名义发出吸食许可证,领取许可证每人须交纳1元的登记费和2.5元的灯捐,许可证要求每月更新记录并征收手续费和灯捐,对25岁以下者不予发给。对销售烟

---

① 驻汉口总领事高尾亨致外务大臣田中公信第三八号.釐金卜湖北省歳入卜ノ関係ニ関スル件[Z].1928年1月27日.
② 汉口总领事高尾亨致外务大臣田中公信第九六号.税收機関の帰属ニ関する件[Z].1928年2月17日.
③ 汉口总领事高尾亨致外务大臣田中公信第二四七号.張財政庁長ノ財政整理案及税収改革ニ関シ報告ノ件[Z].1928年4月27日.

膏者，要求申领执照，对一两烟膏征收0.4元戒烟药品发售税，销售数量没有限制。按照当时禁烟规定，不允许设立烟馆，因此武汉的烟馆表面上不叫烟馆，而是登记吸烟者、并缴纳手续费、灯捐之后，以家庭吸食名义购买烟膏营业。①

1929年年初蒋桂战争爆发，盘踞两湖的桂系和鄂省军人集团迅速失败。2月9日，南京行政院行政会议决定废除武汉政治分会财政委员会，重新任命鄂、湘两省财政特派员，废除宜昌、襄阳财政部特派员，于3月上旬设立财政部特派员公署，开始整理北伐以来混乱已极的两湖财政。②同年5月，南京政权任命有"湖北老大哥"之称的何成浚任湖北省主席，宋子文的亲信李基鸿被任命为湖北省财政厅厅长。7月，李制定了湖北财政整理计划，8月召开湖北全省财政会议，开始在湖北实施明确区分中央和地方税收的改革③，此后湖北财政才归南京政府掌控。作为财政部派出机构、负责管理两湖鸦片税收的特殊机构——清理两湖特税处，也是在南京政权掌握两湖之后于1929年上半年设立的。由于湖北有关鸦片运销税收入巨大，这项税收也成为南京政权内各种势力争夺的焦点。

第二节　清理两湖特税处

1929年7月10日和11日的《中山日报》报道，武汉总检查所发现英舰佩特里尔（Petrel）号走私大量鸦片，报告了清理两湖特税处，由该处处长沈庆沂致函交涉，对英国领事提出严重交涉，并通告今后将对英舰的每次往返进行检查。此为清理两湖特税处首次公开亮相。1928年7月，也曾发现美国、英国船只私运大量鸦片案件，其处理和交涉是由当地的禁烟局和禁烟分局出面，可知清理两湖特税处取代了此前的禁烟局。但南京政权直接掌管当地鸦片税收，很快引起了中央和地方有关鸦片税收的争

---

① 驻汉口总领事代理原田报告.漢口地方ニ於ケル阿片取締ノ現状ニ関スル調査報告[Z].1928年9月10日.//收于外务省条约局:各国ニ於ケル阿片取締状況[Z].1929:168-171.
② 汉口总领事桑岛主计致外务大臣田中公信第二零零号.武漢政治分會財政委員會廃止ニ関シ報告ノ件[Z].1929年3月4日.
③ 汉口总领事桑岛主计致外务大臣币原公信第五七八号.湖北全省财政会议ニ関スル件[Z].1929年7月5日,公信第七四七号湖北全省财政会议ニ関スル件[Z].1929年8月31日.

夺,也发生了作为优良税源的鸦片销售业和禁烟运动的对抗,清理两湖特税处反而成为湖北"特业商"的代表和纠纷调解人。

1929年9月,湖北省政府与汉口特别市政府联席会议决定从9月15日开始一周以内厉行禁烟,禁绝烟患。决定公布后,武昌烟馆自动停业,汉口方面烟馆却不遵号令。于是,汉口市公安局于15日晚进行大搜捕,逮捕烟馆老板300余人,拘留烟犯1 000余人。此事表面看来似乎是汉口市公安局严格执行禁烟法令,实际上是由于汉口特别市公安局为解决巡警冬装问题曾向特业公会(鸦片业公会)申请借款30万元,但特业公会却以已交纳鸦片特税,又分摊了编遣公债100万元为由拒绝借款。汉口公安局遂以武力相迫,欲从逮捕的烟馆老板和烟民身上通过罚款和保释金筹措30万元冬装费。

在事件发生前,清理两湖特税处担心实施禁烟会直接影响正在募集的政府编遣公债分配额认缴,曾居间调停,但双方互不相让。事件发生后,"清理两湖特税处经汉口特税检查所向市社会局和武汉两公安局提出,为维持税源应将已经完税鸦片批发商和鸦片烟馆老板释放,对于未纳税鸦片经销者15日以后特税处概不征税,公安局若确认为私贩,可严厉查办,或者可由社会局自己征收特税"。[①]

这一建议中实际包含着对双方的警告,因为公安局和社会局都无权设立征税机构,而未缴税的烟馆老板和批发商将面临严厉惩罚。之后,特税处与特业公会召开紧急会议,终于做出让步,由特税处挪出20万元、鸦片商筹措10万元借给公安局,请求该局缓和禁烟。这一问题才得到解决,9月18日武汉的所有烟馆又开始照常营业。而且,"尽管报刊对于此事激烈批判,武汉的特业商却趁私下运动产生的效果逐渐扩大营业范围,市当局又恢复以往缄口不言的不干涉态度,其间蒋冯阎之间对抗更为紧张,正为筹措军费发愁的南京当局,着眼于鸦片特税,10月15日通告湖北省政府,撤销两湖特税处延期至民国19年(1930年)5月1日"。[②] 在禁

[①] 驻汉口总领事桑岛主计致外务大臣币原机密第八一一号函件.武漢地方禁煙励行ノ内情二関シ報告ノ件[Z].1929年9月18日.
[②] 驻汉口总领事桑岛主计致外务大臣币原机密第九一八号函件.武漢地方禁煙励行延期二関シ報告ノ件[Z].1929年9月29日.

第六章　禁烟与军阀战争

烟和税收之间,南京政权选择了后者。

1929 至 1930 年,南京政府财政部的两个主要财政目标是裁厘和禁烟,清理两湖特税处本是为实现全面禁烟暂管两湖鸦片特税、清理两湖"特税"而设立的临时机构。但中原大战爆发后的巨额军费需要使得"清理"无法按预期实现。"事实上中央政府直属特税征收机构清理两湖特税处存在期限,迄今为止以每次 4 个月水平延长了 2 至 3 次,今年(1930 年) 3 月末日其最后期限也将终了,至本月 18 日突然宣布无条件延长 4 个月。此种特税作为政府财源……在地方财政疲惫、军费多端的今日,想实现废除此种特税当很困难。事实上汉口特商去年 8、9 月间有 24 间,现在增加到 57 间,营业日益旺盛。"[①]南京政权为了筹措中原大战军费和编遣费用,同时保证裁厘计划的实施,将两湖特税清理处撤除期限延期了 1 年以上,以鸦片税收来填补财政缺额。

湖北省财政向称富裕,地控长江水道和京汉粤汉铁路,为连接南北东西之要冲,每年仅厘金收入就达 1 200 万元。但 1927 年到 1929 年,湖北经济连续遭到战争影响,百业萧条、民不聊生,加上裁撤厘金,1930 年的湖北省财政转为巨额赤字。1930 年 5 月,1929 年任命的湖北省主席何成浚到任,湖北省财政厅为填补省库亏损计划加征鸦片税附加税,制定了《湖北省财政厅特税附加捐征收暂行章程》,经省政府委员会决议后于 5 月 11 日公布。税率相当于财政部正税两成,在本省辖区内设立特税附加捐征收总局和分局办理,对销售和运输业者征收,其征收顺序根据两湖特税清查整理处所定章程办理。征收后贴税票和印花。[②]

1930 年 5 月末,这一计划报财政部批准,湖北省财政厅任命董仲修为特税附加捐筹备处主任。6 月,董就征收鸦片附加税会见记者指出:"此种鸦片附加税专门充作清乡经费和临时军费,年收入估计约 400 余万元,目下正在编制收支预算。上述预算案待省政府政务会议通过后,预定在汉口设立征收总局,在宜昌、老河口设分局,在沙市、新堤、武昌、武穴设

---

① 驻汉口总领事桑岛主计致外务大臣币原公信第三九四号.两湖特税清理处ノ存続延期ニ関シ報告ノ件[Z].1930 年 4 月 25 日.
② 驻汉口总领事桑岛主计致外务大臣币原公信第四四七号.省财政厅鸦片税附加税徴收计画ニ関シ報告ノ件[Z].1930 年 5 月 13 日.

立稽征所。世间动则将此种附加税称为新增恶税,实际上是将历来公安、教育两局征收的附加税(两成)、堤工附加税(一成)、编遣库券和军事捐(各五分)等统一起来,从税率本身来看,反倒大大减轻了。"①同年7月,湖北省财政厅任命桂竞秋为特税附加捐征收总局局长,桂于7月7日正式就任局长,并于当日公告,不日开始征税。

但湖北省加征鸦片附加税计划却遭到清理两湖特税处的反对,处长李慕青认为,征收附加税对正税征收会有影响且有悖于单一课税根本原则,会造成中央与地方租税体系紊乱,请求武汉行营出面干预。7月18日,武汉行营下令湖北财政厅取消鸦片税附加税总局,南京财政部征得蒋介石同意后,也劝何成浚暂时中止这一计划。但湖北省主席何成浚迫于"省库疲惫、军政费多端",于7月27日密令桂局长即刻开始征税,同时极力疏通南京财政部。②

当时,何成浚正在河南前线与冯玉祥军对峙,保证军费和收买对方将领关系到中原大战成败。因此,后经武汉行营主任何应钦再次斡旋,这桩中央与地方鸦片税纷争才在下述条件下得以解决:(1)湖北省财政厅将本件鸦片税附加税征收延期至本年11月以后开始,作为补偿,由两湖特税清理处每月支付银元20万元;(2)上溯到民国十九年四月中旬实施,至当年9月底支付5个半月的补偿税银元110万元,分为马上支付30万元、8月末支付40万元、9月中旬支付银元40万元;(3)汉口鸦片税附加税征收总局和宜昌及另一分局原样保留。③ 中原大战中,何成浚通过收买冯方将领为南京政权的获胜立下奇功,其收买费用的相当部分来自两湖特税。

因为湖北军费事关中原大战胜负,何成浚在与财政部税源的争夺中占了上风。而且,鉴于特税收入在筹措军费上的重要性,1930年10月以后,虽然河南战局已告一段落,但南京政权却不再考虑撤销特税处,反而

---

① 驻汉口总领事桑岛主计致外务大臣币原公信第四四八号.鸦片税附加税ノ徵收準備ニ関スル件[Z].1930年6月10日.

② 汉口总领事板根准三致外务大臣币原公信第六五九号.湖北财政厅ノ阿片附加税徵收計畫其後ノ成行ニ関シ報告ノ件[Z].1930年8月4日.

③ 汉口总领事板根准三致外务大臣币原公信第六八四号.阿片附加税徵收ニ絡ル湖北财政厅对两湖特税清理处纷争解决ニ関シ報告ノ件[Z].1930年8月14日.

第六章　禁烟与军阀战争　　　　　　　　　　　　　　　　　　　　　　　　　165

由财政部设立了以快速征收鸦片税为目的的河南清理特税处。"河南也是鸦片产地之一,尤其是河南东部,本年度鸦片种植状态良好,品质不逊于四川,南京政府之所以如此迅捷地采取措施,是由于河南产鸦片消费地也在两湖,因此也将影响清理两湖特税处成绩。为此,宋子文急招李慕青于10月15日到南京商议此事。"①

李慕青从1929年夏开始担任清理两湖特税处处长,其上任后为增加鸦片收入,以整理特税名义对进出武汉鸦片新设数种新税目。除特税正税之外,湖北也加征起卸捐、印花税、省政府附加税、市政府附加税等,对鸦片商苛敛诛求。税收的繁重引起湖北鸦片商的不满,武汉特业商(鸦片运销商)与宜昌、沙市业者联络,组织对两湖特税清理处提出减轻税负请愿。清理两湖特税处不得不表面上减少特业商的税收,宣布从10月1日将汉口市内48家烟膏批发商每月660银元的特税减低为360银元,但对于从量税却不予减低。因此,湖北的特业商做出不惜罢业也要达到请愿目的的姿态。当时清理两湖特税处对四川烟土征收的税目有:(1)宜昌征收鸦片烟土运出入税;(2)沙市征收烟土检验税;(3)汉口征收正税和各种附加税,税率每1两银元6毛;(4)运往上海和下游诸港时,征收运出检验税,税率每1两银元1毛5分。②

1930年10月《武汉先驱论坛报》登载了美国通商报告③,报告中指出,作为全国统一综合税的厘金,原则上本应是中央政府的收入,但实际上在湖北、湖南两省被作为省税对待。在长江沿岸地区,国税和省税重要财源是对鸦片征收的税收。这种税收由"禁烟分局"征收,所谓的禁烟局名不副实——其表面目的虽是防止鸦片运输,实际上不过是以收入为目标的鸦片交易管理机构。其所征收的鸦片税,除了作为局里的行政经费外,还直接向有关地区军事主官缴纳。武汉现行的鸦片税如下:鸦片和鸦片烟膏税每担280元、鸦片烟馆营业执照费每月200～400银元、旅馆鸦

---

①　汉口总领事板根准三致外务大臣币原公信第九零三号.河南特税清理处ノ新設計画ニ関シ報告ノ件[Z].1930年10月21日.

②　汉口总领事板根准三致外务大臣币原公信第九二三号.漢口特業商人ノ特税軽減運動ニ関シ報告ノ件[Z].1930年10月27日.

③　驻汉口总领事坂根准三致外务大臣币原公信第九四二号.湖北、湖南、四川三省ニ於ケル国省市税徵收状況報告ノ件[Z].1930年11月4日.

片烟消费执照每月 50～100 银元、个人吸食许可证每月 6 银元。估算南京国民政府在湖北省汉口、湖南省长沙及四川省重庆等地获得的全部收入极为困难,但海关税和盐税及其他各种国税缴纳国库部分极少,国税从理论上虽应纳入国库,但在湖北、湖南、四川各省其实际上大部分被用于地方经费。现将湖北省课征国税额大致估算如下(见表 6-1)。

表 6-1　　　　　　　　　湖北省国税征收额估算(年度额)

税收项目	金额(银元)	备注
海关税	1 100 000	进出口、沿岸贸易、吨税、通过税等
印花税	60 000	
烟酒税	100 000	
邮包税	10 000	
卷烟税	300 000	
盐税	800 000	
面粉特税	8 000	
常关税	40 000	武昌关:民船、吨税;新堤关:竹木材税;荆沙关:民船、吨税、竹木材税
合计	2 418 000	
鸦片税	3 000 000	特税
全部合计	5 418 000	

资料来源:驻汉口总领事坂根准三致外务大臣币原公信第九四二号. 湖北、湖南、四川三省ニ於ケル国省市税徴収状况报告ノ件[Z]. 1930 年 11 月 4 日。

四川省内征收的国税除了普通的海关税、印花税、邮包税、烟酒税外,还有数种特别税。这些既是南京政权的财源,也是市政府岁入的重要来源。(1)卷烟、烟叶、机制酒类和糖果特别税,从价税 2 成、市税从价 6 分;(2)煤油和汽油 1 单位或 5 加仑罐 2 个银元 1 元;(3)金属材料(兵器用或铸币用)从价税 1 成;(4)金属材料(兵器半成品或铸币用)从价税 2 分 5 厘;(5)鸦片税(特税)与汉口同样,此种税收极多。此外,四川万县对运出桐油课征特别税,(1)输出税 5 分、(2)附加税 2 分 5 厘,各种形态的捐税达每担 2 毛 7 分 5 厘。其他还有土匪保护捐、检验费,以及教育和道路有关的很多捐税。此外,重庆市还对石油、烟草、鸦片及其他商品征收除正税以外的附加税和一般手续费。以上美国领事的通商报告实际上是对过去数年情况的汇总,因此其记载中有关特税征收机构的名称为禁烟局和禁烟分局,其对鸦片特税总额和鸦片正税额的记载,与1930年的实际税率和税额有很大的出入。

到了1931年3月,清理两湖特税处依然存在,处长为杨炯,副处长为何葆华,湖南分处处长为罗霆、宜昌特税分处处长为周韵松。汉口市的鸦片公会名为特业清理会,会长为赵典之、副会长为余孟凡,董事共7人。由后面提到的湖北军饷支出记录可知,其后南京政权为了补贴湖北财政,将清理两湖特税处税收的3成划归湖北省支配,原定由湖北财政厅设立的鸦片税附加税总局和分局最终没有设立。过去有研究指出,湖北、湖南两省政府和民间对于清理两湖特税处异议颇多[①],其实际原因是两湖都是特税大省,何成浚和何健都非嫡系,为与中央争夺税源而不断提出异议,并非真正为了禁烟。

总体上看,从北洋军阀统治时期起,湖北省一直是税收大省,特税收入一直占省财政收入的5到6成。但由于北洋军阀、武汉国民政府、桂系的反复搜刮,加上长年战乱、工商业凋零的影响,到1930年时湖北省财政已经难以支撑军阀战争开支,省财政亏空巨大,这种状况反而加剧了南京政权对于鸦片收入的依赖。财政困难成为妨碍禁烟的借口,最初的临时机构清理两湖特税处不仅成了常设机构,其权限也关系到国民政府和湖北省的财政。

第三节 修正禁烟法及其目标

1929年7月修正后禁烟法再度公布之后,全国禁烟委员会一面制定公布各种具体法令,一面继续调查各地鸦片毒品实际状况,治外法权对中国禁烟运动的影响,准备向国联报告,以获得禁烟问题上的国际协助。到1930年年底为止,陆续公布的法令有:1929年8月24日的《管理药商规

---

① 孙福修.蒋介石与鸦片特税[J].近代史研究,1996:189.

则》、同年 11 月 11 日的《麻醉药品管理条例》、1930 年 4 月 26 日的《管理成药规则》；为防止利用运输工具协助走私，1930 年 9 月汉口警备司令部根据武汉行营命令公布《船、车、飞机私运鸦片取缔办法》；为防止邮政包裹私运麻药，同年 10 月 14 日公布《检查邮件私递麻醉药品办法》。

禁烟委员会主要派员调查或致函地方官员协助调查，调查内容主要为外国人销售鸦片、毒品状况。如禁烟委员会 1930 年 1 月发给辽宁省海城县公安局的公文，要求协助对满铁附属地鸦片走私状况调查，指出："鸦片流毒乃众所周知之事实，随着国内取缔日严，代用品吗啡、海洛因、金丹、白丸等的销售日多，如山西省据称每年消耗量约达 1 亿元。这些药物皆为外国人输入，乃明确的事实。"[①]再如 1930 年 2 月 5 日《中央日报》报道，禁烟委员会派员赴旅顺、大连、济南、青岛，秘密调查日本商人销售鸦片状况，结果发现日本商人在济南、青岛挂着普通商业的招牌，实际上却在销售鸦片的情况极多，在旅顺和大连，日本商人公然开设烟店和烟馆，令人自由吸食。关于上述事实，禁烟委员会已经搜集证据，不日由外交部向日方提出严重抗议，并向国际联盟禁烟委员会报告。1930 年 6 月，禁烟委员会为了解各国鸦片和麻醉药品生产、使用状况及禁烟状况，令外交部向各国公使馆、领事馆等按照预定调查项目，至 1930 年 10 月底为止详细调查后提交报告。

但是，由于各租界殖民机构和各国领事馆有意隐瞒本国人的贩毒状况，这些调查很难获得确切证据，处于割据状态的各省地方政权对问卷也很少回答，因此尽管调查表已经下发各县，但收到的回答很少。8 月 29 日吉林省政府民政厅厅长给各县训令指出："据禁烟委员会来函省政府，为制作向本年 12 月 1 日召开的国联禁烟会提交的有关中国禁烟状况统计图表，需搜集资料，为此曾向各省市发出请求，已过年余，大部分尚未接到回答，而且已回答部分也多数极不完全，如此会给中国禁烟前途带来甚大影响。"[②]另外，禁烟委员会通过外交部发给各国领事馆要求协助调查

[①] 1930 年 1 月 29 日关东厅警务局长心得(局长助理)报告中上报中国拒毒会会长罗廷炎、干事长黄喜惠给辽宁省海城县公安局公文。

[②] 驻吉林总领事代理长冈半六致外务大臣币原机密公第六三四号函件.支那側ノ魔薬類取締状況調査方法訓令ニ関スル件[Z].1930 年 8 月 30 日.

各国禁烟状况的调查,也未能收到预想的回答。禁烟委员会设想的靠法制和向国际社会请求援助的禁烟方式,一开始就遭受了挫折。

修正后的禁烟法公布后,禁烟运动较为明显的是山东省和江西省,前者受日本人贩毒危害较重,后者省财政对于鸦片收入依赖较轻,因此两者的禁烟政策各自侧重不同。而几乎未受禁烟法影响的省份为福建和广东,皆为鸦片战争以来受烟毒影响最深、最广的省份。

一、山东禁烟状况

山东省禁烟运动矛头直指毒品和日本侨民,如1929年7月12日潍县政府布告严禁运销、吸食鸦片毒品:"为布告严禁事,照得鸦片、吗啡、高根、海洛因、红白丸以及其他化合制造麻醉毒品等物,依禁烟法施行条例第二章第四项本政府应付查禁之责,除饬公安局严拏法究外合行布告严禁,为此布仰阖邑商民一体周知,毋再以身试法。"

高密县公安局1929年7月15日发出布告,制定戒除期限:"为布告事,照得鸦片一物就已悬为厉禁,现于鸦片以外更有白丸、金丹、吗啡、海洛因等纷至沓来,其害较鸦片为尤甚,其禁令亦较鸦片为特严。兹当训政开始,对于鸦片及各种毒物首须严行禁绝,为此合亟布告,仰阖邑商民人等一体知悉。自布告之日起,务于法定期间(按省令年在40岁以上者限期一个月、40岁以下者限期半个月)将上项毒物一律戒断。倘仍阳奉阴违,一经查出,定案新章惩办,决不姑宽。其各禀遵勿违,切切此佈。"

博山县为实施禁烟禁毒,于同年9月27日发出公函与日本领事馆出张所交涉:"迳启者,案查麻醉药品为害最烈,迭奉上宪严令杜绝流弊澈底禁除依期廓清,屡经示谕在案。近日访闻在博日商多有暗运大宗白丸、红丸、海洛因及吗啡、四角草等毒品,希图重利供人吸食甚于鸦片烟替代,有碍民生。相应函达贵领事,希即查照严禁在博日商,如有贩卖此等毒品情事,或烦贵领事侦查捕获认证送交敝府核办,或由敝府直接查拿、依法惩办,即希见复,是为至祷以凭究办为要。"①但博山日本领事出张所所长佐

---

① 博山县长陈昌彬.博山县政府公函第二十八号[Z].1929年9月27日.

佐木,指责县长交涉公函"乃无视我方取缔之举,且有将本国人全视作买卖此种药物者之嫌,因此请交涉佐理员孟霭人来馆,详细查询发出此照会的根据何在"。① 同时,佐佐木拒绝中方单独搜查日本侨民居家和身体财产。

山东省的禁烟宣传也将矛头指向日本人贩毒。1929年10月3日济南市政府举行拒毒大会,省主席、省党部、学生、商民协会、烟草公会、面粉公会等约1 000余人,烧毁1928年5月至1929年8月所没收鸦片毒品,计烟具1 660余件、烟土烟膏40余包、白丸子大小488包、海洛因749包、紫金丹大小690包、快上快大小125包及其他原料,并举行游行,散发传单。在市政府门口,贴有日本人贩毒的漫画式宣传画。1930年2月27日《中央日报》报道,外交部因近来日本人在山东省内走私鸦片和其他麻药,并阻碍中国实施禁烟,已对山东省政府通牒,令其严加取缔。

但山东省的禁烟禁毒措施,因领事裁判权的庇护和胶东的割据状态而受到妨碍,日本人贩毒也转入地下,获得全面的证据极为困难。

二、江西禁烟状况

江西省的禁烟从1928年到次年3月由禁烟委员会实施,1929年4月后由省民政厅接办。1930年2月,民政厅公布接手办理后的报告,主要采取了下述措施:(1)禁种。已向省内公布《禁种鸦片条例和办法》,通令各县依照中央颁布的《罂粟检查章程》厉行检查。(2)禁运。计划设立禁烟专员办事处,已在省府会议通过其规程和预算,在九江、赣县、萍乡三处设立禁烟专员,同时,省政府向湖南、湖北、浙江、安徽、福建、广东各省政府行文,要求禁止向江西输出鸦片和一切麻药。(3)禁止鸦片等的买卖。根据《南昌市汉、洋药房麻药毒物品审查规则》及购买许可证,命令南昌和九江两市市长检查、禁绝各自市内私卖鸦片和其他走私麻药毒品。(4)禁止吸食。拟定《公务员调验办法》,对省政府及其他各机关人员厉行检查,另在南昌和九江两市紧急设置戒烟所,令市民吸烟者到公安局登记,登记

---

① 驻博山外务书记生佐佐木高义致外务大臣币原公第二一零号函件.禁煙取締方支那側の照会ニ関する件[Z].1929年9月30日.

期限终了后,实施按户检查。(5)开展禁烟宣传,拟定禁烟运动大会宣言各项标语和口号,12 月 21 日举行全省禁烟运动大会。

此外,1929 年 12 月 20 日江西省公布《江西省鸦片禁种规程》。为实施这一规程,江西省制定并公布《连坐保证书格式》《区乡间邻长宣誓书格式》《县长宣誓书》,令地方长官和保甲长具结担保,对农民实行连坐,以实施禁绝种植。同时,民政厅公布《禁烟罚金充奖规则》,奖励举报鸦片犯罪。

据 1930 年 6 月日本领事给外务省报告[1],江西的禁烟取得了相当大的成绩:其后各机构取缔状况虽然缓慢,却相当扎实地进行,因而吸食者较前处于逐渐减少倾向,这是事实。遗憾的是眼下官府相对于所订取缔计划,其成绩并不顺利,对有关事项统计严格保密决不向外泄漏,很难知其过去成绩,只能参照最近实况确认其成果如下:(1)半公开吸食鸦片完全绝迹;(2)官员与奸商勾结走私和吸食鸦片及其他有毒物的活动,受到法院活动和各机构内设的禁烟委员会掣肘,因而显著减少;(3)民间鸦片吸食除少数人极其秘密地购买外已显著减少,要求政府职员强制接受吸食鸦片化学检查。

江西因为实施严厉取缔,有关鸦片的活动全部转入地下,吸食者虽然明显减少,却因没有以前的数据作参照,反而难以表示出成绩。

三、福建禁烟状况

在烟毒危害时间长、影响大,又有外国租界的福建和广东,情况开始复杂化。比如福建,1929 年 5 月以后,从事鸦片走私进口、中转业者,在旅馆、妓院或自家吸食者不见被举报,相反,低档烟馆和体力劳动者在烟馆吸食者却屡屡被捕获。"这是因为实施禁烟已不如当初那么严厉,偶被查获的烟馆,都是因未贿赂负责取缔官员或有人挟嫌报复而被抓获者居多。对被抓获者最初要判刑罚,但最近几乎都处以财产刑罚。密查其情由,如此办理非因情理,乃因监狱经费不足、没有对上瘾者的医疗设施,并

---

[1] 驻九江领事代理河野清致外务大臣普通往信第二六七号.当地方ニ於ケル亜片吸飲現状ニ関シ報告ノ件[Z].1930 年 6 月 5 日.

不采取令上瘾者戒烟措施而直接释放,以致起不到矫正效果。"据新闻报道,1928年1年间福建省内重要城市福州、厦门、泉州、漳州各地捕获违反者数字为:私卖者24人、经营烟馆者120人、吸食鸦片者941人,没收鸦片13万两。但未被发现的数量更大。

1929年11月下旬,福建同安县石浔港发生了一件大规模鸦片走私进口案件,颇能反映福建鸦片取缔的困难。案情是当地鸦片商从澳门走私进口波斯鸦片100箱,同安县县长闻知消息后原想借此索贿,索贿未遂便出动县警备队20余人赴该地搜查,查获33箱(每箱3 000余元)鸦片。但在鸦片装船运回途中遭遇石浔乡民武装对抗,遂将鸦片夺回运往厦门。县长向驻该县军队求助,军队拒绝所请。最终没收鸦片全部被藏匿。[①]案发后当地舆论大哗、县长离职,教导团受命取缔涉案者,逮捕乡民18名、查封住宅20余户。与此同时,走私者却提供上万元作经费,向各报馆行贿请求不要刊载报道,同时运动官府释放被捕者,解除住宅查封。而驻漳州同安军因军费不能按时支付,有对赌博鸦片实施公开课税者。厦门司令部鉴于相邻漳州、同安的情况,招来鸦片税承包人的台湾人令其探讨征税方法,打算实行专卖制。

此案牵涉到官员腐败、军队因军饷无着插手烟赌、乡民利用走私渔利、行贿报馆操控舆论等问题,足以揭示当地鸦片流毒之深远、走私鸦片利益之巨大。

1930年4月23日,福建《民国日报》发表了中央禁烟委员会委派调查员郑希涛关于福建省的禁烟调查报告[②],也可以说明福建禁烟遇到巨大困难。郑希涛的报告分为5个部分。

(1)禁种:福建省的烟苗,历来漳州管下漳浦、诏安,泉州管下晋江、南安、惠安,兴化管下莆田、仙游,福宁管下福安、宁德,种植最多。军阀统治下对烟苗给予保护,导致毒卉蔓延。省禁烟委员会成立后,曾严格芟取。比之自1928至1929年上半年的状况,已十除八九。然1929年下半年

---

① 厦门领事寺岛广文致外务大臣币原机密第六七号函件.支那侧阿片取缔状况报告ノ件[Z].1930年2月19日.
② 郑希涛的福建禁烟观——闽南匪区烟苗依然蔓延,漳泉福宁民间烟土储量甚多,福州厦门烟土贸易最盛[N].民国日报,1930年4月23日.

后,闽南各县匪患蔓延,私种之风再起。

(2)禁运:福建民间烟土储量很大,即使骤然严禁,漳泉福宁各县烟土贮藏足堪用五六年,厦门、马尾、三都、涵江为烟土走私要地,省禁烟会虽屡破重要案件,然当地冒险私运之风依然不息。

(3)禁卖:福建省烟土销量以福州、厦门为最,故查禁最严,至1929年破获大案有:厦门神州药房2.64万余两,叶定国宅115磅,吴添丁宅印度烟土220磅、杂土150磅、烟膏105磅,长乐县林某宅2 647两。

(4)禁吸:福建省吸鸦片者下流社会居多,上流社会亦为数不少。在查封烟馆、烟店的同时,福建省曾设立戒烟医院,并令各县遵照执行。截至1929年2月,福建将瘾者全部送院治疗,其后进入"禁而不治"期间,撤销医院,捕获犯人皆交法院惩罚,对公务员则送交调验所检查。

(5)禁止制造:主要通过禁种实施。

由郑希涛的这个报告可知,福建禁烟在1929年上半年以前,曾获得一些成绩,其后又趋于泛滥。即使能够禁止生产,民间所藏鸦片依然够消费五六年之久,禁烟是一个长期的问题。此外,政府查禁实难与烟毒泛滥状态比肩。

四、广东禁烟状况

广东鸦片流毒最深,无论财政部的禁烟条例,还是禁烟法公布,均并未对其产生太大影响。相反,南京政权为筹集军费,对烟馆加征军事捐,地方腐败官员也趁火打劫,禁烟过程中各种利益冲突不断。

广东烟土大部分来自滇桂黔三省,经由越南海防运入广东东兴,或经广西梧州运入。两广除在运输必经之地设立检查站、对运入品除征收高额通过税之外,还对销售者征收印花税。广东严禁烟膏运入,但港澳两地制品比广东质量好、需求多,因此有不少走私业者。广东查获走私者除没收走私货外,还课以数百至数千元的罚金。广东历来禁种罂粟,但地方驻军勾结农民许其种植,并为之提供保护。在桂系统治时期,李济深和黄绍竑对违者严加惩罚,因此在1928年左右,种植者极少,但同时也导致广西鸦片运往广东者增多。①

广东烟膏买卖早期由直属财政部的禁烟总处管理,1928年9月禁烟总处撤销,财政厅将专卖权承包给广西商人黄中(黄绍竑之兄,假名)经营的两粤公司,在河南区设立烟馆160余间。该公司交纳25万元保证金,获取烟膏分销处执照,以比批发行市低5分的价格将烟膏批发给烟馆。烟馆一般称为戒烟处,限在河南区开设。承包商对烟馆收取25元保证金,并规定每天最低销售限额为烟膏5钱,对出售5钱烟膏以上烟馆,默许其销售私造品。但后来改变规定,不再限定每天销售额,同时也绝对禁止销售私造品,对违者处以罚金并取消营业权。广州市分销处也同样对一般吸食者零售。②

1927年年末禁烟总处时期,出售的烟膏分一等品、二等品两种,一等品1钱(3.6克)6毛钱,二等品1钱5毛钱。后来废止一等品,只制造销售二等品,并制成以下各种规格销售:1两(36克)装5元、5钱装2.5元、2钱装1元、1钱2分装6毛、8分装4毛,1两和5钱装者用铜盒装,其他皆装以陶质容器,在盒盖合缝地方贴印花加封,以区别于私造品。而私造品则以回收空容器装烟膏,贴上伪造印花销售。

对吸食者的管理,禁烟总处时代颁布了《禁烟保证规则》。证书种类及费用额分5种:(1)特别证。为绅商和妇女用,不限吸食场所和鸦片种类,每年交纳1 200元或每月百元。(2)普通证。限制吸食区域,不限鸦片种类,每年24元,每月2元。(3)专用证。限各地分销处俱乐部,吸食器具1套,每10日发行保证书1张,每张5元。(4)临时证。限饭店、旅馆、俱乐部使用,对吸食器具1套发行保证书1张,其有效期限每日两次、每次交纳5毛。(5)劳工证。限真正的工人使用,须有工会证明而且限制吸食地点,每年12元、每月1元。以上各种保证费用一律以大洋征收。保证书不得转借,违者处以1年保证书费用10倍以上20倍以下的罚款。

广东政府在禁烟总处时代每月征收的鸦片税额不过45万至50万

---

① 广东总领事矢野.広東ニ於ケル阿片取締ノ現状ニ関スル調査報告[Z].1928年10月17日//日本外务省条约局.各国ニ於ケル阿片取締状況[Z].1929:216—223.
② 广东总领事矢野.広東ニ於ケル阿片取締ノ現状ニ関スル調査報告[Z].1928年10月17日//日本外务省条约局.各国ニ於ケル阿片取締状況[Z].1929:217.

元,但两粤公司承包后却大幅提高了税金,要求其每月交纳 70 万元税收外,向东区、西区、南区、北区四善后委员公署每月各贿赂 4 万元,合计 86 万元。^① 而广东卫戍司令邓世增也想每月索取固定贿赂,借口市内烟馆妨碍搜查共产党和土匪,查封了广州市内百余间烟馆,使该公司业务大受打击,该公司只好也对其每月贿赂 4 万元,邓世增才表示可以 70 间为限度恢复市内烟馆。^②

两粤公司在获得承包权的同时,名义上获得了历来由禁烟总局行使的查禁鸦片走私、私造、私吸等权限,但实际上此权限却被国税管理委员公署所辖缉私局、公安局、卫戍司令部夺取,造成该公司难以按计划获得收入,终至拖欠巨额税金和贿赂(一说贿赂并未拖欠)。恰好全国禁烟委员会决定于 1929 年 3 月在全国彻底取缔鸦片买卖和吸食,该公司欲在实施前将手头鸦片全部卖掉,连日减价 2 成出售。准备停止营业。

这一时期,有不少烟馆老板趁取缔机构混乱,靠当地实力派的庇护拒不履行规定手续、出售私造品,导致两粤公司收入逐渐减少。该公司为挽回损失进行严厉取缔,但烟馆业以罢业来对抗,最终各烟馆与该公司以每天销售该公司制造烟膏 2 520 克为条件达成协议。而当地烟民又欢迎价格稍高的私造品,排斥该公司制品,所以各烟馆购买配额的该公司烟膏后,以比市价低 2 成出售,烟价降低导致低收入阶层吸食者的增加。1929 年年初,两粤公司拖欠税款达百万元以上,4 月专卖权被收回。禁烟法及施行条例公布之后,1928 年 12 月广东省曾制定 12 条禁烟法草案,在财政厅内设禁烟处,在各地设禁烟分处,并派遣调验公务员调查吸烟嫌疑人。1929 年 1 月省府宣布以 3 个月为限实施禁烟,组织禁烟委员会作为实施机构。但后来又考虑骤然实施禁烟对省财政影响过大,于 1929 年 2 月底决定将期限延长到未来 6 个月。

但在上述宣言期限过后,广东省依然未能实现禁烟。1930 年 4 月一

---

① 广东总领事矢野.広東ニ於ケル阿片取締ノ現状ニ関スル調査報告[Z].1928 年 10 月 17 日//日本外务省条约局.各国ニ於ケル阿片取締状況[Z].1929:220.
② 广东总领事矢野.廣東廣西兩省ニ於ケル阿片取締状況ニ関スル調査[Z].1929 年 1 月 24 日//日本外务省条约局.各国ニ於ケル阿片取締状況[Z].1929:224-233.

份日本驻汕头领事的报告表明,当地的鸦片专卖反比以前更为体系化了。[①] 其基本结构为:广东全省由省政府发标实施专卖,在潮梅地区设立禁烟支局,在各县设分局。省政府将专卖权以一定价格出售给承包商。潮梅支局以每年61.5万元的代价获取潮梅15县的鸦片专卖权,取得者因难以实现在15县内的广大地区统一专卖权,又将各县内的专卖权分包给他人(权利和金额因县而异),一面取缔鸦片走私、吸食,一面致力于获取收益。因此,禁烟局表面上是官方组织,实际上是承包者建立的。承包业者皆为在省政府有相当实力者,或通过政府当局者牵头募集股份组织的纯营利组织,内设文书科、财务科、调查科、烟膏专卖处和武装警察队。调查科附设拘留处,其下设3个班,每班设班长1名,班员10名。武装警察队是由20名人员组成的私人武装,禁烟局为自卫而为队员配发武器,负责局内外警备和随从调查员协助拿获和搜查,还负责护卫运输鸦片的任务。

吸食管理:对一般吸食者无任何限制。只要在禁烟局许可烟馆吸食,对任何人皆无限制。对于不愿在烟馆吸食者,发给其在家或旅馆、酒楼、妓院吸食特许执照,特许执照分为临时和甲、乙、丙4种:临时执照发给在旅馆、酒楼、妓院等临时吸食者,1天税金6毛;甲等自家吸食用,允许调制烟膏和吸食,不得营业,每月税金10.45元;乙等限自家吸食,不得制造烟膏,每月税金7.45元;丙等在自家吸食,必须每天从禁烟局购买吸食定量,每月税金3.45元。

烟馆管理:汕头市内有145处烟馆,都挂戒烟所招牌,实为正宗烟馆。对烟馆管理采取特许制度,烟灯5个以内每天税金0.88元,5个以下每增加1个征收同额税金,每个烟灯每天必须从专卖局购买烟土1两(50克),从他处购买烟土1两须缴纳5毛税金,以防私卖。

烟土烟膏管理:商人欲进口鸦片者,须在现货抵达前申报数量,每两缴纳印花税0.63元后,可领取运输护照进口。制造烟膏除第二项中甲等执照所有者外,绝对禁止。禁烟局内制造烟膏,烟膏价格中加印花税7

---

① 驻汕头领事别府致外务大臣币原機密第二四五号.支那側ノ阿片取締状況報告ノ件[Z].1930年4月24日.

毛、军事费 4 分,因此烟土烟膏加贴印花,作为一种商品在市内店铺销售交易,经手店家有五六间。

警察取缔:查获和处罚违反者的权力绝对属于禁烟局,警方仅仅在禁烟局搜查、抓获时到场而已,因此查获鸦片不允许发动警察权。只有偶尔遇到私贩、私吸者的才能将其拿获,但被逮捕人犯和证物必须立刻移交禁烟局,由其裁夺。

违者处罚:一般是直接拘留,立即处以罚款并没收物品。以被捕者资产状况为基准宣判罚款,被捕者缴纳后可释放。被捕者往往不会简单接受高额罚款判决,多会讨价还价请求减额,最终互让至三分之二或半额程度。

1930 年 2 月,在汕头发生了戒烟所集体罢业事件,此事可作为专卖制下禁烟局不法行为的脚注:汕头市戒烟所由禁烟局特许开业,每个烟灯每天缴小洋 8 毛 8 分税收,每灯每天准售 1 两鸦片。市内还有以谈话处名义设立的 180 余处戒烟所。其所用鸦片主要从禁烟局购买,1 两价格 3.3 元(非禁烟局鸦片每两须纳 5 毛税金),但禁烟局最近对每灯加征 2 毛军事附加捐之外,因鸦片价格上涨,批发价提高到 1 两 3.8 元。因此,各戒烟所于 18 日联合举行罢业,并组织调查队防止同行背叛。其散发的传单表明事件的起因是,现任禁烟局局长温鼎新到任后,除违反禁烟宗旨和规定、增设烟馆、提高价格、课以重税之外,还将无财政部印花的"金象牌"化学制品(1 块 20 余两,价格约 3 元)混入烟膏,以普通价格强卖给各戒烟所。此举危及鸦片业者和数千家属的生活。同时,禁烟所罢业者还向省当局请愿给予救济。对此,禁烟局发出布告,命令于 19 日前复业,违者没收烟具、取消许可。[①] 烟馆业者因禁烟局局长增设烟馆导致竞争环境恶化,因禁烟局局长加税和提价导致销售困难,又因禁烟局局长在烟膏中混入毒品而影响信誉,危及烟馆业生存,故最终奋起而抗争,实在是有些滑稽。

其他地区禁烟虽也有一定成果,但是相比烟毒泛滥之烈,禁烟成果却

---

① 汕头总领事别府熊吉致外务大臣公第五八号.戒煙所ノ罷業ニ関スル件[Z].1930 年 2 月 21 日.

不大。比如南京中央禁烟委员会和首都警察厅联合公布1929年禁烟成绩：共破获吸烟、销售、走私、私藏、烟馆各类案件657件，抓获犯人男883人，女189人。再如日本驻天津总领事馆在中国禁烟政策压力下做出禁烟姿态，1930年1月破获了中国人经营的"新旅社烟窟"。但此案的意义非常微妙，日本驻天津总领事馆一方面表示在租界配合中国禁烟，另一方面却以此案表明，即使是在租界内的贩毒活动也主要是由中国人进行的，而对大量存在的日本、朝鲜浪人的贩毒活动视而不见。而查封租界内中国人贩卖鸦片的大型窝点，客观效果却是为日本、朝鲜浪人贩毒扫清道路。

第四节　查禁外国船只运输走私鸦片

早在广东国民政府时代，就已发生英美船只不遵守中国政府法令、私运鸦片的情况。北伐战争开始后，军阀设卡禁运鸦片，反而导致利用外船私运鸦片的增加。国民政府掌控长江沿岸各省之后，开始对外国船只私运鸦片进行取缔。

1928年7月，连续发生美国船只"其平轮"私运烟土9担、英国船只"湘和轮"私运1 155斤被查获的案件。宜昌禁烟分局委托外交部交涉员向英美等各国领事提出严重交涉，并拟定对外国船只检查条件，要求可由禁烟分局随时派员对沿长江下驶外国船只的舱里舱面进行检查，若查出私运烟土，可由禁烟分局将人和货物带交法院惩处。① 但英国领事早已致函各国领事，要求其拒绝禁烟局的要求。日本领事最终以实施检查"有引发意外事件之虞"，拒绝了中方的合理要求。②

1929年4月，英国太古公司轮船大通号由汉口私运烟土5万两，被上海淞沪警备司令部和上海特别市公安局查获。③ 同年7月5日在由上游驶入汉口的英舰佩特里尔号的厨房，又查出私运鸦片91斤半。而且中

---

①　参看1928年7月3日驻宜昌中国交涉员李翱东致日本驻宜昌领事代理公函及交涉事项附件。
②　驻宜昌领事代理浦川昌义致外务大臣币原往信第一零七五号.宜昌禁煙局ノ外国船検査申出ニ関スル件[Z].1928年7月8日。
③　1929年4月5日《民国日报》。

国官员还指出,其弹药库中也藏有鸦片,但英方拒绝了中方官员对弹药库进行检查的要求,最终未能检查。此案由清理两湖特税处致函外交部交涉署提出严重交涉,指责英舰违反国际公法,并要求此后对英舰每次往返长江航行都派员检查。[①] 但此案也和其他单独交涉一样,并未获得预想成果。

关于英国船只私运烟土,外交部与英国公使兰普孙再三交涉。[②] 兰普孙本人对中国禁烟事业持支持态度,也对轮船公司屡发私运烟土案的处理感到不胜其烦,因此1929年曾下令轮船公司各自采取相应办法,禁止有私运鸦片嫌疑者乘船。兰普孙警告轮船公司,若不严加管理,政府将不负责保护轮船公司。但英国轮船公司调查之后才发现,整个长江的鸦片运输由青帮掌控,这种走私组织的构造远比轮船公司预想的庞大而复杂,根本无法防止。鉴于这一事实,英国公使经与当地英国海军及英国政府商讨,决定默许长江沿岸各领事根据自己的判断与当地官员缔结允许中方检查的协定。但协定要领是:必须经轮船公司许可、由受中方官员认可的禁烟会人员随时检查,检查时需有英国海军官员会同。同时,英国公使馆"递交我方以下内容公文,称已训令长江沿岸各地英国领事,令其对中国禁烟当局正式派遣人员在各港检查英国船只者予以协助"。[③] 中方则由行政院审议批准实施禁烟委员会制定的《检查舟、车、飞机私运鸦片办法十二条》,由南京政府外交部通知武汉行营,武汉行营下令送达以上检查办法抄本,令所属机构实施。其基本内容为:"英国承认由禁烟局人员或公安局人员不带武装并会同海关检查员对商船进行随时检查。"

汉口警备司令部接到武汉行营命令后,对所属的汉口区戒严指挥官欧阳珍、武昌张鼎铭、汉阳高魁元、汉口市公安局局长黄振兴、武昌市公安局局长苏世安、火车检查所主任孙季衡、船舶检查所主任郭恢唐、武汉警备司令部副官/处长汪宗藩、稽查处处长任本昭,下达了有关船、车、飞机

---

① 驻汉口武官铃木.汉普情报第七十一号 国情 外交 杂(鸦片问题)英艦ペテレルの阿片密輸入事件[Z].1929年7月15日.
② 汉口总领事板根准三致外务大臣币原机密第八二四号.武漢警備司令部ノ船、車、飛行機ニ依ル阿片密輸取締辦法施行ニ関シ報告ノ件[Z].1930年9月26日.
③ 汉口总领事板根准三致外务大臣币原机密第八四二号.支那側舟、車、飛機ニ依ル阿片等密輸取締ニ関スル英国側態度報告ノ件[Z].1930年10月3日.

走私鸦片取缔办法的通令。对船舶、车辆及飞机的检查，依据禁烟委员会制定的《检查舟、车、飞机私运鸦片办法十二条》实施，对于在长江航行的英国船只一律检查。这是在武汉对以英国轮船公司为对象率先恢复国民政府对领空、领海、领土行政管辖权的尝试。

不久，国民政府将这一检查办法扩大到所有在中国领土、领海、领空内行驶的外国船只、飞机、车辆，照会各国公使于 1930 年 10 月 10 日开始实施。到了 1931 年 7 月 7 日，国民政府再次公布《检查舟、车、飞机私运鸦片及其代用品办法》，宣布在中国各地对行驶于中国领土、领空、领海的交通工具实施检查。这是国民政府通过禁烟运动获得的外交成果。

本章小结

这一时期，国民政府本身处于分裂和对立之中，政府内部各派军阀意见对立，政府之外新军阀战争方兴未艾，因此，禁烟法虽表面上趋于完善，发布了各类相关法令，但实际上没有约束力，1929 年以后，从 1928 年开始的强行禁烟政策的效力在消失。

禁烟委员会为把握各地鸦片泛滥情况所进行的调查只获得了很小的成果，多数调查全无成果，预定 1930 年 12 月向国际联盟递交申诉的计划也不了了之。其唯一取得的成绩是恢复了对外国交通工具在中国领土、领空、领海航行的管辖权。

军阀战争导致财政窘迫，加重了中央和地方对税源的争夺，在国民政府势力达不到的地方，地方政府阳奉阴违，各行其是。各地禁烟政策宽严不一，利用南京政权对于鸦片收入的渴求，政府内各种势力间发生对鸦片收入的争夺，各省为政者、腐败官僚、警察、加上军饷无着的军队，不仅不实施禁烟，反而将其作为在禁烟的名义下获取收入的工具。个别省实施严厉禁烟政策，也遭到了日本领事公开或暗地的抵制。整个禁烟运动受到挫折。在上述大背景下，1931 年到 1933 年，禁烟运动开始出现反复。

第七章

禁烟运动的回潮

1928年年末开始的禁烟运动,中原大战开始前获得了初期成果。但由于各地军阀割据和外国势力干预,禁烟运动流于表面化。处于南京政权控制下的苏、浙、皖等省,在不能截断鸦片原料供给和无法阻止租界走私的状况下实施严禁,一方面使鸦片的吸食和运销转入地下,另一方面反为以"戒烟丸"名义的毒品泛滥开了路,禁烟局面呈现复杂化的态势。北伐时期工农运动的巨大能量虽暂时压制了列强在华活动,但随着工农运动被镇压和新军阀战争的展开,鸦片再次成为筹集军费的理想财源,各地出现禁烟运动的回潮。

第一节 政策回潮的主要原因

在南京政权内部,过去数年禁烟运动不见成果,"九一八事变"发生后东北关税被日本劫夺,加上华北防卫战与"攘外安内"政策需要巨额军费等原因,从鸦片中寻求财政收入的声音转强,出现种种自相矛盾的举动。军阀战争和鸦片原料供给过剩,也给受到世界大萧条和国际禁毒条约压制的国际贩毒资本和技术提供了新的转移地,20世纪30年代初,向中国走私毒品数量和转移制毒工厂案件增加了。在上述背景下,1931年后中国各地出现完全相反的动态,一面是禁烟呼声的持续,一面是以鸦片获取收入的政策和设想纷纷出笼。东北汤玉麟与黄显声贩烟禁烟之争、张学良在华北开征鸦片印花税、财政部鸦片专卖计划、山西鸦片官营、地方势力把持清理两湖特税处、新桂系巨头在香港出售鸦片，都是后者的典型表现。

1931年年末到1932年是战前中国财政史上一个微妙时期，外敌入侵、政争不止、军阀混战使南京政权处于风雨飘摇之中。"九一八事变"后东北沦陷，华北成为日军下一步目标；1931年年末至1932年年初，南京政权蒋介石受国民党元老和地方势力压迫再度下野，中原大战中失败的冯、阎、桂系军阀重返党内；日本海军陆战队进攻上海引发"一二八抗战"，日军想以此举转移世界舆论对东北的关注并重创中国政府财政收入；1932年九十月间，山东韩复榘趁南京政权无暇顾及，发动驱逐胶东刘珍年战争；在四川也发生南京政权支持的刘湘与西南五省联盟支持的刘文辉争夺四川之战。与动荡不安的政局相对照，1932年南京政权财政却多云转晴："盖自十九年六月以迄二十一年一月二十八日日军侵沪时，其间迭次发行内债，以补岁入之不足，而自二十一年二月起，中央力谋量入为出，同时整理税务，以裕收入，遂得收支适合，不再发行内债。本年二月至今，政府未举一债，收支竟能相抵，此实为民国成立以来所创建。"[①]

1932年世界经济危机日益深重，各国财政都陷于难以自拔的境地，中国则发生长江水灾，银价跌落，日本劫夺东北税收、进逼淞沪威胁中国贸易金融中心的种种天灾人祸。"一二八事变"导致中国税收梗阻、公债惨跌、银行自顾不暇、无力接济政府的惨状。国民政府反借危机，制定公债整理计划与金融资本达成协议，将所有公债全部以关税为担保，延长还本付息期限，使税收脱离公债还本付息的羁绊，同时整理各地军费支出，"除抗日军队及在鄂赣剿共军外，政府对于其他军队，仅能发给伙食，迨沪局稍定，税收渐有起色，军费之支出重复增加，但仍始终坚守十八年裁兵会议规定，每月一千八百万元之限度"[②]。靠着整理公债和减少军费开支

---

① 宋子文:国民政府十九年及二十年两会计年度财政报告[Z].//秦孝仪.抗战前国家建设史料——财政方面[Z].1982:265.
② 宋子文:国民政府十九年及二十年两会计年度财政报告[Z].//秦孝仪.抗战前国家建设史料——财政方面[Z].1982:266.

两项,南京政权每年各省出1亿元,渡过了财政难关。"然本年度财政上,不致捉襟见肘之最大原因,实以在此期间,未有反抗中央之内战……"①虽然内忧外患迭起,但由于没有内战,南京政权的财政获得了喘息机会。同时,南京政权反倒趁着内外危局,压迫持券银行实行公债整理,摆脱了对地方军费支付,客观上降低了对特税的依赖。

但削减对地方军费开支和宋子文积极主张实行鸦片专卖,却为此后的禁烟运动种下了恶果。本章主要探讨以上种种动向导致的禁烟运动回潮及其影响。

第二节 财政部鸦片专卖计划

从1928年下半年开始的禁烟运动,因国民政府对禁烟长期性、复杂性认识不足,初期的禁烟法制繁复而庞杂,相互间缺乏有机联系,而各地政府和参与禁烟机构对禁烟法制各取所需、各自为政地制定禁烟办法,禁烟行政仅仅止于进行禁烟宣传、查封烟馆、查缉烟贩和吸食者,要求吸食者在3个月乃至1年内戒烟。对查获烟犯惩罚的原则也是让犯人在罚款和服刑间选择,罚款多寡则根据犯人家产在数十元到数千元之间,具有很大的随意性和伸缩性。而且党、军、警、宪、特等机构都参与查缉,罚款成了各机构生财之道。这种伸缩性妨碍了禁烟运动获得实质性的成果。虽经数年努力,禁烟运动却乏善可陈。到了1931年前后,南京政权为政者也认识到,各地军队、警察、官员插手禁烟是导致禁烟有名无实的真正原因,为政者却没有有效控制办法。

排除党部、军、警、宪、特对于禁烟行政干扰的尝试,首先是由财政部试行的。在1931年五六月间召开的国民党第五次中央委员会全体会议上做出决议,决定设立江苏、浙江、安徽、江西、福建五省禁烟查缉处,作为中央直属机构,禁止地方党部和军人干涉。② 具体设想是由财政部设立

---

① 宋子文:国民政府十九年及二十年两会计年度财政报告[Z].//秦孝仪.抗战前国家建设史料——财政方面[Z].1982:267.
② 驻福州总领事田村致外务大臣币原公第一八七号.福建禁烟查缉处成立ニ関シ報告ノ件[Z].1931年7月8日.

全国禁烟处,各省禁烟局直属于全国禁烟处。在五省设置禁烟查缉处,实施禁烟管理。其真实意图是要排除党部、军、警、宪、特、官员的干扰,公开允许鸦片买卖吸食,在实现全面禁烟目标之前将鸦片收入收归中央财政。

时任财政部部长的宋子文一向主张实施鸦片专卖,由财政部统一掌控鸦片收入,客观上起到对烟民寓禁于征、对地方割据断其财源的效果。为实施鸦片公卖,早在1930年6月,宋子文就派心腹李基鸿赴日本占领下的台湾地区考察,并由厦门政客中与台湾地区有密切关系的周寿卿陪伴其前往,归国后将详情向中央汇报后,制定鸦片实施专卖方案。

之后,财政部开始为上述制度造势,请曾任国际联盟鸦片委员会中国代表的伍连德博士出面宣称,"南京要确立禁烟政策,无如实施专卖制度、以获得的财源创设禁烟机构、模仿台湾取渐减主义为好"。同时,财政部任命有鸦片大王之称的叶清河为五省运输监督,承包在内地的鸦片采购和运输,与产地四川、云南交涉。"产地价格以每两银元7毛,加运费税金后成本约为2元,再加价为2.5、2.6元批发。查缉处计划对原料店、烟馆、个人吸食按以下办法征税。烟土店每月税金150元,烟馆一等300元、二等200元、三等100元,吸烟每人每月1.5元。"财政部还分别任命郝子华、丰文郁、何云、袁缙为安徽、江苏、浙江、福建各省的处长,7月1日上任。

日籍台湾人势力最大的厦门对这一政策的反应最快。厦门分处处长郑能培于7月3日到任,在厦门市鹭江路100号至103号租赁房屋,以"福建全省禁烟查缉处厦门分处"名义开始办公。厦门市内"与台湾有关鸦片业者打算按每股2万元出资者有六七名,且出资者中有就任董事者,此等皆为进出口业者,市政府打算以12名为限发放许可。许可条件是,禁止在一层营业,须在二层以上房屋营业,计划分一、二、三等,令其交纳相当的税金"。① 这一政策的出台使内外鸦片贩子感到欢欣鼓舞。上海、香港、厦门、汕头各地已经组织有400万元资本的公司,专向上述各省供应鸦片。福建另外组织福州10万元、厦门30万元的公司四处活动,欲承

---

① 驻厦门领事寺岛广文致外务大臣币原机密第二九二号.禁煙查緝処厦門分処設置ニ関スル件[Z].1931年7月6日.

包全省鸦片专卖。①

财政部的举措也引起了全国舆论一片沸腾,全国拒毒总会飞檄全国,指责伍连德的主张是"挂羊头卖狗肉",会被军阀利用来毒杀民众。福建省政府禁烟委员会和民间拒毒社认为,这一政策与鸦片专卖如出一辙,与严格禁烟不相容,表示强烈反对。福建省政府于6月29日召开临时会议,认为查缉处的办法疑虑多多,电请中央延期开始办公。另外,对于鸦片进口,福建决定通令各机构和军警,在中央有明确回电前,按以前禁令严格禁止,无论何种借口进口的鸦片一律扣留。省、县党部和祛毒社及各报则积极唤起舆论。一般舆论也认为这是"为获取财政收入而允许公开买卖吸食鸦片",各地政府和党部展开激烈的批判。②

其中广州批判尤为激烈:"蒋介石、宋子文苛敛诛求,实行公开买卖鸦片政策,令上海高级流氓运销鸦片,连上海警备司令部也参与走私。此前上海公安局局长戴石浮以走私鸦片罪逮捕熊式辉反遭免职,乃众所周知的事实。财政部还设立湖北特税局作为鸦片走私机构,前次中央政治会议和中央党部常会上各委员一再要求撤销,宋子文置之不理。最近派李鸿基去台湾调查之结果,公布《毒药公卖条例》,设立财政部直辖的禁烟处实施公卖。"③6月19日,上海市党部也发表攻击性通电,称"蒋介石的举动破坏《海牙条约》,明显有悖国际信义,使国家的国际地位低落之外,还助长民族危亡,蒋介石是国家公敌"。各地拒毒组织也纷纷向南京发电,请其缓办。

但仔细分析可以发现,这一政策的真实目的在于"替代进口"。其逻辑是:"尽管革命后厉行严禁,然有军人、官吏公然从事运输、销售、吸食或以烟苗税和烟灯税为唯一财源之事实。现在广东公然吸烟,云南、四川大量生产自不待言,各省盛行种植、运输、销售、吸食,是公然之秘密。除本

---

① 驻福州总领事田村致外务大臣币原公第一八七号函件附件.福建禁烟查缉处设立经纬和计划内容[Z].1931年7月8日.
② 上海总领事村井仓松致外务大臣币原公信第八三二号.国民政府ノ阿片専売計画ニ対シ各地党部其他ノ反対運動ニ関スル件[Z].1931年7月1日.
③ 驻广东总领事代理须磨致外务大臣币原公第九〇七号函件.蒋介石ノ阿片公賣ニ関シ当地国民政府ノ反対宣言発表ノ件[Z].1931年6月29日.

国产之外，还仰赖印度、波斯供给……若是如此默认表面严禁、实则暗地征税之弊政，徒自将每年数千万元之巨款流向鸦片生产国。"①也就是说，与其让外汇流入鸦片生产国，或成为地方割据财源，不如由中央政府筹划适当政策管理。此外，国民党第五次中央委员会全体会议还形成了以六年为限，逐渐达到全面禁烟的决议。以上财政部政策作为过渡性措施，先在江、浙、闽等五省试办，计划模仿台湾地区或新加坡，实施专卖制度。

这一计划存在一个根本的矛盾，就算是财政部都无权直接指挥各省军警和大员。政府一面规定各省军警不得干预，一面又下令要军警逮捕取缔反对这一政策者，首先遭到了各省民政厅和公安局的抵制。福建省民政厅于 1931 年 6 月 27 日发出第 155 号命令，公开声称无法干预禁烟事务，当地公安局连日常取缔活动也停止了。② 由于制度本身的致命缺陷和政府内外反对声音日强，行政院不得不于 7 月 8 日下令中止实施这一计划。③ 福州于 7 月 11 日、浙江于 7 月 10 日、厦门在 12 日关闭了禁烟查缉处。④ 具有讽刺意味的是，这番举措倒是获得了一片赞誉，各地舆论认为这是中央政府顺应民意、放弃既定政策、撤销了机构。

实际上财政部的设想与国民政府 1934 年的禁烟政策有很多相似之处，两者的基本设想、机构设置、禁绝期限、查禁方法、甚至连查缉处处长人选都是一样的，不同之处在于前者设想以财政部主导实施，形同追求增加税收，后者以鄂豫皖剿总南昌行营的军令实施，令出法随，具有很强的强制性。这表明，在 20 世纪 30 年代初各种势力环伺的情况下，禁烟组织的真实性和合理性首先会受到质疑，尤其是过渡期内鸦片收益归属受到各方高度关注。禁烟机构的强制性和禁烟政策的真实性，成为排除干扰、

---

① 驻广东总领事代理须磨致外务大臣币原公第九〇七号函件.蒋介石ノ阿片公賣ニ関シ当地国民政府ノ反対宣言発表ノ件[Z].1931 年 6 月 29 日.

② 驻厦门领事寺岛广文致外务大臣币原机密第三一零号.禁煙查缉処厦門分処撤廃並禁煙宣傳大會ニ関スル件[Z].1931 年 7 月 16 日.

③ 驻上海总领事村井致外务大臣币原公第八六三号.禁煙查缉処停辦ニ関スル件[Z].1931 年 7 月 14 日.

④ 福州参考驻福州总领事田村致外务大臣币原公第一九五号.禁煙查缉処撤廃ニ関シ報告ノ件[Z].1931 年 7 月 14 日;杭州参考驻杭州领事代理米内山庸夫致外务大臣币原公第一三三号.禁煙查缉処撤廃シ報告ノ件[Z].1931 年 7 月 14 日.驻厦门领事寺岛广文致外务大臣币原机密第三一零号.禁煙查缉処厦門分処撤廃並禁煙宣傳大會ニ関スル件[Z].1931 年 7 月 16 日.

获得预定成果的关键。

第三节　鸦片税收再起争夺

北伐后的国民政府是一个各种势力的混合体,中央政权为排除异己,利用财政手段强制各省裁军,反而促使各省军阀插手保护鸦片种植、运销、吸食。以鸦片收入为战费虽然短时间内能获取高收入,但对地方经济来说无异于饮鸩止渴,鸦片成为消耗民间财富积累、推动内战的财政根源。如前面章节所讨论过的,这一时期,自中原大战后入主华北的奉系军阀为筹措军费在华北开征鸦片印花税,甚至打算为获取毒品原料鸦片税收而允许公开制造毒品,热河自易帜之后一直以生产医药用鸦片为名不断扩大鸦片种植,黑、吉、辽三省此时虽有积极禁烟之举,日本控制的旅大租界和满铁附属地却成为走私鸦片的渊薮。迫于奉系内部关系维持和获取军政费用,张学良不得不允许汤玉麟将热河鸦片销往东北。在华北和西北,控制陕、甘、宁、绥、察的地方军阀也靠强迫农民种植鸦片来获取军费,这些鸦片被大量运销京津、河北,再沿津浦线和京汉线运往内地。1932年上半年晋系和桂系开始重建地方财政,两者为获得财政资源,不约而同地依靠鸦片收入。

早在北洋军阀统治时期,山西就是大量输入麻药之地,吸食"料子"风气深入农村,晋中地区吸食者尤多。据中国拒毒会估计,1930年以前,山西每年从省外购买鸦片毒品金额高达1亿元。1930年9月,韩复榘曾对日本领事谈到,在中原大战中山西军败绩原因之一就是很多士兵吸食海洛因,在徐州前线"因为连阴雨、湿气太重,海洛因和火柴都点不着了"。[①]士兵吸毒不仅造成山西军队战斗力锐减,也为外国毒贩带来了机会。"据说山西军在济南和沿线驻扎时,经手该物的日本人每人赚了12万元左右。"[②]

---

① 驻济南总领事西田致外务大臣币原公信第四二一号函件.禁制薬品取締方ニ関シ韓復矩申出ノ件[Z].1930年9月9日.

② 同上。

1932年阎锡山复出担任山西绥靖公署主任,开始在山西严禁海洛因等毒品。1932年4月15日发布的专卖布告中指出:"今山西每年购入外来衣食住所消费金额不过3 000万元,而购入外来丹料、鸦片之费每年达5 000万元。最近20年来外来丹料、鸦片所费实不下10亿元……长此以往,省除穷死外无他。"① 作为一个地方省份,山西与其他地区的贸易收支长期处于巨额超支状态,其用于毒品的费用是购买生活必需品费用的1.6到3倍,阎担心这种情况的持续会导致山西民间财富枯竭,进而导致省财政资源的枯竭,因此其计划以鸦片替代烈性毒品,以绥远产鸦片替代从外省进口毒品,以维持其财政资源。从1932年4月开始,阎锡山在其所控制的山西、绥远开始实行鸦片公卖,"由省府制订公卖办法,由官方制造长方形鸦片药饼,重约五六钱、装于小铁盒内,表面贴标记。每盒定价2元。自公卖开始以来,成绩良好,购买者日多"。②

1931年6月17日,李宗仁与张发奎、叶祺同赴香港地区,坊间猜测是因探知蒋介石通过李济深收买其部下黄旭初而商讨对策,但据驻广东日本总领事馆探知的情报,由于大量广西鸦片经东兴运到香港地区,3人是为出售鸦片而赴香港。③ 1932年4月,李宗仁就任广西绥靖公署主任,新桂系为求自保,与广东军阀陈济棠联手,私下形成粤、桂、滇、黔、川西南五省联盟以对抗南京政权,湖南何健也对其"暗送秋波"。西南五省联盟财政收入中大宗为鸦片通过税和运销收入,滇、桂、川皆为鸦片大产地,粤、黔两省为消费地,湖南则为重要运输通道。1933年7月,广西也出台了禁烟办法实行禁烟,宣布9个月内禁绝吸食,于10月1日查封烟馆。广西对吸食者按每3个月为一期逐渐提高吸烟许可费用,第一期为每月1银元,第二期为每月2银元,第三期为每月4银元。当时一般认为,由于广西财政中对鸦片生产、销售和吸食征税的重要地位,这个办法无异于一纸空文,根本不会认真实施。④

---

① 阎锡山.告烟民书[Z].1932年4月15日。
② 驻天津总领事桑岛主计致外务大臣芳泽谦吉公信第四〇七号.山西省阿片公賣ニ関スル件[Z].1932年5月4日。
③ 驻广东总领事代理须磨弥吉郎致外务大臣第二二二号密电[Z].1931年6月19日。
④ 广东总领事代理吉田至外务大臣内田公第八一四号函件.广西省政府禁煙办法实施ニ関する件[Z].1933年8月12日。

第七章　禁烟运动的回潮

在南京政权控制下的湖北,军阀混战和"剿共"使裁军计划无法实施,巨额军费压迫中央财政,导致1929年后逐渐建立的中央地方分流的税收秩序再度陷入紊乱。1928年度财政部报告中,两湖特税收入作为未分类款包含在直拨军费中,之后年度报告中未分类款项目虽然消失,但在税收项下增设"其他"一栏。而且在军费支出项下,到1932年为止,每月军费支出为1 800万到2 000万元,由中央直接拨付的却只有1 300万元。不足军费部分由地方截留中央收入拨付,或由军队向地方强征,抑或干脆拖欠。这种政策导致财政税收秩序再度紊乱。

1931年到1932年年初湖北军饷总额达每月251万元。这些军饷至1931年11月为止,都由财政部国库司驻汉分库事宜办事处每月分6期交付陆海空军总司令部驻汉办事处发给。总司令部撤销后,从12月开始改由中央财政直接拨付,但很快就不能如期拨付了,不足部分由湖北绥靖公署挪用该省中央收入发给。而且财政部拨付军饷常常延期,每次都经驻汉各军联合办事处再三催促才能到账。因涉及"剿共",财政部只好同意湖北绥靖公署挪用该省收入中归中央部分。湖北省中央收入中,特税收入为大宗,但1931年夏大水灾后特税收入锐减,每月只有200万元左右。其中财政部占5成,湖北省补助费占3成,驻鄂、川军军饷占2成,不足湖北绥靖公署支付额,结果导致军饷的拖欠。而且1931年12月前也有未付部分,各驻军不得不违反中央禁令,从当地财政收入中强征兵饷缺额。[1] 甚至有军队直接出售鸦片以获取军饷(见表7-1)。1931年下半年,驻扎在鄂西沙市和宜昌一带的刘湘部第二十一军第三师(师长王陵基)就通过向地方强行摊派出售烟土的办法筹措不足军费。王将四川烟土运至鄂西20余县,命军队劝说地方有钱人按家产多少购买鸦片,交付鸦片后,半月以内不付现金者将受处罚,对不吸鸦片也不允许拒绝购买,对此,地方绅商怨声载道。[2]

---

[1] 驻湖北武官田尻报告汉普情报第二号.湖北国军の兵餉發給狀態[Z].1932年2月29日.
[2] 汉口总领事板根据报外务大臣内田机密第六零九号.湖北特稅處及四川軍第三師ノ鴉片收入增收計劃ニ關スル件[Z].1932年8月9日.

表 7—1　　　　　1931 年 12 月至 1932 年 2 月湖北军饷发给状态

分期	发毕	未发	发给者
1931 年 12 月第 1 期	全额	—	中央
第 2 期	3 成	7 成	中央
第 3 期	8 成	2 成	湖北绥靖公署
1932 年 1 月第 1 期	3 成	7 成	中央
第 2 期	全额	—	湖北绥靖公署
第 3 期	7 成	3 成	湖北绥靖公署
1932 年 2 月第 1 期	3.6 成	6.4 成	湖北绥靖公署
第 2 期	5 成	5 成	湖北绥靖公署
第 3 期	—	全额	湖北绥靖公署

资料来源:驻湖北武官田尻报告汉普情报第二号.湖北国军の兵餉發給狀態[Z].1932 年 2 月 29 日。

　　1931 年年末,湖北财政受长江大水灾和裁撤厘金影响,收入大幅度减少。省政府为增加收入,决定进一步增加对鸦片征税,12 月决定设立禁烟委员会,制定了委员会组织章程,由省政府任命 7 名委员,下设警务、查缉两处,执掌违法处分、统计报告、鸦片种植调查、鸦片吸食者调查、吸食者登记等事宜,对各县行使办理禁烟的指挥和监督权。在吸食管理上,特许设立禁烟药品店销售戒烟药品,根据其资本金额大小分为甲、乙、丙三种发给营业特许,并须每月交纳营业费。甲等资本金 1 万元以上,每月须交特许证费 1 000 元、营业费 100 元;乙等资本 5 000 元以上,每月须交特许证费 500 元、营业费 50 元;丙等资本金 3 000 以上,每月须交特许证费 300 元、营业费 30 元。

　　1931 年,财政部直属清理两湖特税处收入比平常年份减少约 3 成,即使将其全部用于军费,也不足以支付湖北军饷。特税收入除正税部分包含地方补助外,还有归省市的地方附加税。对湖北特税管理,财政部一直以单一征收和保证正税为名代征地方的正税和附加税,只是征收后转交地方一定额度。但转交地方额度远低于以其名义征收的附加税额,地方附加税的增设反成了中央增收的借口,因此引起湖北省的不满。1932

年 6 月,宜昌发出了力争收回特税附加之代电,要求将宜昌特税分处代征的特税附加捐收回自行征收。特税附加捐是对鸦片过境税的附捐。每年宜昌鸦片过境数量最低为 3 万担,因此每月附加捐实际数额达 15 万元以上,而清理宜昌特税分处以代征为名,每月仅支付当地政府数万元。事件发生后,湖北省政府做出事不关己的姿态。财政部唯恐僵持下去会将特税内幕暴露出来,为尽快平息事态,将特税处处长改由地方推荐人选担任,原汉口公安局局长黄振兴被任命为清理两湖特税处处长。

清理两湖特税处除负责对鸦片运输和销售发放特许证、征收许可费之外,还对特许人按鸦片经手数量课税,对违者进行罚款或处以刑罚。黄振兴上任伊始即公布了增加鸦片税收计划,从 8 月 15 日开始提高烟土进出口税 2 成、烟土印花税 1 成。此外,对特许鸦片商汉口 48 人、武昌 26 人、汉阳 16 人每月征收 660 元许可费。黄将汉口铁路以外、武昌城外、汉阳球厂、鹦鹉洲、白沙洲、南洲、下新河、刘河庙、湛家矶等武汉内外贫民窟许可营业的"棚户烟馆"分为 4 等,规定其每月必须交纳营业特许费 1 等 30 元、2 等 24 元、3 等 18 元、4 等 12 元,禁止棚户烟馆在交通密集的表面街道营业,全部迁往指定地区。[①] 这些政策的目的完全在于增加财政收入。

第四节　南京政权内部的纷争

这一时期,南京政权内有关实行鸦片专卖的争论也并未停止。1931 年,财政部鸦片专卖计划,因遭到汪精卫为首的改组派的反对,一般舆论也倾向于反对专卖而破产。1932 年年初,政府财政陷于严重危机。宋子文于 6 月 5 日再度向中央政治会议提交鸦片公卖方案,又被中央政治会议否决,宋子文不得不提出辞呈去了上海。汪精卫、何应钦、陈公博等人却相继到上海挽留,并表示对其主张的专卖制有所谅解。汪精卫于 6 月 22 日会见记者:"我国历来有吸食鸦片积习,不仅未能禁绝,现已是公然秘密。眼下国家财政穷困已极,因此有不少人主张不如将其实行公卖,既

[①]　汉口总领事板根报外务大臣内田机密第六零九号.湖北特税處及四川军第三師ノ鸦片收入增收計劃ニ関スル件[Z].1932 年 8 月 9 日.

可以致力于禁绝叶片,也能缓和财政危机。但此事事关重大,尚未能决定。若有其他可缓和财政方法,断不应实施此最后办法。但公卖亦因其方法如何,未必会导致世人所想象的不良结果。"①南京政府大员再度为实施鸦片专卖造势。

这个鸦片专卖案是由李基鸿提交财政部的,其基本内容为:(1)将鸦片产地分作以下七区:云贵川、陕甘、绥察、晋冀、东三省、两广、闽皖;(2)在各区设置鸦片生产监督所,收购全部所产鸦片;(3)扩充原有禁烟局,调查鸦片上瘾者,核实其需求量,发给吸烟许可证;(4)禁烟局允许有吸烟许可证的人定量购买鸦片。预计通过实施鸦片公卖政府可获收入约2亿元。

另据日本驻上海领事村井从孙科的亲信蔡佑民处探听到的情报,蒋介石不支持宋子文鸦片公卖计划,是宋子文递交辞呈的原因。② 宋子文递交辞呈后到了上海,汪精卫两次到上海挽留,宋子文以实施鸦片公卖为复职条件,汪精卫对此并无异议,但认为必须获得蒋介石和张学良的认可。此外,抵沪前汪曾赴庐山征求蒋意见。蒋认为,允许鸦片公卖于国家体面殊为不可,但为救迫在眉睫的财政困难也只好不得已而为之,其基本同意了宋的要求。汪宋商定赴北平与张学良商谈此事。村井预想,宋子文复职后将实施鸦片公卖。6月24日,中国各报以南京来电为题,登载了汪精卫上述关于时局的谈话。

但仅仅1天后的25日,各报又登载消息删除了前日汪精卫的谈话。因为禁烟委员会对汪精卫谈话表示强烈反对,禁烟委员会委员长刘瑞恒在报纸发表谈话:"最近虽有主张鸦片公卖者,但中央绝不愿违背总理禁毒遗训,而且实施此最后政策,不仅于国家财政上没有多少增收效果,反会导致重大危害。国民政府已发禁令限期禁绝之际,绝无发生如此自相矛盾事实之可能。"③该谈话否定了政府打算实施鸦片公卖之说。

围绕禁烟和实施专卖,南京政权内各派斗争趋于激化,呈现扑朔迷离

---

① 驻上海武官报告沪普第十二号.鸦片公卖计划[Z].1932年7月21日.
② 驻上海总领事村井致外务大臣斋藤实第八〇一号密码电报.時局情報[Z].1932年6月22日.
③ 上海总领事村井致外务大臣斋藤实第八〇二号密码电报.往電第八〇一号ニ関シ[Z].1932年6月22日.

第七章　禁烟运动的回潮　　　　　　　　　　　　　　　　　　　　　　　　193

的状态。但到了 1932 年下半年,由于公债整理计划的实施和军费开支的削减,上海停战后税收迅速恢复,整个财政状况趋于好转,财政部的计划最终被束之高阁。但两大军阀的复活和财政部继续征收特税,依然为中国禁烟的前途留下阴影。

第五节　烟毒泛滥的深化

一、呜呼,京市之禁烟

南京政权禁烟政策的反复和拖欠地方军阀军饷的恶果很快显示出来。1933 年前后,各边远省份军阀纷纷在控制区内强征鸦片税、保护鸦片运销吸食以充军饷,过剩鸦片原料生产导致毒品生产增加。同时,长江沿岸各大城市烟毒泛滥成灾,南京、武汉、上海尤甚。烟毒泛滥不仅吸引了各种社会恶势力,引起官员腐败和社会秩序的紊乱,鸦片和毒品的巨大利益也成为各种政治势力争夺的对象,成为社会动荡和战乱的根源。1933 年 9 月 30 日《中国日报》社论就指出消除过剩原料生产、截断产消地联系的必要性。数年来,政府通令禁烟、人民高唱拒毒,却无任何改善之实。鸦片种植延及十数省,白丸、金丹制造机构充满华北,即使说租界是毒品储藏运输的根据地,各省若真能认真禁止种植,各部门能严厉取缔其运输销售,必将断其根源,举禁毒之实。1930 年到 1933 年,随着鸦片原料生产增加,烟毒反呈扩大之势。

1933 年以后,陕西、河南、湖北公然种植鸦片。以陕西为例,其每亩征收正税 8 元为省政府收入,该省政府 1933 年度收入达 1 000 万元以上。[①] 湖北不仅是运输枢纽,也是鸦片消费大省。尽管从 1928 年以后,历任湖北省政府都在厉行禁烟,但武汉有数千家烟馆的事实却始终未变。1934 年 5 月,武汉三镇有大小各种烟馆 3 000 余家。其中,汉口有药膏发售所约 60 间、土膏代销店百余家、棚户烟馆 1 500 间、私烟馆上千家、土

---

① 驻济南总领事西田致外务大臣广田机密第三九九号函件.蒋介石ノ訓練団実施ト地方軍権ニ対スル態度ニ関スル件[Z].1934 年 8 月 30 日.

栈（鸦片批发商）25 间；武昌有土膏店 8 处、私烟馆 500 余间；汉阳虽无大规模业者，却有相当数量的私烟馆。①

　　南京也一样。被日本提交给国际联盟鸦片委员会作为证据的 1933 年 10 月《中国日报》报道，揭示了南京禁烟的实际状况。文章指出，国民党定都南京之后，对于南京建设和治理颇下力气。对"素负盛名之烟赌娼三项尤为严厉取缔，以期一改旧观，从外表观之，似乎已大有成绩，究其实际，不过九牛一毛，仍觉相隔太远。专就烟毒娼三项而论，当局之严厉取缔，以为是严无可严，即如娼妓，已禁得无法可禁，乃有消极开娼之举。禁赌，则虽大举搜捕，赌风仍毫不稍戢，至于禁烟则更不堪问矣，政府虽已在命令厉禁，更有禁烟会之督促，畿辅之地，当较其他各处为优，以资模范全国，孰知竟有大谬不然者，全市烟馆林立，恐较往日尤甚"。②

　　根据《中国日报》记者的调查，当时南京有大小两类土栈（即烟土批发商），每天销售烟土约 40 担。而各种烟馆分成八个等级：

　　头等为军官政客或富商所经营，于其广大之公馆内，另辟精室数间，专供高级长官吞云吐雾之所……至于烟价则听各大人先生们之赏赐。

　　二等为富商大贾所经营，于彼公馆僻静之处，设于雅室……为京中各机关职员如处长、科长及红牌科员游息之所，平时往来，均系一般小官儿，如欲往吸者，非经熟识者之介绍，则不得其门而入。且该等烟馆有派别之分，例如某烟馆为某某部职员集会所，某烟馆为某某部职员下榻之地，界限极严。而机关中作奸犯科之事发生，亦多由此处而发轫。

　　三等为家资颇丰、而有烟癖者所设置，将举止卧室布置精洁，以供个人消闲，如有熟识者可特别予以便利……每家约有常往之客四五人，至七八人，烟价起码六角。

　　四等专以营业牟利而设者，只要有钱，人人可入，铜床铁床，西式木器，不只亦颇完美，烟价起码六角，其中机关之小职员占多数……其烟鬼中最使人注意者有二人，一位身着黄色制服，头戴黄番布镶白边之警帽，

---

　　① 驻汉口总领事清水八百一致外务大臣广田机密第二七四号函件.湖北禁煙督察処ノ武漢煙館閉鎖方ニ関シ報告ノ件[Z].1934 年 5 月 3 日.
　　② 呜呼,京市之禁烟[N].中国日报.1933 年 10 月 5 日.

身悬官长皮带；一为身着菜绿色之制服，左臂配有宪兵司令部袖章……

五等与四等同，唯设备不雅耳，虽无姨太太们游乐其间，乃有私娼之兜揽生意，并可就地宿夜……

六等烟馆颇多小本商人所涉足，烟既不佳，复无招待，房屋狭小、设备简陋，每烟一小条值小样两角，一般烟客，瘾过后即走，概彼等多为生意中人，不能长时留恋，而瘾客以此处时间经济，故座上客常满，生意颇称不恶，每日收入十余元二十元不等。

七等系本市一般土著小流氓以及失业民众（以织缎失业者居多数）所经营，木床草席、室内黯淡无光，烟膏烟灯烟枪，亦不甚讲究，为一班小店伙工友及下级白相人优游之地，烟价起码两毛……

八等为所谓棚户烟馆，"棚户蜗居、地铺芦席、麻布袋为毯、烂棉絮为衾"，贫民以自家住处"备五钱烟土，熬来供一班车夫小哥过瘾，藉以博得蝇头微利"，这就算京市烟馆中下而又下之一等。

由记者列举的前四等烟馆的状况看，国民政府上起高级长官，下至机关小职员、巡警、宪兵都受到鸦片的侵蚀。这些烟馆都未挂牌，"盖彼能如此之大胆设立烟馆者，不论大小均有靠背之山，以做护符，非大官即小官，非小官即与军警有相当勾结，或则合伙分肥，或则施以小惠……吾人虽常闻，有破获者，不过为贫无立锥之棚户（八等烟馆）而已"。①

二、租界与烟毒

上海一直是外国船只走私进口鸦片和毒品的最大渠道。1928年年末，日本外务省亚细亚局收到满铁报告，称来自国民政府内部密报，本次禁烟会议决定在1929年3月1日前除老年及中毒者外严厉禁烟的内幕，是英华之间达成进口印度鸦片密约，英国为此每年向国民政府提供1亿至1.5亿元的资金。② 1929年5月，外务省又收到中国从日本大量进口麻药的密报，令驻上海总领事调查，未能获得进一步情报，却查到法租界

---

① 呜呼，京市之禁烟[N].中国日报，1933年10月5日.
② 南满洲铁道株式会社东京支社长入江正太郎致外务省亚细亚局长有田八郎密电.东庶文第一号之二零[Z].1928年11月19日.

的天生制药公司涉及国民政府出资："当地法租界霞飞路五凤里六号有天生制药公司（总经理夏无畏），该公司涉及国民政府中央卫生试验所所长、军医总监陈方之、上海市市长张群、南洋医大教授吴某等出资，主要以供应国民政府有关医院和陆海军所需药品为目的设立，关系人员还有前议员荻野芳藏、医学博士曾根登，厂长聘任了千叶药学士田地广，眼下正在从事以麻药为主原料的戒烟药制造研究。"①至于天生制药公司与大量进口日本麻药两者之间的关系并不明确。

上海鸦片管理呈现极为复杂的状况，基本分为共同租界、法租界、租界外三种管理方式。共同租界原为英租界，1863年与美国租界合并后变为公共租界。1907年前，公共租界公开许可鸦片吸食，烟馆和销售店都实行许可制。1907年《中英鸦片协定》成立，开始以逐渐减少的方式禁烟。1911年《中英第一次鸦片协定》续约前一年，公共租界工部局全部封闭了许可烟馆，1917年协定目标实现后，公共租界封闭全部鸦片销售店（见表7—2）。从1918年开始全面禁烟，逮捕违反禁烟法犯人，没收走私烟土。1924年以后，公共租界违反禁烟法案件激增，1927年因战乱难以取缔，导致破获案件数下降。工部局警察能够查封烟馆、禁止公开吸食，却无法取缔在个人家中吸食。大型公开烟馆和销售店虽没有了，但小规模私烟馆依然存在。据国民拒毒会报告，私烟馆有150间以上。

表7—2　　　　　　　　　有关共同租界鸦片管理数据

年份	许可销售店个数	许可烟馆个数	年份	破获烟案件数	没收鸦片（磅）
1905	126	1 622	1918	197	—
1906	113	1 695	1919	628	—
1907	89	1 563	1920	1 019	—
1908	112	1 209	1921	1 459	—
1909	206	605	1922	1 846	—

---

① 上海总领事代理上村伸一致外务大臣币原机密第七八九号信函.国民政府ノ麻薬類輸入方ニ関スル件[Z].1929年7月4日.

续表

年份	许可销售店个数	许可烟馆个数	年份	破获烟案件数	没收鸦片（磅）
1910	317		1923	1 903	—
1911	329		1924	3 207	3 627
1912	374		1925	3 269	4 223
1913	465		1926	3 446	1 864
1914	619		1927	1 690	3 545
1915	538		1928	2 725	1 965
1916	260		1929		（半年）540
1917	以后废止		1930		

资料来源：上海を中心とする阿片麻酔剤問題//安藤明道.国際阿片問題研究[Z].関東庁財務部,1931年6月。

法租界为公共租界和南市间的狭长地区，两侧往来频繁，非常难以管理，是鸦片麻药走私的大本营。法租界内腐败官员利用手中权力为鸦片贩子包运，租界探长通过征收保护费放任走私交易。1928年11月第一次禁烟会议后，禁烟委员会决定对租界进行调查。但由于租界当局拒绝配合，实际数据很难获得。据民间组织中国拒毒会调查，租界内有大土行40家。但日本关东厅专卖局官员山口调查数据是大土行75间。此外还有其他两种调查，数字与此大同小异。最大的有5个商行或洋行，其中洋行资本金为17万元，每年交易鸦片约3 000箱。法租界内鸦片销售店集中在一个街区，其中出售品种少者七八种、多者十七八种，有大头（印度鸦片）、老刀（波斯鸦片一级品）、二刀（同二级品）、三刀（同三级品）、云土（云南产）、特云（同）、老云（同）、陈刀（四川产）等。1两波斯鸦片3.7银元，印度鸦片最贵者达1两36元。大部分以烟土出售，烟膏则以长方形铁罐包装、公然印有销售店商标。

关于鸦片产地，中国拒毒会调查结果与工部局、海关公布数据大相径庭（见表7-3）。中国拒毒会公布的比例为内地6成、波斯3成、其他1成。国内产四川第一，云南、福建其次。每年进口量约为：大土、小土（印度）160万磅，红土（波斯）70万磅，其他（内地）6万磅。但上海工部局调查为每个月约为13.3万磅。另据海关长麦亚斯称,没收鸦片全为国内产,无外国产。但中国拒毒会获得的数据却显示有少量外国品,但基本可看出外国品总体上在减少。

表7—3　　　　　　　　过去数年上海海关没收鸦片数量

年份	海关没收统计(磅)	拒土会调查数字		交易总量估计
		外国产(磅)	国内产(磅)	工部局估计为159.6万磅,拒土会估计236万磅,交易者方估计仅法界即达192万磅。总金额达3 000~4 000万银元
1923	51 611	5 225	46 258	
1924	35 804	22 522	63 167	
1925	48 918	2 879	45 989	
1926	82 911			
1927	54 679			
1928	51 106			

资料来源:根据《上海を中心とする阿片麻酔剤問題》资料制作。

关于私烟馆,据日本总领事馆调查,其约有120处。拒毒会的报告为"数目不详烟枪6 000支",也就是说,即便假设每个烟馆都是有烟枪20支的大型店,烟馆也达300之数。法租界警察署长黑奥利说:"1年中破获鸦片犯罪达394件之多,禁烟反倒促进了走私增加,警察付出很大努力却无任何效果。内地种植扩大,靠现行禁止方法徒然使恐吓、敲诈、受贿、杀人等犯罪增多。不如为增加对税制、法律的尊敬感而实行许可制,复活允许鸦片自由买卖方法,完善国家组织,等候禁烟成功时机到来为好。"

据法国领事口述,各年度中鸦片走私案宣判有罪记录如下:1927年47件、1928年56件、1929年(至9月末)68件。过去数年,虽个别年份有很少差异,每年有关烟案达1 200件之多。法租界中,私烟馆和烟店一般设在背街不显眼的地方,但烟灯和烟枪却可公开买卖。据日本人统计,有大店28家,小店40余家。据法国驻上海总领事柯伊奇林说,国民政府每隔3个月必定抗议一次,而法国总领事也每次不会忘记在回复中写上,正

第七章　禁烟运动的回潮

在严加取缔云云的字样。[①]

租界以外地区依照中国禁烟法进行，至 1928 年 9 月禁烟法公布前，南京、上海都有获得许可营业的烟馆，之后全部关闭。但据中国拒毒会调查，1928 年上海有私烟馆 250 余间。1928 年上半年公安局仅破获烟案 195 件，没收鸦片 647.4 两、烟具 409 套。破案件数与高达数千万元实际交易相比，不能不说太少了。

以法租界为大本营的军警走私也是公开的秘密。禁烟会议上江苏代表指出："下级官员虽难保证，相信高级官员已无上瘾者。"1928 年 8 月，属于安徽省政府主席陈调元的走私鸦片被上海海关扣押，因而遭到了拒毒会攻击。福建省主席杨树庄本人是个瘾君子，这一事实众所周知，因此为了令其能够顺利就任国民政府委员，《民国日报》曾专门报道："福建省政府主席杨树庄就任国民政府委员之际，接受禁烟委员会检查，坚誓戒烟，由上海某药房购入每瓶大洋 27 元禁烟药水数瓶，每日服药，现已完全戒烟。"1928 年 11 月发生的江安号私运鸦片事件，牵涉到淞沪警备司令熊式辉和上海公安局局长戴石浮，其内幕虽可能是新桂系和蒋介石明争暗斗、互泼脏水，但价值 8 万元鸦片被武装保护运进法租界却是事实。禁烟委员会主席张之江对上海走私如是说："有需求处便有供给，此为自然之理，无论查禁多严，需求愈急走私愈旺，防范实属困难。""取缔走私与禁烟应齐头并进，单靠一方是不能成功的。"

全国禁烟会议上，上海代表发言指出：上海为特殊地区。不能与内地一概而论，办理禁烟上也有种种不同困难，尤其是走私、吸食、私卖三点的取缔最为困难，虽欲调查其实情，却不能获得确切材料。但概观之，上海集散之鸦片有国内产和外国产两种，国产中川土最多、重土（重庆）其次、边土（东北产）亦相当多。外国产红土最多、大土其次、土耳其鸦片走私进口也有每年增加趋势。其运输方法据闻皆在吴淞港外交接，先由走私者与当地销售团伙达成密约，以密码电报约定交接地点，多趁夜里转载小型汽船偷运。因此预防外国鸦片走私最好的办法莫过于严密监视吴淞口

[①] 关于上海公共租界和法租界状况，参看《上海を中心とする阿片麻醉剂問題》//安藤明道. 国際阿片問題研究[Z]. 関東庁财務部，1931 年 6 月。

外,然市政府对此法却颇感困难,即(1)因租界与走私者秘密联络而产生的职务履行的不便;(2)取缔区域复杂,吴淞一带省府和海军有共同管辖权,便于犯罪者趁隙而入,若不讲求特别方式,很难有防治效果。虽不必回顾过去历史,也难以否认上海乃全国鸦片毒品集中之地。故我们认为,靠去年以来政府采取的禁烟办法这种不彻底的手段,不能收到禁烟之实效,市政府毅然拒绝禁烟局委托征收禁烟税的请求,5月15日呈请国府取消禁烟税。国府自7月起废除禁烟条例,撤销禁烟局,本市也已实施禁烟大纲的一部分,命令公安局自8月1日起厉行禁止,数月来已获得显著效果。实际取缔中,往往遇到单靠本市政府力量达不到的情况,必须请求海军和交通部以及其他省政府给予充分援助,而关于租界方面,也希望外交当局与租界当局交涉,使之进行有诚意的取缔。①

上海也是帮会势力集中的地方,其大本营就在法租界。青帮的大亨黄金荣、杜月笙、张啸林都是法租界警探的高级顾问。1928年,法租界依然有30间烟馆和15间海洛因销售店在公开营业,青帮每月向烟馆和毒品店征收30万两银子的保护费,其中分给法国总领事5万两、分给警察约10万两,连小巡警每月也有3元左右的额外收入。②

青帮还靠着法租界的保护,在公共租界和租界外公然征收保护费,包庇各种犯罪。1932年1月吴铁城任上海市市长兼淞沪警备司令部司令后,"法租界实行鸦片公卖、允许公开赌博,杜月笙等运动吴铁城,承包了南市的营业"。③ 淞沪警备司令部参谋长蒋群和温建刚,通过吴铁城与青帮及政商联手在上海设立大型制造吗啡工厂,每月能获取百万元纯利。④ 租界大量制贩毒,构成毒品迅速泛滥的原因之一。

---

① 关于上海公共租界和法租界状况,参看《上海を中心とする阿片麻醉剤問題》//安藤明道.国際阿片問題研究[Z].関東庁財務部,1931年6月.
② 外務省《特秘 外事警察報》第七十四号〈支那に於ける武力団体〉(一)[Z].1928年8月:87.
③ 1932年5月9日,上海抗日救国联合会举行大会反对上海的停战协定,向政府提出反对丧权辱国的停战协定、声援马占山抗日、十九路军继续驻扎原防、反对鸦片专卖、从全国募集救国基金整顿军备5项要求。其中的反对鸦片专卖,就是针对法租界开放烟赌提出的。参看驻上海总领事村井致外务大臣芳泽第六五九号密码电报[Z].1932年5月9日.
④ 蒋群,同盟会员,淞沪警备司令部参谋长。温建刚,福建人,由吴醒亚介绍认识杜月笙、加入青帮,警备司令部参谋。驻上海公使有吉明致外务大臣广田第六八八号密电[Z].1933年11月25日.

本章小结

　　国民政府内部意见对立与财政困难,是导致禁烟政策上前后矛盾的基本原因。中央财政上只求自保、禁烟上前后矛盾的政策,再度引发地方军阀各自为政,地方与中央特税争夺,刚建立不久的财税秩序再度呈现紊乱,鸦片和毒品的毒害迅速扩散。另外,表面的严厉禁烟反而造成了毒品的迅速扩散。内部的对立也表现在各主要城市的禁烟政策上,禁烟政策虽表面上有效,但南京官员保护下的私烟馆成灾,武汉将鸦片行业当成摇钱树,而上海法租界和帮会势力公然走私并贩烟贩毒。上述情况表明,禁烟首先需要排除地方官员和军、警、宪、特的干扰,同时还必须消除过剩的鸦片原料生产,截断产地和消费地之间的联系。要实施上述政策,财政部追求税收的政策和禁烟委员会流于表面的政策都很难做到,需要更具强制力的禁烟主体。而且,在对外关系上,南京国民政府在放任内地鸦片泛滥的同时,却要求外国领事馆和租界配合禁烟,引起了各国的反感和抵制,甚至引发国际对其执政能力的怀疑。

　　1933年10月的国联鸦片会议上,中国代表就试图揭露日本军队在华参与和支持贩毒的真相,指出国际制贩毒业正向中国转移,引起了各国委员重视,也使日本代表感到危机。日本驻国际联盟事务局从此时开始不断要求外务省强化信息交流,以使日本代表能够及时了解中国发生的真相,事先制订会议发言和辩解对策。中方代表则面临两面作战的局面:一面揭发日本在华贩毒,一面却因国内鸦片毒品泛滥而受到种种责难。尤其是日本代表将关于南京烟馆泛滥[①]和禁烟政策无实际效果[②]的报刊报道直接呈交给鸦片咨询委员会作为证据,10月的国际联盟鸦片会议

[①] 呜呼,京市之烟禁[N].中国日报,1933年10月5日.
[②] 1933年10月,在国际联盟有关鸦片问题讨论中,有代表引用9月30日《中国日报》社论,对中国现状进行批判。《中国日报》社论指出:数年来"政府通令禁烟、人民高唱拒毒,却无任何改善之实。在鸦片种植延及十数省,白丸、金丹制造机构充满华北各地的状态下,即使说租界是毒品储藏运输的根据地,各省若真能认真禁止种植、各部门能严厉取缔其运销,必将断其根源,举禁毒之实"。这一社论原本是为蒋介石下令十省采取严厉禁止种植鸦片政策开道的,孰料其说明背景的部分却被日本人利用。

上，不仅中国代表提出的对租界贩毒运用中国法律的要求被否决，国际联盟鸦片委员会还一度通过向中国政府提交质问书的动议。中国作为受害国，反而处于受指控地位。中国代表在腹背受敌状态下，不得不与日本代表暂时握手言和，约定在禁烟信息交流上互相配合。中国从禁烟角度获取国际协助、撤销治外法权努力失败，内地现实反成为日方在国际讲坛攻击国民政府的口实，在这一问题上若不果断处置，势必失去英美各国的支持。

第八章

国民政府禁烟实录之一：实施军法禁烟和掌控鸦片运销

进入1932年以后,国民党统治集团中改组派势力和地方派势力逐渐减退,拥立蒋介石的运动势力逐渐增强,南京政权实际控制地区逐渐扩大,禁烟主导权逐渐转移到以蒋介石为首的军事集团手中。尤其是鄂豫皖三省剿总司令部的设立,使得蒋介石可以军事委员会委员长身份发布临时军事法令实施禁烟,对军事行动地区的军政行政实行代管,南昌行营成为禁烟令发布机关,各地军事机构和剿总授权的民事机构成为执法机构,军法禁烟法令体系逐渐形成。

第一节 制定军法禁烟体系

1932年6月,鄂豫皖三省剿总司令部在武昌设立,此时正是国民政府财政最为紧迫的时期,南京政权中有关实施鸦片专卖的论战仍在进行。1932、1933年,由于军费的极度紧张和财政部极力压缩非抗日和"剿共"前线军队的军饷,各地方大小军阀为筹集养兵之资而强令其辖区内农民种烟的情况大量出现,"陕西、河南、湖北从上年以来公然种植鸦片,以陕西为例,每亩征收正税8元为省政府收入,该省政府去年度收入达1 000

万元以上"。①

如上一章所示,湖北特税 1931 年 12 月开始已被湖北省政府截留用于军费。1932 年 6 月,蒋介石建立三省剿总之后,所辖各军欠饷已达数月,剿总支付的"剿匪"经费只够各军维持费用的一部,不仅开拔费,就连所需战费也不够。因而有不少军队在驻地区域强制农民种植鸦片,以其收入作为军队维持费。但蒋介石认为,种植罂粟不仅会减少其他农作物收成,还会助长军队吸烟,对于军队形象影响甚大,故下令今后一律禁止军队种罂粟。9 月 25 日,湖北以中央军事委员长名义电令苏、浙、皖、鄂、豫、湘、赣、闽八省政府主席、绥靖公署主任、各军高级长官,今后一律禁止军队种植鸦片。②

10 月,通令所属各军,凡贩卖吗啡、可卡因、海洛因、红丸、白丸等,或实施注射者……一律依军法处罚。③

12 月,剿总司令部制定了《派员查禁十省种烟办法》,下令苏、浙、皖、鄂、湘、豫、赣、闽、陕等 10 省政府主席遵行。④ 其基本内容为:

(1)在 10 省禁种鸦片,由军事委员长派查禁特派员 1 名、查禁专员数名赴各省协助查禁;

(2)分播种期和出苗期查禁;

(3)在播种期发现有种植的地区,出苗期每数县或一县派委员重点查禁,实行没收烟种、拘留反抗者、宣传该种其他作物等措施;

(4)规定派遣委员任务,使其可利用县长、保甲制度、驻军芟除烟苗;

(5)委员对查禁情况每 10 天报告 1 次;

(6)对驻军和地方绅商庇护种植、地方官员职务履行不力者,由委员向查禁特派员报告给予处分,案情重大者由特派员报告军事委员会委员

---

① 此消息为济南总领事从国民政府内部探听到的。驻济南总领事西田致外务大臣广田机密第三九九号函件.蒋介石ノ訓練团実施ト地方軍権ニ対スル態度ニ関スル件[Z].1934 年 8 月 30 日.

② 驻汉口总领事高井末彦致外务大臣内田普通第七〇六号信函.各軍隊ニ対スル阿片栽培禁止命令ニ関スル件[Z].1932 年 9 月 26 日.

③ 驻汉口总领事清水八百一致外务大臣内田普通第八三二号信函.剿匪總司令部ノ阿片其他ノ密売禁止ニ関スル件[Z].1932 年 10 月 20 日.

④ 但日本驻汉口总领事认为,这个取缔办法是为提高烟价、实施鸦片公卖制创造条件的政策,其目的是要增加蒋派军费收入。驻汉口总领事清水八百一致外务大臣内田普通第九九五号信函.江蘇省外九省に对する阿片栽培取締辦法規程ニ関シ報告ノ件[Z].1932 年 12 月 20 日.

长请求处分指示；

（7）特派员可派专人或亲至赴私种盛行或公然违法地区取缔；

（8）特派员有密报各省大员执行不力或阳奉阴违情事请求严厉处罚责任。

剿总又于12月下旬制定《查禁种烟注意事项》，分发给各省政府。[①] 其规定了特派员、专员、各地政府种植前、种植期、发芽期应实施的具体任务，在种植前要求充分做好宣传，通过区、乡、镇、保甲长令各户提交"若种植鸦片甘愿被处死刑"的保证书，保存于县政府。播种期重点督促各地方长官做好调查和巡视、鼓励告密。在发芽期，剿总通过各级巡视、调查、告密发现私种地区，一旦发现，除枪毙种植者外，对县区乡镇保甲长各级人员一并处罚。各专员可动用驻军前往，驻军不得借故迟延。官吏、军警、团体有庇护者，一经查实也予处分。

在公布上述禁烟军令的同时，剿总也在秘密将管理鸦片征税、运销、吸食的权力收入手中。因此，在这一时期，一方面是各地禁烟运动再度升温，另一方面是剿总暗箱操作招致各省公开反抗。剿总与各省政府围绕鸦片管理权的争斗呈现激化状态。

这一时期湖北发生了警备司令部与汉口市党部互相上告案。1932年7月，湖北警备司令部以敲诈罪逮捕并枪毙了市党部秘书长刘骧。双方开始相互告发攻击对方。7月下旬，汉口市党部委员会做出决议，搜集整理两湖特税处积年流弊准备向南京政权告发。[②] 警备司令部反指责市党部成员中有很多不良分子，私吞了1931年水灾救济金，借抵制日货为名营私利，呈请蒋处分市党部的120名党员。蒋介石下令整理汉口市党部，开除党籍15名，剥夺党员资格一年10名，免去执行委员和监察委员职务开除党籍2名，严重警告处分者100名。剿总之所以严厉打击汉口市党部，是因为不愿将清理两湖特税处的秘密公之于众。

---

① 驻福州总领事守屋和郎致外务大臣内田康哉公第二二号信函．江苏省外九省に対する阿片栽培取締辦法規程ニ関シ報告ノ件[Z]．1933年1月14日．

② 汉口特别市党部整委会1932年7月20日227次委员会做出的决议之一是："将两湖特税处积年流弊状况报告中央及中央委员三省'剿匪'司令蒋中正同志，对其进行彻底调查、追缴其全部不正当收入，请求将其全部充作地方善后费。"汉口总领事板根报外务大臣内田机密第五七六号函件．蒋介石の漢口特別市党部員処分に関する件[Z]．1932年7月25日．

江西省政府于 10 月 17 日公布实施《江西省禁种鸦片规程》和《江西省县区保甲禁烟暂行规程》,统一省内禁烟规定,开始厉行取缔。17 日江西又接到行政院训令,预定 10 月份举行为期一周的禁烟宣传。就在此时,清理两湖特税处委派的驻赣特税专员梁荫初突然到了南昌,开始着手在江西征收特税的准备,汉口派遣的 20 余名特税处职员也到了南昌。梁预备在九江、湖口、南昌开设稽查所,征收鸦片输入税,将来还计划发行烟馆营业许可、征收灯捐。此事立刻在南昌引起了反对运动。10 月 2 日,南昌市监委会形成决议要求严惩梁荫初,市执委会也于 6 日呈请省整委会驱逐梁,并于 17 日做出决议令呈请将梁荫初于 24 小时内驱逐出境,否则将召开民众大会执行最后解决手段。南昌新闻联合会于 17 日与南昌执委、监委举行联席会议做出 5 项决定:发表反对特税通电;呈请中央命财政部取消特税;向本省党政机关呈请驱逐梁荫初;通知各报社刊载征收特税的黑幕;呈请蒋委员长取消两湖特税处。省政府和党部也持同样看法,省整委会和省党部分别举行会议,决定厉行禁烟呈请中央取消特税。[①]

湖南于 9 月 1 日成立禁烟委员会,由省政府主席何健自任委员长,以民政厅厅长、省党部委员、第四路军总指挥部秘书长为常任委员,以主要党部委员、教育家、记者等十数人为委员号召禁烟。11 月 14 日,湖南开始举办为期一周的禁烟宣传周,宣布对于贩卖鸦片和开设烟馆业者重则枪毙、轻则无期徒刑的严令,并在今后一年内持续禁烟。湖南 14 日举行的禁烟大会,参加人数达 3 万人。公安局也开始查抄烟馆和烟土店,引起烟馆业的恐慌,一时间踪迹全无。"此次省禁烟委员会的态度表现出前所未见的认真,绝对不允许烟馆复活,对于在家吸食者一旦发现,也将对本人和鸦片供给者处以严刑,当不至于有敢于犯禁者。"[②]但湖南省财政对于鸦片税收的依赖远比江西省大,因此省府一面在禁烟,一面也提出了替代方案。省府令公安局对上瘾者进行登记,设置一定场所令其吸食。鸦片由指定商人从广东购买,对该商人征收税金,以弥补特税收入消失的缺陷。

---

① 九江领事馆事务代理西田致外务大臣内田机密第二二〇号函件.江西省ニ於ケル阿片取締並阿片公賣問題ニ関シ報告ノ件[Z].1932 年 10 月 25 日.

② 驻长沙领事糟谷廉二致外务大臣内田普通第二二九号函件.湖南に於ける阿片取引禁絶運動ニ関する件[Z].1932 年 11 月 26 日.

1933年年初,十九路军获得福建支配权,省长由蒋光鼐担任。福建也组成了禁烟委员会,重新任命省公安局局长,展开了大规模禁烟宣传和查禁鸦片活动,公开将矛头指向日本纵容日籍台湾人贩毒的事实。福建也同样有在省内实施专卖的计划。

上述动向表明,各省一面遵行剿总的禁烟命令,一面积极策划禁烟后替代方案以弥补省财政,因此而导致了两者的对抗。为消除对抗,剿总不得不明确规定两者间的管理和被管理关系。1933年4月,剿总发布《厉行戒烟取缔吸户章程》《厉行查禁麻醉毒品取缔土膏行店章程》《严禁腹地省份种烟取缔采办边省产土章程》《毒品查缉通则》,下令在鄂豫皖三省地方实施,明确规定湖北特税处是三省最高鸦片管理机构。《厉行戒烟取缔吸户章程》主要规定了吸食者戒烟办法和吸食执照管理办法。其基本内容为:

1. 此规定为彻底实施禁烟令而设立。

2. 除中央主管部门设立戒烟院和中央戒烟研究院之外,各省市县应各自开设戒烟机构,致力于厉行民众戒烟,戒烟院及研究院可由著名公立或私立医院兼营,由政府支付补助金。

3. 凡戒烟机构,应研究戒烟方法、准备戒烟药物、供给民众戒烟;对住院或门诊的戒烟者可收取极低的药费,但对于无力负担药费者可予免除;上项药品只限由戒烟机构配制和经审查特许者方准许销售,其他一律不准销售。

4. 凡申请戒烟者,无论其自愿申请,或亲属代为申请,或接到官府命令,一律应服从戒烟机构的监督和指导按定期戒除,各戒烟机构在期满后随时检查是否确实戒除,或又再次吸食,对不能按定期戒除或再次吸食者,可送交法院依据《禁烟法》第十一条处罚。

5. 凡老年或有疾患无法戒除者,可以医生或戒烟机构诊断书申请登记,仅限于领取定期戒烟执照者可允许暂时吸食,但要在6年内逐渐戒除,满期后不再发给延期证明书。

6. 戒烟执照分定期和旅行证两种,定期每半年更新一次,每次手续费为5银元;定期执照手续费收入按公安局2元、地方团体1元、省或市政府1元、湖北特税处1元分配；旅行执照3个月有效，每张申请费用3银元，收入分配方式是湖北特税处1元，其他各机构按固定执照半额分配。

7. 执照由湖北特税处监制。

8. 禁烟执照的管理与罚则。

9. 严禁吸食红白丸、注射吗啡或使用其他麻醉毒药，一旦发现，处以高额罚款，并送交法院按《禁烟法》第十一条进行处罚。

10. 对党、政、军、学校，适用"剿匪"司令部发布的党、政、军、教、学戒烟办法和戒烟调验办法，而不适用本规定。

11. 本规定实行区域由剿总决定，实施时间经剿总认可公布实施。

《厉行查禁麻醉毒品取缔土膏行店章程》规定了严禁吗啡、可卡因、海洛因及其他代用毒品和对运销鸦片的管理办法，其基本内容是：

1. 第一到第五条规定了取缔毒品办法，如第二和第三条规定了对于制造和走私毒品的处罚，一经发现制造和走私毒品，除破坏或没收设备或毒品外，应将犯罪者交军法会议处分，没收其财产，对告发者及破获有关人员支付奖励；第四和第五条规定了医用麻药管理办法。

2. 第六至十八条规定了对土行和土膏店的管理办法和罚则，其中对于鸦片交易、许可证费和营业费及管理机构间利益分配原则的规定如下：

(1) 各地土行数量由湖北特税处限定，土行营业特许由特税处直接发放，每个特许每年需交纳特许费5 000元，分4期交纳，土行所需烟土由湖北特税处设立的公栈和分栈直接购买。

(2) 土膏店数目由各地政府把握，其特许证由湖北特税处监制，由地方政府发放，数量必须逐年递减，土膏店可由土行购入鸦片零售，但不得由公栈购买鸦片。

(3) 土膏店分4等，每年特许费为甲等2 400元、乙等1 200元、丙等800元、丁等400元，每年分4期交纳。

(4) 土膏店特许费分配方法为湖北特税处和该地方政府各一半。

3. 对于违反规定者视情况给予撤销特许、没收私有财产并参照军法处罚。

4. 本规程实施区域根据剿总命令决定，本规定中未规定者，参照麻醉药品管理条例和邮政包裹走私麻醉药品检查办法及一般禁烟法令处理。本规定受剿总认可后自发布之日起实施。

《严禁腹地省份种烟取缔采办边省产土章程》(简称《采办边土章程》)规定了内地各省严厉禁种,并将边疆各省所产鸦片由湖北特税处设立的公栈和分栈直接收购和运销的具体办法。

由以上规定可知,剿总禁烟政策包括禁种和禁止运销,也包括由其代理机构管理鸦片收购、运销和吸食。湖北特税处升格为剿总控制下的最高鸦片管理机构,实施收购、运销、吸食管理。所辖各省生产和输入的鸦片,全部由特税处设立公栈收购,再由其批发给土行,土行批发给零售店。土行不得以一个特许执照分别经营仓库和分店,所有分号和仓库都需按一个单独经营单位缴纳特许费,不得经营零售和烟馆,只能经营对土膏店的批发。所有土行和土膏店特许证、吸食执照都由湖北特税处制作发放。湖北特税处不仅独占鸦片收购运销的利益,还通过颁发销售特许和吸食执照,在鸦片消费的收入分配中占大头,各地方政府和公安局占小头。这两个命令的发布意味着,剿总从此时起已将特税处置于自己的管理之下,特税处的职责也不仅仅是征收特税,而是设置运营机构掌控生产、运销、吸食管理的全过程,既保证特税收入,也排除了各省的征税权,简化了鸦片运销程序。以军令发布的管理法令具有极强的强制性,彻底消除了各省军政主官的公开反抗。

第二节 控制长江鸦片运销枢纽

武汉三镇是汇集长江水运和京汉、粤汉铁路的水陆交通要冲,湖北省在中原乃至长江流域、西南各省鸦片运销中起着举足轻重的作用。湖北长江段有四大鸦片集散地,分别是武汉、宜昌、沙市、老河口,其中武汉居首。特税处收入历来是省财政的重要依托。1929年年初驱走桂系军阀后,迫于招抚唐生智部下和收买杂牌军的需要,南京政权任命有"湖北老大哥"之称的何成浚任湖北省主席。何成浚1930年5月到任,先以省财政困窘为由要求加征特税附加税,并使用强硬手段先斩后奏、强制开征,迫使财政部将特税收入的 30% 划归湖北政府补助费。1931 年年底,湖北省财政因长江大水灾影响再次陷入困境,12 月湖北省不仅截留中央特税收入直接支付军费,还再度计划对鸦片消费增税。

1932 年年初,蒋介石复职以后,国民党二中全会通过了《现役军人不得兼任政务官决议》,逼迫何成浚辞去湖北省主席职务,其推荐的 5 名省府委员也一同辞职。1932 年 4 月,原武汉警备司令夏斗寅被任命为湖北省主席。虽同为湖北省出身军人,比起作为杂牌军领袖的何成浚,夏的影响力小得多,而且夏为就任湖北省主席,不得不交出其统辖军队的指挥权。因此这一人事变更实际是蒋介石控制湖北省政府的第一步。

但夏斗寅上任后就开始在南京政权各派势力间搞平衡,在政经两方面侵蚀南京政府权力,造成其日后失势。实际上,逼退何成浚是汪精卫派策划的,因此夏斗寅在人事安排上倾向于汪派。夏将原武汉警备司令部与自己搭档的参谋长叶蓬推为武汉警备司令,以李书城为民政厅厅长,两者皆属汪派。对南京各派推荐的省府委员,夏只选任湖北出身者。

夏上任的 1932 年 4 月,正是"九一八事变"后武汉三镇抵制日货运动方兴未艾之时。日本总领事曾访问夏,要求其对抵制日货运动采取措施。夏私下对其保证:"欲根本消除反日运动,应以不引人注目的方式去处不良分子为要,现下正在确实计划中。"[①]镇压汉口市党部事件就是夏策划的阴谋,因为汉口市党部是汉口抵制日货运动的领导力量,改组市党部既可排除异己,为独揽湖北政经大权开路,也达到了削弱抵制日货运动的目的。事后,蒋不得不另派蓝衣社员进入武汉把握抵制日货行动。

在财政上,夏也试图掌控两湖特税作为财源,与剿总展开了明争暗斗。先迫使财政部接受湖北省推荐的人选担任特税处处长,后利用特税处提高鸦片进出口税、印花税、烟馆营业税,并强令繁华区的棚户烟馆迁往指定地区。这些政策表面上是为增加税收,实际上却是制造收取贿赂的口实。夏还授意特税处处长黄振兴伪造印花,劫夺南京政权税收。

此外,武汉警备司令叶蓬与日清汽船公司二买办杨志清串通,企图独

---

① 汉口总领事板根报外务大臣内田机密第五零九号暗语电文[Z].1932 年 7 月 23 日.

揽湖北省鸦片专卖权,数次利用日清汽船公司船只承揽大宗鸦片秘密运输,以收取高额运费为条件帮助特货商逃避特税。叶蓬还帮助杨志清运动蒋介石左右,谋取1933年4月1日将成立的四省农民银行总经理职位。但杨志清的所作所为,侵害了附着于长江鸦片走私的青帮利益。1933年3月4日,杨志清被两名身份不明者带到武汉郊外处决,此案经多方调查却真相难明。

据日本领事推测,杨志清是因与警备司令部勾结私运鸦片,并拒绝向独揽长江鸦片运输的青帮分配利益而被杀。① 时值武汉三镇抵制日货运动高涨,此案被当作恐怖团体打击与日商交易者事例而大加宣扬,引起了日洋行买办和经手日货商人的恐慌。同期,有大批蓝衣社社员在秘密活动,操纵武汉三镇抵制日货活动,他们也以恐怖手段恐吓商人中止与日商交易,以压迫日商团体要求日本政府尽早在华北停战。但无论是蓝衣社,还是警备司令部,都唯恐此案牵涉到自己,因此将其解释为恐怖团体所为,正好可为自身开脱。

蒋设立三省剿总的本意是要夺取对中原和西南各省的控制权,控制长江水道和特税收入对实现这一目的有着重要意义,既可以保证军费,也能为下一步掌控边疆各省创造条件。因此剿总在公布一系列禁烟命令,设立剿总直接管辖的鸦片收购、运销、吸食管理系统的同时,也在为全面掌控长江流域的鸦片生产运销采取各种手段。

(1)1933年4月1日,豫鄂皖赣四省农民银行设立,总行置于汉口,此为蒋系直属金融机构,专门负责剿总军费,其大宗业务是经手长江各省特税收入;

(2)强化长江水警总局权限,切断鸦片运出和军火运入的通道,逼迫四川军阀就范;

(3)在剿总管辖各省逐渐设立依据剿总规定的鸦片管理体制;

(4)将经四川运输的滇黔川三省鸦片产地纳入剿总管理之下。

---

① 据其后调查,杨与当地警备司令叶蓬勾结,欲独揽湖北鸦片专卖权,因此得罪盘踞在长江沿岸各处、垄断鸦片运输销售的青帮(秘密结社),被其一伙所暗杀。汉口总领事板根报外务大臣内田机密第七七号密电[Z].1933年3月11日。

长江水警总局是1932年到1933年由军委会设立的临时机构。该机构由蒋鼎文任局长,最初任务是统辖长江上下游四川、湖北、湖南、江西、安徽、江苏、浙江七省水上公安局,维持水上治安,兼管防止鸦片水路走私。1933年年初,剿总将所辖各地鸦片走私检查所和缉私机关全部划归该局指挥。缉私事宜办理处在汉口市第三特别区设立,由陈希曾(汉口市公安局局长)任处长,杨震(前湖北绥靖公署侦缉处处长、长江上游一带青帮龙头)任副处长,贺幼吾任秘书主任,各地缉私机构一律受水警总局缉私事宜办事处节制。为办理缉私事务,中央宪兵团(团长蒋孝先)第二、三营调归总局长指挥,由海军部指定10艘军舰归该局指挥,除仁胜、威胜、诚胜、义胜、顺胜、德胜之外,再加四艘鱼雷艇。剿总为集中鸦片捐税,下令让川云贵三省运往下游鸦片全部通过宜昌。1933年上半年,因有云贵两省鸦片商与湖南军队勾结、避开宜昌改由洞庭湖运武汉的动向,水警总局5月12日派出仁胜、诚胜两舰前往岳州防堵鸦片走私,对外声称是维持治安。1933年4月上旬,接军委会指令,根据情况可将协助"剿总"的陆地警备机构也置于其指挥之下。一时间,长江上中下游所有水、陆缉私权力几乎全归水警总局管辖。

此时,长江水警总局表面上是为维持水上治安,实际上截断了上游鸦片运出和下游军火运入,这就等于掌握了四川战与和的锁匙。1932年下半年,控制成都和西康的刘文辉与控制重庆水道的刘湘间发生战争,此战是西南五省联盟支持的刘文辉与以蒋介石为后台的刘湘争夺四川之战。这场混战在1932年11月告一段落,刘湘虽占有军事优势,但因五省联盟一方王家烈出兵威胁其侧背,刘湘不得不与刘文辉划界讲和。其他四川军阀也唯恐刘湘独大,私下支持刘文辉。1933年上半年,刘文辉仍在策划从各国购买武器反攻。但长江水警总局切断了长江运输,蒋介石又下令罢兵言和,刘文辉、邓锡侯、杨森不得不派代表于5月下旬到南昌谈判,接受蒋开出的条件,为中央势力入川扫清了道路。至此,长江水警总局使命宣告完成,6月16日,蒋介石下令撤销长江水警总局。

在武汉三镇,尽管夏斗寅和叶蓬想尽办法破坏抵制日货,但蓝衣社接替市党部继续以恐怖手段威胁商民不得与日商交易,抵制日货风潮愈演愈烈。1933年年初,日本商号和航运公司亏损达100多万元,受压迫日商不断向日本政府提出在华北停战请求。《塘沽停战协定》于5月签订后,武汉抵制日货运动也很快偃旗息鼓。此时,剿总已实际控制长江中段,非嫡系控制的湖北省政府成为障碍。7月初,夏斗寅被逼提出辞呈,其亲信李书城等4人也被解职,张群接任湖北省主席。夏就任湖北省主席前已辞去军职,此后只好改行经商。此为后话。

湖北省政府改组后,9月张群在民政厅设立管理全省禁烟事宜的禁烟办事处,制定了《禁烟办事处组织章程》和《各县市禁烟办法》。组织章程除规定了办事处组织和人员外,还规定:禁烟办事处依据三省剿总制定的禁烟法令处理全省禁烟事务。各县市禁烟办法共5条,其基本内容为:

1. 各县市土膏店和吸食登记原则上由各县政府实行,沙市、宜昌、老河口、武穴、沙洋、新堤、樊城由各地公安局负责,武昌、汉口、汉阳各市由武阳夏禁烟所负责,但武昌、汉阳、宜昌三县所属乡区的禁烟由县政府负责。

2. 规定各县市禁烟医院的设置方法。

3. 湖北特税处先将其印制的空白戒烟执照及旅行证发给民政厅若干,记入号码,由民政厅盖章后交给各县政府、直辖公安局、武阳夏禁烟所,根据申请状况发行。民政厅每月制作核算表交特税处,各县局将每月收入、证照费送交民政厅,各县局经费应制作预算文件,经批准后由民政厅按特税处规程支付。

4. 各县市土膏店数量由各县局参酌地方状况尽快规定,武汉三镇由武阳夏禁烟所规定,并向民政厅报告。民政厅与特税处协商后决定之,并报告省政府。

5. 在各县市欲获取特许、经营土膏店的商民,应按规定期限到县局缴纳手续费,由各县局将手续费转交民政厅,申请发给证书。各县局不得擅自晚缴手续费,或直接向特税处申请证书。禁烟办事处设立前各县局缴纳的手续费及民政厅应返还费用,经全部核算之后依照规定返还给民政厅事务所。

以上的章程和办法明确规定,湖北省内禁烟机构依据三省剿总制定的禁烟法令设立并办理事务,承认特税处为"剿总"直属的最高鸦片管理机构。省内各地证照发放和交费以民政厅为窗口与特税处交涉收受,各县局所得证照申请和交费必须通过民政厅。张群控制下的湖北为其他各省做出了"表率"。

与改组湖北省政府同时,特税处与刘湘商定了鸦片川鄂直运办法,改变原来上游运出鸦片在宜昌卸货纳税办法,将川、滇、黔三省运往汉口以远的鸦片直接由万县运到汉口课税。这是剿总掌控鸦片运销非常重要的步骤,川滇黔三省是西南最大鸦片产地,其运输有从陆路到广东、经湖南到长江中游、经四川到长江上游几个途径,而长江上游途径最为方便,其运销覆盖地区也最大。理顺长江运销,以较简便的方法和较低的税率保证其顺利运往中下游,能够将川滇黔三省更多产地的鸦片运输吸引过来,从而截断西南五省经济上相互依赖关系,有利于蒋控制西南,同时也能大幅度增加汉口特税收入。

7月初,这一消息传到宜昌后引起了恐慌,宜昌各界开始四处呼吁取消这一决定。据宜昌方面的申诉,当地每月征收鸦片正税达300万元,归当地支配的公益捐和公安教育捐每年为54万元以上,8家鸦片商各自年收入达20余万元,鸦片木箱制造业和码头装卸工也以此维持生计,还有其他与鸦片生意有直接间接关系的商人。实施直运后宜昌集散鸦片将减至原来的1到2成,将导致当地附加捐收入减少、失业增加、商业衰退。因此宜昌县府、公安局、商会、特业清理会、教育会、救济院、县党部、钱业公会、各工会、各行会召开联席会议,于8月6日组织了"宜昌各界反对特货直运联合会",由财政部督察专员兼宜昌县县长向蒋介石、刘湘发电请求取消这一决定,县长本人也赴汉口运动各方。联合会也向蒋介石、刘湘、武汉绥靖主任何应钦、湖北省省长张群、沙市剿总司令徐源泉发电请求中止计划。特税处不得不对宜昌各界说明,"对宜昌特税附加公益捐和公安教育、建设、团饷等各费用,以及鸦片木箱利益收入等其他既得权益,将会给予充分补偿"。[①]

---

① 驻宜昌领事代理浦川昌义致外务大臣普通往信第一〇四号.四川ヨリ下流向輸出阿片ノ運搬徴收辦法改正ニ対スル宜昌各界ノ反対運動ニ関スル件[Z].1933年8月29日.同上信函附件.湖北第九区行政督察专员兼宜昌县县长肖干致蒋介石和刘湘电报[Z].1933年8月16日.

综上所述，剿总南昌行营在1933年下半年获得对湖北省政府和特税处的实际支配权。湖北特税处原是财政部设立的机构，因此蒋介石必须获得南京政权的许可方能获得对特税的管辖权。有先行研究表明，早在三省剿总设立之前，就有智囊对蒋介石提出另设由军事委员会管辖的督察处的设想，并在建立剿总后开始实施。① 但这毕竟只是设想，南京政权实际承认剿总对特税管辖权，是在剿总获得湖北省政府支配权以后。"南京政权出于国际关系的考虑，需要将特税收入从中央财政中分离出来，于1933年八九月间正式承认，由军事委员会南昌行营财务处管理清理两湖特税处。"② 就是说，在张群接手湖北省政府后，这一设想方得以实现。

获得管辖权之后，南昌行营还需对特税处组织进行改组。特税处本身拥有发放特许、征税、缉私、执法甚至司法等多种特殊权力，而且为排除地方党政军的干扰，往往超越法律行事。其广泛权力也可用于从事违法活动，早已引起各地实权派的愤怒。1934年年初，前特税处处长黄振兴串通部下伪造印花案被破获，此案牵涉到原湖北省政府。但奇怪的是，蒋对于黄振兴并未严惩，事后还利用其追索欠款。其原因是蒋介石认为"靠原特税处组织和人员很难防止走私和渎职行为"。

1934年4月1日，蒋下令在南昌行营设置十省禁烟督察处，将鄂、湘、陕、甘、豫、皖、苏、赣、浙、闽10省特税处改名为禁烟督察处办事处，归南昌行营禁烟督察处直辖。清理湖北特税处成为禁烟督察处的实体，任命李基鸿为处长，陈希曾为督察处监察，黄天民为会计长，丘开基为巡缉主任兼巡缉团团长。丘开基别号邱卫华，1933年春在武汉抵制日货活动中以实行恐怖手段而闻名。为查缉私运，蒋介石特调中央宪兵第六团（团长凌光亚）分驻汉口、武昌、武长线、湖北段、宜昌、沙市、巴东、老河口各地，严厉查缉走私。③

关于禁烟督察处的组织体系，有种种讹传，但据国民政府出版的内政

---

① 孙福修.蒋介石与鸦片特税[J].近代史研究，1996：189.
② 厦门冢本领事致外务大臣广田机密第五一〇号函件.福建省阿片公卖ノ实际状况[Z].1933年12月4日.
③ 驻汉口总领事清水致外务大臣广田普通第二一七号函件.清理湖北特税处ヲ禁烟督察处ニ改称ノ件[Z].1934年4月7日.

年鉴,1936年左右禁烟督察处在各省的组织见表8—1。

表8—1　　　　　　　　禁烟督察处各省分支机构设置

省/市	名称	所在地	成立年月	组织	经费 金额(元)	来源
江苏	江苏省办事处	镇江	1934年8月	主任、秘书、一科、二科	3 298	行营核发
	徐州事务所	徐州	1934年7月	所长、助理员、办事员	1 397	同上
	南通事务所	南通	1934年9月	同上	1 209	同上
	海州事务所	海州	1934年9月	同上	742	同上
安徽	安徽省办事处	芜湖	1934年4月	主任、秘书、执法员、一科、二科	2 478	同上
	安庆事务所	安庆	1934年4月	所长、助理员、办事员	1 397	同上
	蚌埠事务所	蚌埠	1934年4月	所长、助理员、办事员	1 993	同上
	大通事务所	大通	1934年4月	所长、助理员、办事员	949	同上
	荻港事务所	荻港	1934年4月	所长、助理员、办事员	742	同上
	乌江事务所	乌江	1935年4月	所长、助理员、办事员	742	同上
江西	江西办事处	南昌	1934年4月	主任、秘书、执法员、一科、二科	2 418	同上
	九江事务所	九江	1934年4月	所长、助理员、办事员	949	同上
湖北	禁烟督察处	汉口	1934年4月	正副处长、秘书室、执法室、一科、二科、三科之外,设总监察、会计长、缉私主任三个办公室	16 980	同上
	宜昌办事处	宜昌	1934年4月	主任、秘书、执法员、一科、二科	5 200	同上
	老河口办事处	老河口	1934年4月	主任、秘书、执法员、一科、二科	2 667	同上
湖南	禁烟督察处湖南分处	长沙	1934年9月	正副分处长、会计专员;该分处经费由湖南省府核发,唯副处长会计专员经费1 400元由行营核发	1 400	同上
	洪江事务所	洪江	1934年9月	所长、办事员	800	同上
	宝庆事务所	宝庆	1934年9月	所长、办事员	500	同上
	常德事务所	常德	1934年9月	所长、办事员	500	同上
	汝城事务所	汝城	1934年9月	所长、办事员	500	同上
四川	四川省办事处	万县	1934年4月	主任、秘书、一科、二科	2 900	同上

续表

省/市	名称	所在地	成立年月	组织	经费金额（元）	来源
河南	河南省办事处	郑州	1934年4月	主任、秘书、执法员、一科、二科	3 332	同上
	南阳事务所	南阳	1934年5月	所长、助理员、办事员	949	同上
陕西	禁烟督察处潼关办事处	潼关	1934年4月	主任、秘书、执法员、一科、二科	2 309	同上
	陕西禁烟局	西安	1936年4月起归本处管理	局长、监察会计、禁烟局原班人马	20 952	由陕西省政府核发
福建	福建省办事处	福州	1934年4月	正副主任、秘书、执法员、一科、二科	4 546	行营核发
	厦门事务所	厦门	1934年6月	所长、助理员、办事员	1 724	同上
	建瓯事务所	建瓯	1934年8月	所长、办事员	611	同上
	漳州事务所	漳州	1934年8月	所长、办事员	470	同上
	泉州事务所	泉州	1934年8月	所长、办事员	611	同上
上海	上海市办事处	上海	1934年4月	主任、秘书、一科、二科	2 500	同上

资料来源：国民政府内政部年鉴编纂委员会.内政年鉴 警政篇[M].上海：商务印书馆，1936：576—577。

表8-1中所列组织机构表明，禁烟督察处的各事务所主要分布在产地出口、长江沿岸运输枢纽、大消费地入口。由其事务所布局可知，这一机构主要负责掌控鸦片运销及有关税收以及防止走私。其职责止于大产地的出口和大消费地的入口。其在鄂、豫、皖、赣、陕、闽6省设有执法功能，而在苏、沪、湘、川则交由地方政府负责，同为三省剿总管辖下的浙、甘两省甚至连禁烟督察处的事务所都没有。其中，苏、沪、浙为南京政权控制严密地区，尤其浙江省完全按照南京政权计划步骤实施，不需专设机构督促。川、湘既是种植大省，又是滇、黔、桂、西康数省鸦片运出必经之地，加之地方军阀的独立性较强，状况比较复杂，出于对未来西南政策的考虑，剿总对何健控制的湘省给予较大的独立性，对于四川如后面将涉及的云南、贵州，先采取了禁种禁烟政策，并斩断其与广西的联系，为消除两广的半割据状态埋下伏笔。

第三节　分期禁烟与严厉禁毒

　　1934 年 4 月,湖北禁烟督察处成立后,蒋介石以军事委员会委员长名义下达了两个命令:一是严令关闭武汉三镇烟馆,二是制定军法禁毒条例对管辖地区逐次发令公布,两者均体现了蒋介石对鸦片逐渐禁止和对毒品严厉打击的基本禁烟方针。

　　4 月下旬,禁烟督察处发出布告,限武汉三镇大小 3 000 多家烟馆一律于 4 月 30 日起停止营业。只许售出烟土烟膏,不得在店内吸食。据调查,武汉市内鸦片店分布如下:(1)汉口有膏店五六十家,土膏店大小百余家,棚户烟馆约 1 500 家,私烟馆约 1 000 余家,此外还有土栈 25 家;(2)武昌有土膏店 8 家(但受汉口方面压迫营业萧条,本次布告发布后全部关店),私烟馆约五六百家;(3)汉阳没有大规模者,也有不少私烟馆。[①]查禁命令主要是将鸦片馆根据纳税额分为甲、乙、丙、丁和棚户 5 等,默许高纳税烟馆,查禁丙、丁和棚户烟馆。禁令发布后,仍有土膏店设密室令人吸食、棚户烟馆也有拉客现象,但比原先少得多。接着,禁烟督察处查处并枪毙了数名违法业者,都是违反禁令的丙、丁和棚户业者,因不法营业而无力缴纳课处罚金而被枪毙。这一取缔本意在于强制烟馆申报许可和提高营业税,但对违法者的严厉打击造成了震慑效果。[②]

　　1934 年 5 月 7 日,南昌行营以军事委员会委员长三省剿总司令名义公布了《严禁烈性毒品暂行条例》,这是军法禁烟的代表性法令,共由 16 条构成:

　　第一条　凡配合吗啡、可卡因、海洛因及其化合物的红色或白色毒丸皆称为烈性毒品;

　　第二条　对制造和运输烈性毒品者处以死刑;

　　第三条　对销售烈性毒品或以销售为目的持有者处以死刑或无期徒刑;

---

　　① 驻汉口总领事清水致外务大臣广田机密第二七四号函件.湖北禁煙督察処ノ武漢煙館閉鎖方ニ関シ報告ノ件[Z].1934 年 5 月 3 日.
　　② 驻汉口总领事三浦致外务大臣广田机密第六三号函件.支那官憲ノ阿片取締振ニ関スル件[Z].1935 年 1 月 26 日.

第四条　以营利为目的为人提供注射吗啡或吸食烈性毒品场所者处以死刑；

第五条　对吸食或使用烈性毒品上瘾者全部予以拘留，由医师定期限使之强制戒除，对不能按期戒绝者或戒后再吸食或使用者，处以死刑；

第六条　吸食和使用烈性毒品者经确认在规定期限内确实戒绝者可发给证书，但于一年内可随时进行检查；

第七条　公务员以收受贿赂约定包庇本条例各条犯罪者或纵其逃脱者处以死刑，偷盗或偷换查获烈性毒品者亦处同罪；

第八条　以烈性毒品栽赃或诬陷他人者处以死刑；

第九条　第二至第四条及第七、第八条之未遂罪也予惩罚；

第十条　执行死刑可实行枪毙；

第十一条　本条例各犯罪者由兼任行营军法官之所辖县长或兼任区保安司令之行政督查专员审判，未设置行政督查专员省市或所辖县长未兼任行营军法官的场合，依所辖市长或县长呈请，指定由军法职权机构对其审判；

第十二条　有军法职权的部队，在本条例各罪违反者被拿获时，可对其进行审判；

第十三条　判决违反本条例各罪之际，应先将一应文件及判决书送本行营裁决之后执行，但案情重大、事关地方治安需紧急处分时，可以描述其罪状的电报请求裁决；

第十四条　本条例未规定者依据其他法令规定；

第十五条　各地军政机关须在本条例公布文书抵达后5日内布告周知；

第十六条　本条例公布文书到达后10日内实施。

这个条例的基本精神是，对于毒品的制造、运输、销售、以营利为目的持有、提供吸食条件者，对于包庇纵容以上犯罪以及栽赃陷害者，对于上述犯罪的未遂罪一律依据军法程序予以严惩。

南昌行营上述政策得到了舆论的支持。《大公报》和《益世报》发表社论，支持对毒品犯罪采取严刑峻法，但也提出了一些不同意见。《大公报》5月14日社论《如何扑灭烈性毒品》指出，除了严厉查禁运销吸食外，还应禁止过剩鸦片原料生产，尤其应打击军人包庇生产运销；还应积极治本，通过宣传和教化，发起拒绝毒品的国民运动。《益世报》5月15日社论《努力禁止烟毒》指出现存的七方面的问题，其中最重要的有两点，其一，1929年禁烟法过分宽大，其他禁毒法有徒增繁杂之嫌。但依据军法禁烟于法理不合，应依据蒋发布的新条例的精神，重新制定综合性新禁毒法规，但应由政府公布，法院执行。其二，国民政府应在其控制区域首先实施严禁种植和运销。这两个社论中提到的消除过剩原料生产、发起拒毒国民运动、在政府控制区率先禁种禁运、制定新禁烟法的建议，在后来的南京政权的禁烟政策中都有体现。提倡国民道德的新生活运动和拥立蒋介石的运动此后逐渐兴盛，1935年以后对禁烟法制的体系化、规定优先适用军法禁烟法令、新生活运动都是其表现。

本章小结

1932年到1934年上半年，蒋介石通过建立军法禁烟体系和控制武汉为中心的长江中段水陆运输，将军委会南昌行营实际控制范围扩大到湘、鄂、豫、皖、苏、闽、浙、赣、陕、甘10省。其在川、滇、黔三省的影响力也开始增大，以分期禁种和控制运销为核心、涵盖上述10省和四川的禁烟管理体制逐渐形成，同时开展了严厉打击毒品犯罪的活动，为下一步重新构筑禁烟法令体系、公布禁绝鸦片计划、消除过剩鸦片原料生产创造了条件。蒋介石开始把下一步掌控目标扩大到川、滇、黔三省，因为这是切断西南五省联盟、最终解决两广半割据状态的重要一步。另外，面对华北日军咄咄逼人的态势，蒋介石不得不于1933年年初请回汪精卫、起用亲日派的官员处理华北危局，1933年年初到1935年11月汪遭刺杀为止，汪及其亲信在国民政府中翻云覆雨，为中国政治统一和禁烟运动设置了不少障碍，此为后话。

第九章

国民政府禁烟实录之二：严厉禁毒与鸦片消费管理

1934年年初，在掌控长江鸦片运销和设立军法禁烟体制初步获得成功的背景下，蒋介石亲自发起了新生活运动，提倡提高国民知识道德应从衣食住行四项基本生活开始，将禁烟、禁赌、禁娼作为新生活运动的重要内容，新生活运动从社会运动角度对禁烟运动提供了支持。同时，在消费地的禁烟运动中，开始将鸦片和毒品实行区别对待，对吸食鸦片和销售鸦片实行许可制，对制贩毒品开始严厉打击。

第一节 各地扫毒行动概观

一、上海扫毒行动

《严禁烈性毒品暂行条例》出台以后，各地打击制、运、贩、吸毒品的活动迅速升温。1930年以后，参与制贩毒的不仅有地方大员，还有帮会势力和历次军阀战争中失势军官、政客，制贩毒也是各种反蒋阴谋和分裂阴谋的经费来源。因此，打击制贩毒，也是打击各种反蒋势力和外国分裂阴谋、震慑军阀割据的有力工具。上海是外国租界势力最大的地区，也是毒品走私、制造最为猖獗的地区，一些帮会组织、失意政客军阀、国民政府官员也借外国势力作掩护参与制毒贩毒，使得问题更为复杂化了。打击上述势力和外国人参与的制贩毒活动是这一时期上海禁烟活动的重点。

上海的扫毒行动于 1933 年下半年展开,不少日本制毒者也被查获。日本驻上海总领事辩解说:"当地历来没有这种犯罪发生,最近却频频发生,其原因是最近当地鸦片类价格升高,中国人有以比较便宜的红丸(即戒烟丸)代替鸦片的倾向。因其需求很大,有不少企图私造红丸原料盐酸吗啡和可卡因者。他们知道在中国人名义住宅私造容易被工部局或中国警察闯入,就选用日本人名义住宅。结果造成本国人受牵连者增多。"①但同报告中所附的案件的主诉书内容却泄露了天机:

(1)富山人越谷弘一,住址上海施高塔路花园里 13 号,无职,35 岁。其于 1921 年 12 月到 1929 年 4 月间,曾在重庆各烟馆吸鸦片,1933 年 7 月末到 8 月 30 日之间,在自己住宅三层试图使用 3.75 千克粗制吗啡、盐酸苏打无水醋酸、酒精溶剂等着手制造盐酸海洛因,但因设备不完全而未遂。本馆法庭判其监禁 5 个月。

(2)兵库人长泽杰克,住址上海黄罗路 1 号,汽车中介,34 岁。中国人李某于 1933 年 6 月末到 8 月 24 日在被告住宅 2 层,雇用数名华人每天约制造 100 盎司盐酸吗啡。长泽杰克对此人知情而将住宅 2 层全部以每月 600 银元的价格租给李某,且为其提供帮助,从事药品搬运、望风、采购所需木炭等行为。本馆法庭于 9 月 30 日判其监禁 1 个月。

(3)长崎人井上新夫,住址上海鸭绿江路长源里 16 号,无职,46 岁。其于 1933 年 3 月到 9 月中旬之间,十余次在自己住宅客厅,用鸦片粉 3 两,加无水醋酸等原料制造盐酸海洛因,因其手法不熟始终未达目的。该犯曾在 1932 年 8 月 24 日被日本驻汉口总领馆以违反中国鸦片及麻醉剂取缔法令判拘留 1 个月,已服刑完毕。本馆法庭于 11 月 25 日判处其监禁 2 个月。

(4)和歌山人百田善兵卫,住址上海北四川路永安里 19 号,木材商,40 岁。大阪人天野奈良一,住址上海狄思威路 730 号,撞球业,36 岁。百田善兵卫与志田盛一、足立薰平等共谋,于 1933 年 6 月 10 日到同月末以

---

① 驻上海总领事石射猪太郎致外务大臣广田机密第一四三八号函件.本邦人ノ麻薬類密造事件ニ関スル件[Z].1933 年 11 月 28 日.

及 9 月末至 10 月 25 日之间,在市内狄思威路 730 号住址 3 层以鸦片粉为原料,使用无水醋酸等原料制造盐酸海洛因约 395 盎司。被告天野奈良一知情却帮助百田善制造、望风,并提供种种帮助。本法庭于 11 月 25 日判处百田监禁 1 个月,天野罚款 50 日元。

(5)山梨人上原登,住址上海狄思威路 413 号,无职,38 岁。其于 1933 年 9 月 5 日到该月 20 日之间,连续在自己住宅 3 层以粗制吗啡和无水醋酸等逐次作用方式,制造盐酸海洛因合计 105 盎司。11 月 24 日以法庭命令判其罚款 50 元。

日本领事报告认为,涉案日本人似乎全部是"受牵连",但上述 5 个案件的案情表明,其中除 1 例有中国人参与外,绝大多数是日本人主谋的犯罪,并且惯犯居多。再从犯罪地点看,上述住址全部位于租界外,并无租界内案件,这表明上述案件都是中方破获的,日方仅仅是对中方捕获罪犯的被动审判。但领事馆法庭的判决表明,相比制毒贩毒的暴利和危害,其判罪之轻根本起不到打击犯罪的作用。

另一份出自上海公共租界工部局的《南头扫除制毒设施备忘录》报告,也反映了南京政权在上海的扫毒活动。报告指出,上海市里马路南头附近有两个可疑公司,一个是位于太平街 104 号的洽记制毒工厂,另一个是位于里马路同仁里 1～4 号的三鑫公司。1933 年 11 月 17 日晚,由蒋介石直接指挥的南京中央宪兵一团的一个营包围了洽记,搜出红丸、吗啡以及用来制造毒品的原料合计价值 150 万银元,并拘捕了 24 名人犯。其中包括 4 名属于上海第一区的公安局警员,正在工厂内担任警卫,被解除武装后逮捕。行动前地方政府未得到任何通知。①

与此案有关的淞沪警备司令部副官处处长温建刚、参谋长蒋群于 11 月 25 日晚 11:00 被押送南昌,当晚晚些时间被处决。被捕的人中有杜月笙侄子,其于 11 月 26 日晚被押送南京。与此案相关联,11 月 30 日有 8 名军警企图偷盗洽记被扣押的 1 箱吗啡,其中 4 名逃脱,4 人被捕后遭枪决。据称,洽记主要股东为杜月笙和张啸林,股东名单中还有其他政府

---

① Memorandum on the Raiding of a drug Establishment in Nanto[Z]. December 5,1933.

官员,该公司每天利润高达 5 万银元。

事件发生后,上海市市长吴铁城、杜月笙、张啸林不得不于 11 月 23 日到 26 日乘飞机去南昌见蒋介石,对事件做出解释。据报蒋介石此次行动消息是由法租界三大亨之一黄金荣提供的。三鑫公司专营鸦片,在对洽记采取行动期间暂时停止营业,但很快于 12 月 2 日恢复活动。由于这件丑闻,吴铁城不得不向南京政府递交辞呈,但政府却保留了其职位。

此次破获洽记制毒工厂案与镇压反蒋阴谋有关。据日本领事馆从内部获知的消息,涉案的蒋群是同盟会会员,一直在上海从事反蒋运动。[①] 吴铁城于 1933 年 10 月 2 日就任淞沪警备司令时,因旧谊请蒋群担任参谋长。温建刚曾任南京市公安局局长,后任芝罘警备司令,因参加广东国民政府被捕,出狱后由吴醒亚介绍认识杜月笙、加入青帮,与蒋群同时被任命为副官处处长。两人与当地某青帮元老预谋反蒋,与青帮及政客联手设立一个大吗啡制造厂以筹集经费,每月利润高达百万银元。蒋介石对于吴、蒋、温行动一直密切监视,却未采取行动。但福建事变发生,蒋、温与抵沪中央委员、在野政客频繁交往。恰在此时到上海视察的宋美龄,听到蒋、温参与福建事变密谋的传言,劝蒋介石对其采取行动。除打击反蒋势力外,破获此案还可抑制吴铁城的违法活动,防止上海反蒋活动蔓延。接到蒋电令后,吴最初以时局为由拖延。但接到两人有响应福建的暴动计划的报告后,蒋下令宪兵一团直接采取行动逮捕两人,并破获了洽记的吗啡制造厂。破获洽记工厂案说明,上海的扫毒活动在打击反蒋势力的同时也包含限制地方大员违法和帮会活动等多重意图。

二、镇压福建反叛案与打击高级军官贩毒

福建的福州与厦门是日籍台湾人集中居住地区,随着历次禁烟运动的进行,中国人经营的鸦片者大多被取缔,日籍台湾人逐渐控制了福建的烟赌业。但中国法令对于领事裁判权保护下的日籍台湾人几乎没有约束力。很多华人加入日籍,利用双重国籍牟取私利,或借用日籍人的名义经营烟

---

① 此消息是日本驻上海公使有吉明通过馆员委托警备司令部参议袁道逸、贾伯涛由吴醒亚处探听到的。驻上海公使有吉明致外务大臣广田第六八八号密电[Z].1933 年 11 月 25 日。

馆、赌馆。因为日籍台湾人人数众多,常年经营烟赌等非法业务,常借其特殊身份聚众滋事,加上日本驻台湾驻军对福建虎视眈眈,福建禁烟问题包含引发种种冲突的危险。因此,南京政权1934年年初平定福建事变后,对日籍台湾人基本采取了以鸦片专卖制的利诱和利用军队和特务个别打击的两手策略。关于福建禁烟前述章节已有论述,在此只通过1934年4月镇压杜起云案件,透视南京政权打击高级军官参与走私贩毒的政策。

杜起云1926年起兵响应北伐,曾任十七军第二师师长和副军长,1928年后到南京政府任闲职。1934年年初南京政府委派其为接收专员,到厦门参与福建事变后接收。1934年5月3日,日本领事收到杜起云因参与设立"华南国"而被蓝衣社逮捕、押送南昌枪毙的报告。所谓华南国,是日本驻台陆军策划在福建设立的傀儡政权名称,企图利用福建土匪制造事件,为台湾日本驻军制造干预福建事务口实,有很多日籍台湾人参与其活动。"潜伏于南靖县山中吴赐一派,尤其是参加的台湾人中,现在依然有靠台湾军支持公然宣称继续建设"华南国"者。4月26日,在漳州发生的、包括3名台湾人在内的民军系统24人被中央军别动队逮捕事件也因此而起。另有报告称,中央军决定迅速讨伐"华南国"主谋者吴赐,坊间秘传蓝衣社社员开始捕杀台湾陆军有关人员。提供内部消息者认为,此事并非空穴来风。[①]

另据美国领事报告,"九一八事变"以后,驻扎台湾日本陆军计划通过收买中国背叛者、援助福建内地反叛土匪作为扰乱治安走卒,以制造干涉福建省事务机会,最终吞并福建。[②] 但策动这一阴谋需要巨额费用,陆军当局请求日本政府批准了出售鸦片作为经费的计划,计划内容是,将1933年4月台湾总督府因外交原因而保有的一批波斯鸦片卖掉,以其收益作为福建作战经费。杜起云与台湾日本驻军早有勾结,到厦门后,台湾日本驻军专派化名严崎的军部代表到厦门与其联系,与杜共同策划实施在福建设立"华南国"傀儡政权的计划。严崎以武装走私方式将价值10万银元以上的

---

① 驻厦门事务代理武藤致外务大臣第九八号(部外密)电文[Z].1934年5月3日。
② 中华民国上海美国领事馆财务官M.R.尼克鲁孙对美国华盛顿关税部税务司报告.关于台湾及厦门产鸦片交易件[Z].1934年11月9日。

波斯鸦片运进厦门，走私过程中，与中国海关缉私人员发生了数次武装冲突。严崎运进这批鸦片的目的是资助杜起云整编内陆匪徒。但杜的背叛阴谋很快被国民政府探知，杜被秘密逮捕后押送南昌枪毙，日本军部代表严崎不久后也被蓝衣社狙杀。驻台日军的阴谋就此流产了。

大量走私鸦片与日军分裂阴谋相关联，中央军别动队和蓝衣社的迅速行动彻底粉碎了驻台日本陆军的企图。

三、抑制地方军阀制毒贩毒

1934年8月21日晚，湖南航空处处长少将黄飞和航空处队长林某，因用飞机私运吗啡1 000余两到汉口兰陵路47号而被武汉禁烟督察处所属缉私处逮捕。有消息说黄飞等将被处决。但黄被逮捕后，其在长沙居住的家属却很快被迁到了上海。

8月22日，何健收到蒋介石电报，令其破获长沙制造吗啡据点并逮捕走私同案犯。但何健回答说，长沙并无制造吗啡窝点和同案犯，这批吗啡来自贵州。接着，禁烟督察处在报上发表了同案嫌疑人刘子久的供词，尽力宣传何健与其亲信人等与此案无关。供词说："这批吗啡是贵州江总指挥委托、发给居住汉口兰陵路47号的蒋海成的，黄、林两人仅仅是偶然与蒋海成在一起，上述两人与此案无关。"事件发生后，据日本领事从长沙公安局局长的弟弟周某处打探到的消息，黄飞走私吗啡是事实，但本案涉及何健的女婿、十九师师长、湖南代理保安司令李觉，何健也感到极为难办。"黄飞固然难免一死，但中央也正在密切注视何健等的动向。"

另外，日本长沙领事馆谍报人员探知，何健与李觉、湖南财政厅厅长张开琏、贵州王家烈、四川刘湘合伙，在长沙六铺街私设吗啡制造厂，材料由四川和贵州供给，运输由湘桂两省航空处飞机负责，销售由上海的青帮头目杜月笙承包。日本领事认为，"上述情报虽有可能是反何健宣传，存在种种疑点，但与上述周所透露的情报相比照，很难断定此案背后没有如何健、李觉这样的黑幕"。

与发生在上海、福建的案件性质不同，此案犯人是军事一线的现役军官，涉案人员牵涉半独立状态地方军阀和实际掌握军队的高级将领。禁烟督察处反倒不得不为其开脱,这表明蒋对于未能完全控制的地方军阀不得不网开一面,但掌握案情和犯罪证据,对于震慑其进一步违法活动、取缔制毒贩毒有相当效果。

四、扫毒活动的全面展开

制定军法禁毒条例,及对包括亲信、帮派大亨、高级将领的查处,表现出前所未有的严厉,对各地方军队造成极大的震慑。军法禁烟命令的实施,对于南京政府权力控制薄弱的地区也同样具有震慑力。如平津卫戍司令部对公安局的训令指出:近年吗啡、高根、海洛因、红丸、白面等烈性毒品或从外国或自各边省运销盛行,充满长江各地。此等烈性毒品不仅体积小、携带便利,且价格极贵、利润极厚,故贪利奸商以巧妙手段走私之多姑且不论,腐败不肖之军警亦常庇护之,以致毒焰蔓延,不问都鄙,恶癖弥漫,及迄妇孺。尤其鸦片禁止区域,烈性毒药传播最甚。于经济破产之今日,敢行此种蚀人骨髓之消耗,其祸害所及,不惟亡国,亦至灭种。为除此毒害特再订《严禁烈性毒品暂行条例》通令各省,令参照军法切实遵行,以收最短时间内扫除肃清各地蔓延之毒气之效。各该长官宜体此旨、排除情面严厉执行之,切勿视作具文致受严谴。①

1933年下半年起,在国民政府控制区域,尤其是浙江和山东、华北一带,禁烟禁毒活动力度重新开始加大。

1934年4月6日,杭州市判处私带红丸打算出售的原陆军士兵彭达一死刑。

7月26日,杭州市公安局公布禁毒数据:1—6月查获鸦片犯497名,没收烟土1 179两,查获红丸(可卡因药丸)犯人243名,缴获红丸4 376两,对走私鸦片多量出资的杭州某旅馆老板也判处死刑。

9月2日,北平市判处盗卖没收吗啡的公安局第二区署长段焕然死刑,设置北平市卫生局烈性毒品戒除所,展开声势浩大的扫毒宣传。

10月25日,山东省严厉查纠吸毒,韩复榘下令在吸食初犯者的手腕

---

① 《北平市公安局布告》第二四号[Z].1934年7月29日.

上刺字,对再犯者处以死刑,对走私惯犯一经抓获即判死刑。在各地设戒烟所,收容鸦片毒品上瘾者。

11月7日,济南公布戒烟药品取缔规则,公布化验合格药品,禁止销售含有鸦片、吗啡、海洛因、可卡因及其他毒质的药品。

12月3日,芝罘枪毙8名吸食毒品犯和贩毒者,烧毁没收鸦片毒品。

12月27日,浙江省再次扫荡违禁药品,判走私红丸犯人死刑。

据禁烟委员会的报告,1934年中,江、浙、鲁、豫、晋、陕、察、北平等地也判处204名涉及烟毒案犯死刑,绝大多数是贩卖毒品者。其中仅山西一省就达167名,其次是江苏14名、山东11名。[①] 可知阎锡山复职后,对于严重威胁山西财政、影响其军队战斗力的毒品犯罪的打击力度尤重。1935年,中国判处各种涉毒案犯死刑964名,打击烟毒犯罪的力度明显加大。

与此同时,禁烟督察处也配合海关对海港和内河航行船只展开搜查,5月1日开始,湖北禁烟督察处对英法军舰雇用的中国海员在重庆登岸时实施搜身,严防外舰走私。7月6日,中国拒毒会公布过去1年间海关查获外国船只私运麻药等违禁品统计,按查获船只总数计算,英国257艘,占45.8%,日本118艘,占21.3%。这组数据表明,1933年6月开始加大对外国船走私毒品的检查力度。随着严厉打击毒品犯罪活动的展开,全面抗战开始前的中国禁烟禁毒活动进入了一个新时期。

第三节 禁烟体制概观

政府管理鸦片方式有专卖、公卖、官卖等几种形式。专卖是指由政府制定制度、由商人承包经营的方式,与官督商办相类似;公卖是指由地方政府负责设置公立批发零售机构买卖;官卖是指由国家设立官营批发零售机构销售。无论何种形式,都有必要统一管理鸦片生产和运销,同时查禁私种、私运和私销。但生产和运销的管理,无论是真正为实施禁烟,还

---

① 国民政府内政部年鉴编纂委员会.内政年鉴.警政篇[M].上海:商务印书馆,1936:606-607.

是为获取收入,其管理形态几乎没有差别,仅能从实施后其规模扩大或缩小来判断。但是烟土和烟膏是能够储存的,这就意味着单个年度禁种并不足以断绝其供应。即使真正禁种,到完全消除生产流通领域中的存量,也需要花费数年时间。

对于消费管理,一般有零售店管理和吸食者管理两部分:零售店有土膏店和烟馆两种,吸食者管理主要是吸食者登录和对吸食数量的限制。是否真正禁烟主要看吸食者管理环节:一是购买土膏和在烟馆吸烟有无限制;二是吸食者登录是否经医生诊断,是否涵盖全部吸食者;三是吸烟执照有无戒烟时期限制。但即使上述三者都设有限制,也不足以证明当局者是真正禁烟。伪满洲国的鸦片管理就是例证:其在烟馆、毒品店、销售店管理上,任用黑势力追求扩大消费,组织内部各种私造、走私、私下交易横行;在吸食者登录上,早期因官土私土大战而不能彻底登录,后期靠警察受贿发行吸食执照,很多没有上瘾者也能登录,靠买卖每日定量赚钱;戒烟时期和吸食数量规定完全形式主义化等。

因此,是否真正实施禁烟,要根据政策实施一段时期后的实际效果才能搞清。以下根据各地状况,概观1932年到1934年年底的禁烟政策效果。

一、禁烟管辖权的转移

1928年8月到1935年6月间,南京政权曾设立禁烟委员会,每年召开禁烟会议。但1931年以后,由于冯、阎、桂、粤各派军阀在中央政权中逐渐失势,在地方军阀控制的晋、绥、两广、滇、黔等省,并不遵奉南京政权制定的政策。剿总设立之后,苏、皖、浙、鄂、湘、闽、陕、豫、赣、甘十省禁烟事宜于"剿匪"期内归军事委员会南昌行营办理,现该十省内各县设立禁烟委员会以司禁烟之责。各省禁烟委员会实际失去了作用,南昌行营成为临时立法机构,并可以制定和设置执法机构号令各省,而各省禁烟的实际权力仍在地方大员和主要军阀手中。

南昌行营的基本禁烟办法是在内地禁种、边省集中采购,对鸦片的运销实施集中管理。从1934年6月起,南昌行营规定十省禁烟执行机构为禁烟督察处及在各省分支机构。由于其实际控制了除华北和半独立地区外的主要产地、中转地、消费地的运销和缉私,因此,禁烟督察处及其分支机构也是南京政权全部实际控制地区的禁烟执行机构。军法禁烟体制由于其强制力,再加上控制鸦片运销,起到了以前禁烟政策起不到的作用。

在这一时期,南昌行营虽制定了统一的禁烟办法、设立了统一组织,但由于行政院、戒烟委员会、南昌行营都在办理禁烟,加之南京政权对各省控制状况不一、各地方获得南京政权财政资助水平不同,各省遵奉其号令程度也完全不一样。以至于产生"十省中虽有一致之办法,仍不得一致之实行"的状况。"关于禁烟方面,在浙江、山东等少数省份,均遵照中央法令,切实施禁。其他各省则大都办法不一,成效殊少。嗣军事委员会南昌行营……颁布十省禁烟办法,采办边土章程,设立土膏行店章程,领照吸烟章程。依照此等规定,种烟在所必禁,贩卖吸售则为章程所特许。惟在十省中,浙江乃遵照中央禁烟法令切实施查,并为依照上述规程办理。陕西禁种办法亦与十省禁种办法略有不同。江苏与河南虽同有限期禁绝之规定,而期限又各不同,江苏定为四年,河南则定为六年。至于远处西北之甘肃,则一切禁烟办法,均仍旧贯,未能与其他已施行之各省取同一之步骤。"① 因此,南昌行营不得不根据各省状况制定实施不同的对策。

二、鸦片消费增税与产地禁种

苏、浙、赣、皖、湘、鄂、豫七省已于 1934 年 6 月开始查禁,连宜昌、沙市这种闻名全国的鸦片集散市场,也于 1934 年 6 月正式关闭烟馆、取消灯捐。剿总辖下 10 省,到 1934 年年末为止基本采取了禁种和提高税率政策,通过减少供给和提高烟价来减少吸食人群。除归剿总管辖的 10 省之外,南昌行营对于新近置于控制之下的四川省也开始实施禁种。

据日本驻武汉总领事馆报告,武汉三镇最初有 5 个等级烟馆,甲种税金每 3 个月 1 000 元,乙种 600 元,丙种 400 元,丁种 100 元,棚户烟馆按每烟榻每天 6 分收取。② 1934 年春开始实施新生活运动后,鸦片取缔逐

---

① 国民政府内政部年鉴编纂委员会.内政年鉴·警政篇[M].上海:商务印书馆,1936:575.
② 汉口总领事三浦致外务大臣广田机密第六三号函件.支那官憲ノ阿片取締振ニ関スル件[Z].1935 年 1 月 26 日.

渐严厉,对上述5种烟馆除甲、乙两种外全部强制关闭,并对违反者实施严厉打击。但严厉查禁造成了税收锐减、鸦片业者的恐慌,对官方税收打击也很大。因此1934年8月以后,当局表面上实行严禁,实际上默许提高税率。其后这些业者又逐渐复活,营业税率比禁止前几乎提高1倍。

四川是当时最大产地,大小军阀林立,都以鸦片为养兵之源。如表9-1所示,当时仅成都就有销售鸦片店480余处,可吸食鸦片旅馆、茶馆1 000余间。重庆也同样,"仅重庆就有700间以上的烟馆,公开允许吸鸦片,街上居民面色苍白,鸦片臭气刺鼻"。①

表9-1　　　　　　　　1934年9月成都各类烟馆分布

分类	东区	南区	西区	北区	外东区	合计
零售店	137	122		133	91	483
可吸食旅店	60	105	46	143	100	445
可吸食茶馆	152	161	132	181	121	747

资料来源:《四川晨报》,1934年9月28日。

南昌行营对于四川首先采取了禁种鸦片措施。据当地报纸《济川新报》1934年7月23日报道,中央将四川视为产地,对其专门设立了特别办法,其中尤其重视禁种措施。南昌行营命四川善后督办公署制定具体方案,于8月1日起实施。四川善后督办公署刘湘于7月发出布告:"为铲除烟祸强国救种计,本中央所颁六年禁烟意旨,特规定禁烟五年计划,从本年秋季始,对久惯种烟各县一律严厉禁种,并规定条例十项,以期达成完全禁绝之目的。现已划定禁种区域,不日将广为布告周知、通令实施。"②其《禁种条例》规定如下:

第一条　本公署遵照中央逐渐禁绝烟害意旨,自民国二十三年秋季起禁止种烟,所有禁烟一切办法悉依本条例办理。

第二条　各县县长奉到此项条例,即应召集所属地方区镇乡间邻长切实告诫,饬向农民剀切宣布,不得违禁偷种烟苗,播种期间,并应分别层

---

① 长少佐. 四川动乱概观[Z]. 1932年11月下旬.
② 重庆领事中野高一致外务大臣广田弘毅机密第二一九号函件. 四川省の鸦片禁烟実行计画ニ関シ報告ノ件[Z]. 1934年7月23日.

次,备具未种烟苗切结,由各该县长层转报查。

第三条　违禁偷种烟苗者,一经察觉或告发,即将种烟田土没收充公,并按律治罪。其情节稍轻者,得酌量处以罚金。

第四条　各区镇乡间邻长对偷种烟苗知情不举或得贿包庇者,按律从重治罪,驻军如有同样情事,按军法严惩。

第五条　凡种烟及包庇种烟者,无论何人,均得举发或密告,一经查实,准将所支田土价或罚金提奖三成,县府区府各提一成,其余五成,专款解署,但诬告者反坐。

第六条　在烟苗下种期间,各县县长除饬各区乡镇间邻长认真勘察外,并应随时亲赴各乡实地考察,并分区派员暨酌调税警巡回复查。

第七条　发现烟苗,应登时督铲,并照第三条或第四条之规定分别究办。

第八条　各县县长禁种不利,应分别情节轻重记过罚薪,或撤任留职,听候查办。

第九条　本条例如有未尽事宜,本署得随时修改之。

第十条　本条例自颁布之日施行。

第一批禁种区域主要是东起巫山、西至雷波、南到秀山的川东、川南57个县,大部分为刘湘控制地区。上述实行禁种戒烟的消息传到重庆,引起了烟民大恐慌。"稍有悔悟者纷纷开始努力自行戒除,连日间市内各大小医院禁烟患者增加,不仅市内宽仁、仁济、人爱堂等西洋人医院已因戒烟患者而满员,市内各戒烟药店也生意兴隆,其收益已达平日三倍。"但也有部分人担忧,鸦片多年来为川省唯一财源,其禁种能在何种程度实行。假使能实现禁种,也需代替之财源,无论代之以何物,都无法使四川省民免于苛敛诛求。

三、鸦片运销管理

1934年下半年到1935年年初,以禁烟督察处为中心的管理运销体制逐渐在各省设立。以下以福建省为例观察其管理运销组织状况。1934年1月,十九路军发动的福建事变被平定,5月,叶清和与广东人黄某组成海丰公司,开始运动省政府承包鸦片公卖。也有其他贩毒集团计划承包闽南特税,但当时由于"剿共"军情紧张、禁烟督察处下级组织尚未建立,这些计划全都被搁置。8月叶清和改变手法,设立鹭通承销公司运动承包闽南鸦片公卖,与省财政部及民政厅达成协议,南昌行营和福建省政府批准其承包。[①]

1934年八九月间,禁烟督察处开始在福建设立分支机构(见图9-1)。其规定禁烟督察处福建分处为管理福建禁烟事务最高机构,最初任命的主任为卢逢泰、副主任为陈迪光,但10月下旬上述两人因承包合同受贿案被财政厅厅长徐柽逮捕。禁烟督察处另任命徐瑞林为分处处长,设立省办事处和泉州、厦门、漳州事务所。此外,禁烟督察处另行设立福建缉私事务所、监运所、烟公栈体系。福建缉私专员为杨天育,负责全省走私取缔机构,往返于福州、厦门之间,在闽南区的漳州、泉州、厦门设立事务所。

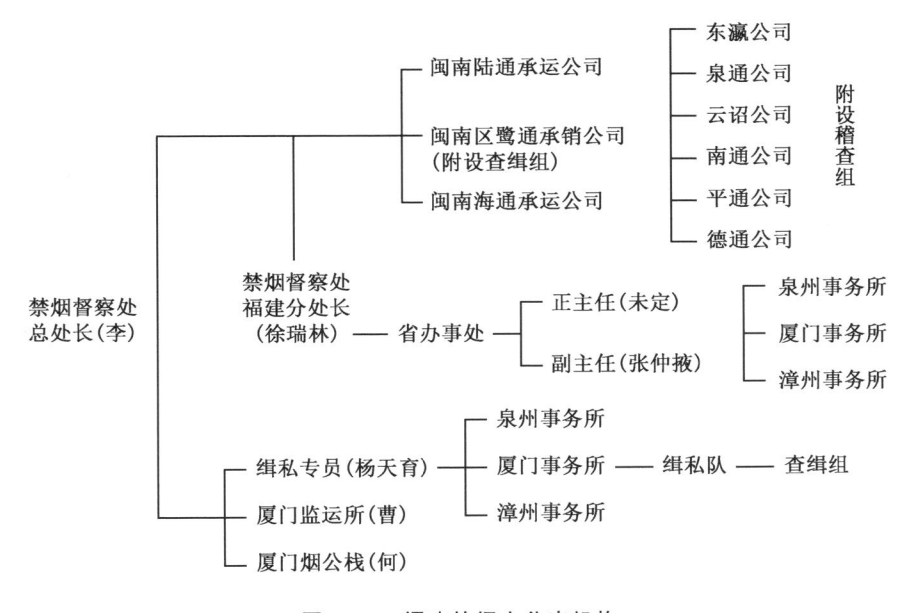

图 9-1 福建的烟土公卖机构

---

① 本小节内容参考驻厦门领事冢本致外务大臣机密第五一〇号函件.福建省阿片公賣实情ニ関スル件[Z].1934年12月4日。

厦门设立的机构如下：

(1)禁烟督察处福建办事处厦门事务所。其是闽南区总监督及收税机构，在泉州和漳州设立两个事务分所，直接隶属福州福建办事处。

(2)福建缉私专员厦门事务所。该所主任为邱耀明，其手下配缉私队、查缉队员各30名。

(3)厦门监运所。为督察总处直属机构，对承包公司鸦片运输负途中保护(尤其为免税关干涉)之责。主任为曹宪章，下辖士兵50人。

(4)厦门烟公栈。公栈主任为何不鸣，负责保管承包公司运出入鸦片，根据需求从仓库出货，出货时由督察处的厦门事务所对实物进行核实和课税。承包公司精制鸦片时，烟公栈须派员监督，防止其在制造烟膏时混入毒物或使用走私品为原料。

各地区具体鸦片专卖事宜，由私营公司层层承包。叶清和鹭通公司承包了闽南的专卖，于1934年9月15日开始办理事务。但1931年上海特别区法院曾以私造吗啡罪名对叶发出逮捕令，所以叶清和改名为叶振声，签署承包合同。鹭通公司于8月16日开始招股，其股东中包含了不少日籍台湾人。其实际出资的15万元中，5万元作为保证金存于督察处福建办事处，承包闽南25县定额为每月至少出售11.4万两烟膏，每两烟膏的印花税为0.57元。

陆通公司、海通公司是鹭通公司的分支公司。陆通公司总经理为邱俊，专门负责福建产鸦片收购。海通公司经理为周大川，负责四川、云南、波斯鸦片的进口和运输。

鹭通公司承包的专卖区域为闽南25县，又将每县专卖权分别承包给其他公司(见表9－2)，每月规定一定包销数量，并征收保证金。鹭通公司制造的烟膏定价为1两3元，下级承包批发1两3.3元，其下指定代售处，代售处(零售)以1两3.5、3.6元出售。以上定价虽定，但也有公司不设代售处，直接向吸食者出售许可数量的。

表 9—2　　　　　　　　闽南 25 县承包公司及其责任数量

县名	商号	代表者	包销量(两)	累进量(两)
龙溪	漳通	叶一中	20 000	24 000
海澄	德通	王金环	4 500	5 000
云霄	云诏	总经理 沈峒若	2 500	
东山				
平和	平通	蔡学铨	1 300	
南靖	南通	陈大河	800	1 000
晋江	泉通	王似泉	24 000	24 000
南安	泉通			
同安	同通	陈中书	5 000	
金门	浯江	陈山海	3 000	
惠安	惠安	何惠良	3 500	3 500
永春	百龄	陈逢春	1 500	1 500
德化	百合	陈遇春	550	
仙游	仙通	林　昶	4 500	
厦门特别区	东瀛	林汉忠	16 000	28 000
龙岩	龙通	叶慎夫	1 500	
太田	中和	李　淡	2 250	
石码	利通	王　源	4 000	
兴化	兴通	自　办	9 000	

注：长泰、漳浦、华安、宁洋、漳平的承包数量和承包额尚未决定。

资料来源：驻厦门领事冢本致外务大臣机密第五一〇号函件．福建省阿片公賣实情ニ関スル件[Z]．1934 年 12 月 4 日。

　　闽南 25 县中，厦门特别区的专卖由东瀛公司承包。东瀛公司由日籍台湾人林汉忠(别名林清埕)为代表与鹭通公司签订合同，每月包销 16 000 两。9 月 27 日东瀛公司成立，召开股东大会，10 月 6 日在厦门镇邦路开设事务所。但厦门的烟赌业历来被日籍台人垄断，日籍台人中的武力派首领几乎都涉及贩毒，鹭通公司感到厦门不好管理，宁愿让日籍台人承包。而林清埕在日籍台人中网罗武力派 30 余人组织公司，以林清埕、何兴化为首，资本金为 2.23 万元。各地具体承包的公司，可附设稽查组在其承包区内查缉举报私运、私贩、私吸。

吸烟执照的管理办法是，厦门公安局开设戒烟医院，上瘾者携带由戒烟医院医生开出的诊断书才能申请领取吸食执照，由烟膏代售业者按照执照记载数量购买烟膏。"鸦片批发商即顶盘废止营业，二盘业者的一部分承担代售处，另一部分停业。"①从事零售的烟馆根据《厉行戒烟取缔商户章程》第十四条，并不会全部获得许可。厦门原有吸食者 3 万余人，鸦片业者上千户。

但上述合同引发了日籍台人内部围绕贩毒利益的争夺。鹭通公司成立时，一些鸦片业者感到实施专卖于己不利，从事批发和销售的业者屡屡在洪门总部坤记洋行开会密谋，以土产公会名义一再号召鸦片业者反对专卖计划，后感到土产公会名义难以对外，遂改名为同业研究会。该会为加强声势，也吸收烟馆业者普遍加入，与鹭通公司成立的同时更名为益商公司，在厦门开元路刘建安号旧址挂牌，形成反对阵容。因为实施专卖将取消历来给予批发商和部分销售商的许可，而零售业者也不得不购买高价烟膏，因此原有鸦片业者对专卖采取强硬的反对态度。益商公司董事长江保生、副董事长江金火、蔡沧渊等都是日籍台人。

东瀛公司签署承包合同后，对益商公司重要成员采取了拉拢政策，将其中主要十余人拉成股东，希望益商公司能自行消灭，但益商旗下数百名零售业者看到公司首脑背叛后，于 10 月 18 日与公司决裂，自行组织同业合作社，在思明西路厦门电气所三层设置临时事务所，针对东瀛公司承包采取对策，合作社首脑为日籍台人郭盈昌、施德润、许有松、王仔土、李金德、王清海、陈金连、黄捱等。东瀛公司最初因益商公司反对而难产，后来怀柔政策奏效，才于 9 月 27 日成立，10 月 6 日开始营运，又遭同业合作社打击。东瀛公司内部掌握会计大权的何兴化与林汉忠的派系争斗，导致一般股东离心离德，不愿交纳股金。同时，该公司还贪欲难足，无视《厉行

---

① 参考驻厦门领事冢本致外务大臣机密第五一〇号函件. 福建省阿片公賣実情ニ関スル件及其附件[Z]. 1934 年 12 月 4 日。

戒烟取缔吸户章程》，想对发行吸烟执照和指定代售处收取高额保护费。各禁烟机构当然不能答应，代售处承包人也采取观望态度，导致该公司业务处于停止状态，到1934年12月初仍未恢复。

由以上福建和厦门的专卖事例可知禁烟督察处在鸦片消费地的组织和机能：由省分处作为当地鸦片管理最高机构，与当地各主要消费地区承包商签订承包合同，并由各地办事处负责征收承包商批发烟土、烟膏的印花税。督察处属南昌行营直辖，其收入全部送交该行营。禁烟督察处还负责设立缉私事务所、监运所、公栈等机构，直接派员对承包公司采购、运输、存储、精制各个环节进行管理，并负责缉私执法，以保证承包者的利益。承包商也有在其承包地区取缔走私、私贩和私运的权利。对于吸食者，由公安局设立戒烟医院诊断，经诊断后发给戒烟执照。烟馆对个人交付吸食执照，同时其有查缉私吸的权利。[①] 承包闽南25县的每年销售定额为136.8万两，烟膏批发印花税额收入约为78万银元。此外，烟馆还对承包业者、分包业者、许可销售业者、烟馆业者征收许可费和营业税，对吸食者征收吸烟执照费，对鸦片运输征收通过税，以及各种附加税。

四、设立运营戒毒设施

检验禁烟政策真正意图的方法之一，是看为政者是否真正致力于减少中毒者数量。从1931年开始，全国各地就开设了一些戒烟戒毒所（见表9-3）。1933年以后，剿总管辖下的湖北、江西、河南在毒害较多的县开办戒烟戒毒所。浙江省的大多数戒烟戒毒所为1932年到1933年开办，取得的成绩最大。江苏、河北、陕西、察哈尔、上海、南京在1934年以后开始动作。河北省的打击力度虽比较大，但天津市和停战区22县很难实行严厉查禁，因此一面是国民政府在尽力实施戒烟，一面是新的烟民在大量产生。山西省在财政上处于半独立状态，设立县虽然最多，但由于经费较少，其获得的成绩也比较少。

---

① 驻厦门领事冢本毅致外务大臣广田机密第三六二号函件.阿片公賣ニ関スル件[Z].1934年8月29日.

表 9—3　　1934 年 10 月前各地戒烟院所开设状况

省市	县市别	名称	成立年月	组织	经费、来源	成绩 已戒	成绩 在戒	备注
江苏	省立	戒烟院	1934年10月	院长、医师2人,护士6人	省禁烟委开办费3 500元,经费1 500元			省医院长兼
	59县	县立戒烟所	大部分为1934年10月开设	主任医师1人、助理医师1人、护士2~4人	除以上拨付外,2成戒烟费,开办费1 500元、经常费500元	1 059人		6 015人待戒
江西	省会公安局	南昌市立医院兼理	1933年6月	设禁烟医师3人	不另支薪,额外费由戒烟执照费拨付	1 078人		
	其他32县	专设9所、兼理附设23所	1933年1月到1934年9月	由所长、医师、助手、看护等人员构成	补助不等,留成戒烟执照费	1 382人	119人	
湖北	宜昌县公安局	分设4所禁烟所	1933年10月	职员1人、医生1人	由禁烟收入拨付,月经费400元	109人		
	其他33县	戒烟所	多为1933年开办	人员不一	同上,多寡不一	1 862人		
湖南	长沙	湘雅、仁术、公医院	附设	依照医院兼理戒烟事宜简章办理	湘雅年补贴59 500元,仁术、公医院各补贴8 400元	178人 169人 359人		
山西	太原市	公立自新习艺所戒烟部	1932年6月	医生1人,其余由习艺所兼办	无	25人		
	省内105县	专设或附设戒烟所	多为1932年10月到1934年1月设立	人员不等	补助费极少或全无	737人	313人	
河南	开封市	省会戒烟所	1934年1月	正副所长、医生4人、职员5人	334元,由民政厅发	119人	12人	
	其他43县	专设或附设戒烟所	1932年以前设12所,1933年18所,1934年14所	一般由医生、职员构成,规模不等	执照费、罚款提成、地方公款、政府拨发、财委会补助等	2 629人		

续表

省市	县市别	名称	成立年月	组织	经费、来源	成绩（已戒）	成绩（在戒）	备注
河北	天津市	市立戒烟院	1934年3月	市立第二医院设病床30张，公务员调验、市民自愿戒除者免费	1 000元，由市库按月拨付	211人	4人	1934年3月至9月
河北	天津市	市立戒烟所	同上	戒烟医院兼办，病床150张，专戒烈性毒品	市政府存慈善捐款月支2 116元	919人	99人	1934年4月至9月
河北	其他72县、4公安局	专设或附设戒烟所	多为1933年7月到1934年4月开设	政府照章设立，医师、职员、看护若干人	由地方公费、执照费、经费、罚金、商民摊派等支出	5 895人	不详	
陕西	西安市	贫民戒烟医院	1933年10月	院长、主任医师、药剂师各1人，护士3人	财政厅月支3 273元	2 046人	207人	
陕西	西安市	省立医院兼办戒烟科	1934年4月	由本院内科医生2人担任	禁烟局支开办费1 000元，药费戒烟者半费，其余实报实销，人均药费6元	135人	20人	
浙江	杭州市	公立戒烟所	1933年4月	不详	地方公款	94人		
浙江	其他74县	专设或附设戒烟所	几乎皆为1932年初至1933年初所设	绝大多数为公立或医院附设，经费较多	自筹、劝募、戒烟费、公款、烟民缴费、慈善捐款、捐药	14 659人		
福建	7县	设有戒烟所	皆为1934年2月以后开设	不详	慈善捐款，2成戒烟经费	不详		
青海	西宁及其他4县	禁烟委员会、禁烟分局设戒烟所	1932年3月	不详	公费	约250人		

续表

省市	县市别	名称	成立年月	组织	经费、来源	成绩 已戒	成绩 在戒	备注
察哈尔	15县	戒烟所	1933年开办者居多	不详	烟案罚款或提成、亩捐、救济院积金	不详		
南京	市立	戒烟院免费勒戒	1934年2月	医师3人,护士16人	市府月支2 817元	1 587人	175人	1934年2至9月
上海	市立	临时戒毒所	1934年6月	医师3人,药剂师、护士3人,其他4人,犯人管理由警察负责	市库月支2 859元	892人	94人	1934年7至9月
上海	市立	公立上海医院	1930年5月	普通医院兼理戒烟	市府、慈善团等月支1 940元	145人	8人	1934年1至9月
北平		烈性毒品戒除所	1934年9月	医生、护士、药剂师、事务员30余人	每月13 434元经费全靠募集,免费治疗	383人	503人	1934年9月
北平		市立医院	1933年11月	医务、事务、警员30人,兼管戒烟、调验	无专项经费,医院支付	戒烟146人调验8人	戒烟1人调验1人	
青岛		青岛市立医院戒烟所	1931年1月	医护管理人员8人,床位30张	每月240元,2成烟犯罚款,按月请领。医护人员不另支薪	443人	9人	1934年1月至9月底
青岛		公安局麻醉药品戒验所	1932年3月	医护管理人员5名,收容人数140人,专戒烈性毒品	每月818元,由市政府临时费拨给	569人	205人	同上

资料来源:根据国民政府内政部年鉴编纂委员会.内政年鉴·警政篇.[M].上海:商务印书馆,1936:594—606表格整理。

由表9—3可知,到1934年10月以前,各地开设戒烟、戒毒设施450处以上,有确切报告的戒烟人数达4万人以上,这是1934年年末前取得的阶段性成果。1935年南京政权在全国各省设立的禁烟设施包括疗养院 17 处、戒烟所 695 处、拥有戒烟设施医院 98 处，合计达 810 处。① 而到 1936 年，在 18 个省、6 个特别市、1 个特别行政区设立的戒烟设施达 1 293 所。② 国民政府尽全力消除控制区内的鸦片毒品危害。

五、明确禁烟目标

继 1934 年 4 月南昌行营公布《严禁烈性毒品暂行条例》前后，禁烟六年计划已在酝酿。1932 年下半年开始的军法禁烟措施在 1934 年下半年逐渐显示出成效，加之蒋介石在国民党中央影响力增大、南京政权实际控制区域的增大等因素，进入 1935 年后，南京政权逐渐将禁烟政策统一到军法禁烟法令体系上来。1935 年 4 月 18 日，公布行政院第二二六○号政令《禁毒实施办法》《禁烟实施办法》。5 月，蒋介石公布"禁烟六年计划"和"禁毒二年计划"，宣布废除 1929 年《禁烟法》。新的禁烟禁毒法规由禁烟总监参照军事委员会所颁禁烟禁毒法令分别制定，送由中央政治会议备案。6 月，南京政权宣布取消禁烟委员会，设置禁烟总监，办理全国禁烟事宜，由军事委员会委员长兼任。新刑法中关于第二十章鸦片罪的规定，在适用禁烟总监所订禁烟禁毒法规区域之内停止施行。6 月 3 日，蒋介石以军事委员会委员长兼禁烟总监名义重新公布《禁毒治罪暂行条例》和《禁烟治罪暂行条例》以及《国民政府军事委员会禁烟总会组织规定》，将以政令和军法为基础的禁烟政策的实施范围扩大到了全国，整合过去公布的种种禁烟法令，开始在国民政府控制区域实施全面禁烟。

根据上述规定，禁烟总监不仅有临时立法权，还有指定法令实施区域的权力，临时立法的顺序优先于刑法。撤销禁烟委员会后，各省市禁烟最高机关为各省市行政机构。这些规定实际是对 1932 年后形成状态的追认。当时中国行政区划为 28 省 4 特别市和 1 行政区，各省市禁烟管理机关为各省、市政府，南京市管理机构为市政府和首都警察厅，威海卫行政区为管理公署。辽宁、吉林、黑龙江、热河四省因陷于非常状况，未得呈

---

① 资料来源：南方开发金库调查科. 共荣圈の阿片事情[Z]. 1943 年 8 月。
② 华北方面军司令部. 方军地资第四八号. 近时支那阿片问题及阿片政策[Z]. 1938 年 12 月 25 日：23.

报,故未列入。

新的禁烟法令体系的基本原则是严厉禁绝毒品,逐渐禁绝鸦片。其加重了对鸦片毒品犯罪的刑罚,将其规定为军事犯罪,依军法处罚。这一规定既解决了禁烟管辖权的问题,也可在实现禁烟禁毒目标前将所有禁烟收入归军事委员会管辖。《禁烟实施办法》明令规定在鄂、豫、皖、赣、湘、苏、浙、闽绝对禁种,在陕、甘实施分期禁种,加上已在四川和贵州开始实施分期禁种,当时南京政权控制区中的大鸦片产地,除桂、滇、绥等尚处于地方军阀控下地区外,都开始逐渐减少种植。

本章小结

随着军法禁烟体制的确立和禁烟督察处对鸦片运销管理的实施,消费地的鸦片价格开始发生变化。禁烟督察处理顺了鸦片通过税体系,对每 1 两鸦片征收 0.3 银元的通过税,运输的鸦片最多经两次征税后就能顺利运抵上海。上述特税由军事委员会直辖机构征收,作为军事费用,直接归蒋介石支配。征收特税导致了鸦片价格高昂,可由各地价格显示出来,"比如陕西省鸦片 1 两为大洋 0.35 元,河南省为 1 两 1 元,再到禁种鸦片的山东 1 两就成了 3 元"。[①]

另据"八一三事变"日本攻占上海前南市公栈波斯土行情所显示的鸦片成本和各种规费,当时鸦片由法国在广州湾的租界,经香港或澳门运往大连或上海。运进上海的外国鸦片 1 两的进口成本仅为 8 元,加国民政府特税 7 元、上海市捐 2.5 元、青帮保护费 2 元、运费和海关费分别为 0.2 元和 0.17 元,1 两批发价为 19.87 元。[②] 1931 年前后,上海最高级波斯烟土零售价仅为 1 两 3.7 元,批发价则更低。这意味着烟土价格在过去 5 年多中上涨了 5 倍之多。由此可推测,国产鸦片价格也发生大幅度的上升。但价格的大幅度上升也从侧面表明,其供应量有了大幅度减少。

[①] 驻济南总领事西田致外务大臣广田机密第三九九号函件.蒋介石ノ訓練団実施卜地方軍権ニ対スル態度ニ関スル件[Z].1934 年 8 月 30 日.

[②] 兴亚院华中联络部 华中调查资料第一二二号.阿片吸飲ニ関する衛生の调查[Z].1941 年 5 月,110-112.

第十章

国民政府禁烟实录之三：斩断鸦片收入与建立抗战战略后方

1932年后，南京政权逐渐形成了军法禁烟体制，并逐步实现了大产地逐步禁种和掌控鸦片运销，这些政策对于消除西南割据状态和将抗战后方置于西南起到了举足轻重的作用。1936年和平解决"两广事件"，不仅打破了日本军部设想的利用西南割据状态与华北相呼应的计划，也为将抗战的战略后方置于大西南奠定了基础。

第一节　西南五省经济依赖关系

1931年下半年，桂系恢复对广西控制后，由桂系牵头，与广东陈济棠、四川刘文辉、贵州王家烈、云南龙云，形成西南五省联盟，对南京政权保持半独立态势。五省之中，广西的军事实力最为强大，广东工商业发达，又是贸易门户，财政收入向称富裕。从1928年到1933年，广东省库收入在3 200万到4 800万元毫银，广东省管辖国库收入也在3 200万到5 600万毫银。同时，广东也是财政部发行各种军需公债的主要地区，仅1929年到1932年年初的发行额就达约6 000万元。[①] 因此西南五省联盟中，两广政治军事联盟起到核心作用。1931年5月两者达成政治军事联

[①] 参考日本国际协会、外务省东亚局.支那各省经济事情(中卷)[M].东京：日本国际协会发行，1936年4月：312－316.

盟,由广东每月补助广西 50 万元大洋的军费,驱逐张发奎、建立空军、整理充实民团,桂系以此为支撑得以再兴并开始专心治理广西。①

　　五省中广西虽在军事上处于领导地位,但经济地位却比较软弱。每年的预算规模只有 2 800 万元左右。广西农业处于自给自足状态,商品生产不发达。广西对外贸易虽有梧州、南宁、龙州 3 个口岸,但海关统计的贸易额和实际发生贸易额却大相径庭,1928 年广西海关统计的进口额约 1 100 万两,但据商会会员报告的进口额约达 6 150 万两,海关统计出口额约为 811 万两,但据会员报告的同额却达 4 824 万两,这说明广西的主要对外贸易渠道实际上是走私。② 广西与内地各省贸易以梧州为中心,与湖南、贵州、云南之间进行,运往省外商品 1928 年约为 1 087 港元、1929 年约为 867 万港元、1930 年因受两广战争影响只有 380 万港元。但广西控制内陆省份要道,水运方便,中继贸易自然发达。其从云南、贵州方面运进多量的鸦片,销往广东、湖南等省。据梧州海关估计,每年运入鸦片量为:四川约 2 000 担、云南 2 000 担、贵州 1 400 担,合计 5 400 担。③鸦片私运输途径为:(1)由四川经剥隘下西江;(2)由贵州经泗城至百色下西江;(3)由贵州经长安(怀远)下柳江;(4)由古宜经柳州运出;(5)由贵州经荔浦运出;(6)经古宜长安至桂林;(7)由云南经百色至南宁,再由陆路入广东的高州廉州。广西主要靠对过境鸦片收取高额过境税获取财政经费。

　　由上述可知,广西出于与南京政权的对抗关系,其贸易收入与财政收入的很大部分来自不计入整体统计的灰色收入。很多证据表明,支撑两广军政同盟关系的主要经济纽带之一是两者的鸦片供求关系。广东既是鸦片消费市场,也是经广西运出的鸦片走私香港必经之路,因此,广西获得广东每月 50 万大洋补助的交换条件很有可能是为广东提供鸦片原料供应。这一点将在下一小节继续推证。

　　贵州全省的税收每年为 1 200 余万元,其中除地税 70 余万、盐税 150

---

① 日本国际协会.支那各省经济事情(上卷)[M].东京:日本国际协会,1935:218,202.
② 日本国际协会.支那各省经济事情(上卷)[M].东京:日本国际协会,1935:228-229.
③ 日本国际协会.支那各省经济事情(上卷)[M].东京:日本国际协会,1935:231.

余万、百货捐约 200 万元外,其余全部是鸦片收入。贵州每年运出省外鸦片约 3 万担,每担税率为 16 元,税额约 480 万元。此外,吸烟罚款每年约百万元,禁烟罚款约达 200 万元。省府后来虽取消了禁烟罚款,但鸦片是贵州的生命线,贵阳是鸦片集中地,即使称之为鸦片城亦不过分。① 因此,在贵州商民中鸦片商势力最大,尤其是怡兴昌号,其号称拥有百万资本,年收益达 50 万元。据贵阳市公安局调查,居民中有 7 000 人以上吸食者,实际上应当更多,即使是不吸食的市民,也有相当部分直接或间接依赖鸦片生活。

1935 年龙云的回顾云南禁烟报告中指出:"本省历来出产鸦片,前清时民间经济和政府收入多倚重鸦片为重要资源。清末禁烟,民国后尤其严厉查禁,结果到 1919 年调查之际几乎禁绝。内地也无公开种植者。然北洋军阀时代,因军费困难,政府鉴于鸦片种植之利久为缅越边民独占,既影响政府收入,农家经济也陷于萧条,于是不仅不在内地取缔种植,反倒以禁止税名义利用其获取收入充作军费,至此,该税收成为本省财政经济上重要部门:1928 年新政府成立后亦觉很难改革,故不得已维持旧制,1934 年 11 月经省政府议决,即刻禁止种植鸦片,同时也按照计划实施救济农村经济和提供财政补偿。"②云南东北部和西南部种植尤多,除供当地居民吸食外,向广西、贵州及外国运销数量巨大,鸦片与锡矿同为云南省最重要输出品。从 1928 年到 1933 年,云南输入与输出商品的总额,存在 700 万到 1 200 万元的巨大入超,其贸易之所以得以维持,据龙云说明,"完全是靠海关统计中不计入的鸦片输出弥补的,当然我们也承认鸦片贸易是不正当的,所以本省实施了禁烟,其结果是必须讲求以其他收入来弥补。"③

四川无论是刘文辉控制的成都盆地和西康省,还是刘湘控制的重庆和川东、川南,鸦片收入都曾是重要财源。四川的军队总数在民国初年只有 1 万数千人,1916 年增至 3 万,1921 年增至 10 余万,1926 年后至 20 余

---

① 薛绍铭.:黔滇川旅行记[N].大公报,1935 年 7 月 30 日.
② 云南省主席龙云报告.中央日报[N].1935 年 7 月 5 日.
③ 日本国际协会、外务省东亚局.支那各省经济事情(中卷)[M].东京:日本国际协会,1936:242-243.

万，1931年后跃升至50余万，而其所有费用皆靠四川一省支付。因此，20年间四川发生大小战争达400次之多。据1934年1月上旬中国银行周报报告，四川各军军费合计达9 000万元，其最大收入是粮税附加税和超期征收，最甚者邓锡侯已经征至民国六十三年，其他军阀也征至民国四十七年、五十六年不等。四川各军阀巧立名目、横征暴敛，在当时全国各省中税收最重的省份，造成了农村凋敝的后果。①

另外，四川军队在20余年间迅速膨胀的原因在于巨额鸦片收入。在军法禁烟政策实施前，四川大小军阀无不强迫农民种植鸦片、保护运销，以获取养兵割据之资。禁烟实施后的烟民登记资料显示，四川是民国建立后鸦片泛滥最猛、烟民人数最多的省，也是对外运销鸦片最多的省份，每年仅通过广西梧州和湖北宜昌运出的鸦片就达到很高数额。

综上所述，鸦片收入既是西南五省保持割据状态的经济支柱，也是西南五省联盟的重要纽带。

第二节　中央军入黔引发的对抗

在1932年发生的"二刘之战"中，蒋介石通过支持刘湘、调节停战、压服各中小军阀，为南京政府势力进入四川扫清了道路。1934年下半年，蒋介石借追剿红军之机逐步掌控川滇黔三省省政。贵州历来存在两派对立，桂系支持的王家烈，与尤国才、毛光翔、钟子忱一派的对立严重。1935年1月，中央军进入贵州。入黔的中央军直接对王家烈施加军事压力，间接威胁粤桂。王家烈连连发电向两广求助。但蒋在军事行动结束前采取节制态度，薛岳带去了很多政工人员，并笼络贵州各界，开始改组贵州省政府的进程。② 南京政权欲改组贵州的意图，引发了南京政权与两广关系的危机。胡汉民对中央军入黔表示惊愕，白崇禧率广西全部军队入黔并催促广东派兵牵制中央，陈济棠致电中央建议改组黔省应慎重。

---

① 日本国际协会、外务省东亚局.支那各省经济事情（中卷）[M].东京：日本国际协会，1936：176－177.

② 参看驻广东总领事河相致外务大臣广田 密码电文第一七一号之一[Z].1935年1月19日.

蒋介石表面上对于西南和谈采取冷淡态度,暗地里却在实施分化瓦解,招揽陈炯明旧部,收买陈济棠军中主要军官,撤销何健追剿司令职务并由李宗仁担任,令黔省内中央、湘、黔、粤、桂各军全部受其节制。对于中央欲夺取贵州省政,"广西方面唯恐贵州鸦片通过广西而获得的特税收入(每月达百万元是广西收入重要部分)全部被中央夺走(中央有让该省鸦片运往汉口的计划),事关广西生死,事态极为重大,故竭力试图阻挠。本次白崇禧率12个团精锐入黔,明是为了剿共,实则出于死保贵州的目的"。①

1935年2月22日,驻广东总领事馆截获白崇禧发给陈济棠电报,其基本内容是:"蒋介石下令援黔桂粤军撤退早在意料之中,数旬来余极力主张全速前进,目的是让桂、粤军完全进入贵州腹地,与王家烈部队在前线联成一气,不给蒋介石口实,但足下不听我劝,以致事态至此,犹有余憾。余以为眼下状态应取方策有二,其一若奉令撤退,我方所图仅得保全贵州鸦片运输线路和阻止滇军东下,而现在贵阳已落薛岳手中,除操纵贵州鸦片困难之外,共军已移动到云南北部,滇军东下亦遭挫折。如此态势下,桂军常驻都匀并非久计,趁机撤退我方亦无损失。至于驻桂粤军,以现势而论万难回师,蒋介石在广西共产党西窜后,将在国际上大肆宣扬胜利,作为其目前外交路线的联日,或联欧美等都在迅速进行,一旦获得上述成功,将对我方完全不利,因此不如让粤军暂缓撤退观望形势。其二,抗命前进、发表通电,只要足下决心一定不患无词可发。据余观察,黔省剿共军事断无中止之理,蒋以为滇、川军万无消灭共军可能性,共军在各地根据地可为明证,划分疆界、互相推拖乃川滇黔各军通病。"②

"蒋之所以在武昌置行营常驻当地,以督战剿共和统一四川为其主要理由,当地不仅在与上海、南京方面及华北的联络方面极为便利,对于解决构成蒋政权癌症的西南问题,亦处于形胜地位,此为其最主要原因。综合各方面情报,解决西南问题的第一步在于解决湖南。下述的对策似乎

---

① 此为代号为ac的谍报员的报告。参看驻上海公使有吉明致外务大臣广田第四九号密电.西南关系情报[Z].1935年1月22日.
② 文中标明,后半段电文内容未获得。驻广东总领事河相致外务大臣广田第二七号之一、之二密电[Z].1935年2月22日.

正在实施,历来对西南态度暧昧的何健已逐渐被夺职权,其剿共军职被停止,无论其愿意与否,令其倾全部主力开赴前线,后方配置本系统的军队,将该省收入手中以直接对西南施压。"①

面对黔省危机,1935 年 2 月 20 日,李、白和广东代表在南京召开军事会议,白崇禧一面让王家烈出面,电请挽留桂军,一面直接向军政部发电说明马上撤退有困难,但陈济棠态度软弱,已命部分入广西粤军撤退。② 同时,为保留西南半独立状态,白崇禧致电陈济棠,要求暂缓撤退入桂粤军,怂恿陈与南京政权正面冲突,以阻止其以剿共为借口夺取西南各省政权,并计划与英法加强联系、从法国购买飞机强化空军。③

蒋介石之所以着力经营四川,"是预想中国被卷入世界大战情况下,将四川作为保存实力的根据地,而且蒋预见四川将很快统一,计划待剿共成功之日,将各方面人才罗致于四川从事各种建设。同时,为应对来自西南,尤其是广西的威胁,正实施掌控贵州政治和财政的计划,与参谋团一同入川的别动队之一部目前正在贵州各地活动,而蒋的云南之行将在对川黔工作获得某些进展后进行"。④

"粤宁合作不觉间消于无形,最近粤宁关系据我观察如下:一、蒋介石以贵州剿匪为借口,不失时机地派薛岳、吴奇伟部队进入黔省,使与西南派声气相通的王家烈政权名存实亡,形成了闽、赣、湘、黔、滇相连的包围阵形,但直接向西南发难的时机,当在川黔剿共告一段落之后……。二、反观西南各派,陈济棠向以保境安民为宗旨,巧妙回旋于中央和元老派之间,以防止西南阵营的破产。……对日本方面,虽不能招手直接请求援助,却策划消极地利用我方牵制中央,并与桂系合作私下帮助保留王家烈缓冲政权、向张发奎行贿以结其欢心……"⑤

1935 年 4 月 16 日,南京行政院会议决定任命吴忠信为贵州省主席,

---

① 驻汉口总领事三浦致外务大臣广田第五〇号密电[Z].1935 年 2 月 27 日.
② 驻广东总领事河相致外务大臣广田第三三号密电[Z].1935 年 2 月 27 日.
③ 电文中转送 22 日电报所提到的白崇禧电报后半段内容。驻广东总领事河相致外务大臣广田第三四号密电.关于往电第二七号[Z].1935 年 2 月 27 日.
④ 驻上海公使有吉明致外务大臣广田第二三二号密电.十一日 AB 情报[Z].1935 年 3 月 13 日.
⑤ 驻广东总领事河相致外务大臣广田第五六号之一、之二密电[Z].1935 年 3 月 23 日.

吴与李宗仁、白崇禧关系极为融洽,可知其有利用关系操控广西的意图。① 任命吴主要是蒋介石的意思,由王伯群、何应钦推荐的王瀓莹和李次温都是蒋嫡系人选。南京行政院还用飞机运去大量中央银行纸币,是为封锁广西银行和买占滇黔两省鸦片,任命王为财政厅厅长的最大任务在于经营鸦片贸易。② 蒋介石改组贵州以薛岳任绥署主任、吴忠信任省主席而告一段落,金融管制、建设军用道路、特货买卖等工作正一步步落实。③

随着红军入川,中央军也跟进了四川。据何成浚估计,"蒋长期待在川黔是专为政治工作,对剿共事业并无太大关心"。"而驻川参谋团也不专心剿共,政治工作仍在首要地位,就连贺国光也对剿共持完全乐观态度,中央军不动一兵一卒,全让川军讨伐。其真实意思是要川军消耗实力,并对川军施加了很大压力。7 日由重庆到下江的日本舰队司令杉坂问贺国光:'就不怕川军一起反蒋吗?'贺回答:'这样最好。'看来其对最近活动频繁的朱毛红军完全不放在心上,表现出游刃有余的乐观态度。"④ 对于这一点,日方感到难以理解。接着,受命到武昌的王家烈被蒋电令监禁,理由是王在任期间的苛政引起省民众上告,但据日谍 AB 观察,这不过是表面理由,事实是王依然和西南派互通声气,其军队依然抗拒蒋的命令,向广西走私鸦片,给整理贵州财政造成了极大障碍。⑤

1935 年 5 月末,第四集团军参谋长叶琪到广东与陈、李两巨头会谈,讨论统一两广军费和协防问题。根据确切消息判断,顾祝同和薛岳分别配置在黔、滇,因此联合上述两省无望,何健也为蒋所束缚难于指望,无法期待外援。因此,有必要加强两广内部团结。对贵州鸦片虽有种种传说,但据李宗仁说,中央在广西边境设置了监视站,以阻止鸦片流入该省,这对广西的收入会造成很大打击。结果有了本次会议,不难想象,上述形势

---

① 驻南京总领事致外务大臣广田第三九○号密电[Z].1935 年 4 月 19 日.
② 驻上海公使馆书记官堀内致外务大臣广田第三五二号密电[Z].1935 年 4 月 20 日.
③ 驻广东总领事河相致外务大臣广田第八○号之一密电[Z].1935 年 4 月 26 日.
④ 驻汉口总领事三浦致外务大臣广田第一一五号密电[Z].1935 年 5 月 8 日.
⑤ 驻上海公使馆书记官堀内致外务大臣广田第四○八号密电.十三日 AB 情报[Z].1935 年 5 月 13 日.

自然会影响两广对日态度。① 据白崇禧估计,"中央断不会对两广直接用兵,反倒应注意内部出现勾结与反叛,中央对西南的积极对策,估计与其采取武力压迫,不如采取政治解决、从内部分化"。相对于中央系《广州日报》频繁发表南北妥协的动向,西南系报纸却一直保持沉默。另可作为上述观察佐证的是,李、陈都感到无论对中央是战是和,像历来那样一味主张抗日有些不合时宜,得出应确实转换对日政策的结论。如陈对白密电说:"日本人搞双重外交,企图搞乱我国以得渔翁之利,余对此亦并非不知,然势之所趋,目前只能将其暂且放下。"白回电说:"余虽不忍实施外交上牵制,然二兄既然意思已决,夫复何言?予亦将守之。"日本领事据此事和陈、李对日本领事的态度推断,两广对于日本态度将由坚决抗日转向亲日,胡汉民去外国旅行,也是因感到无法阻止这一趋势而取逃避态度。②

但此时日军正在策动华北独立阴谋,强迫南京政权签订了《何梅协定》和《秦土协定》。而日军策动华北独立的蓝本,就是西南的半独立状态。事态发生后,日本领事一再试探李、白、陈三人对此的反应,希望能南北呼应,给南京政权以重大打击。但最终发现两广领袖虽反蒋,但对外来威胁决不屈服,日本陆军在华北的行动,反而导致了两广对反蒋行为的自制,一度呈紧张的宁粤矛盾反而缓解。华北危机促使陈、李暂时放下自身恩怨,与南京商讨化解危机的办法,宁粤关系出现暂时的缓和。③

宁粤关系虽然缓和,蒋对其他军阀压迫却并未放松。1935年6月中下旬,日本驻广东领事探听到何健因蒋压力越来越露骨地发密电给陈、李诉苦求援的消息。武昌方面情报表明,中央军四个师集中在湘赣边界,何健地位危险,可能下野,何健派代表张国光到广东商讨对策。④ 7月下旬,王家烈部队整编的两个师被调四川,虽闹了小矛盾,之后也顺利解决。贵州军政财三权全部被南京政权掌握。⑤

---

① 驻广东总领事河相致外务大臣广田第一一一号密电[Z].1935年6月8日.
② 1935年6月2日白发给陈的绝密电文被领事馆获得。驻广东总领事河相致外务大臣广田第一一四号之一、二、三密电[Z].1935年6月13日.
③ 驻广东总领事河相致外务大臣广田第一二二号之一、二密电[Z].1935年6月18日.
④ 驻广东总领事河相致外务大臣广田第一二六号密电[Z].1935年6月21日.
⑤ 驻云南领事川南致外务大臣广田第二四号密电[Z].1935年7月27日.

中央改组贵州后,禁止和控制了鸦片交易,两广鸦片收入急速减少,也危及每月由广东向广西交付的五六十万元的保障问题。① 在此期间,胡汉民外出访问,陈济棠犹豫不决,两广关系也呈现阴影。白崇禧不得不派叶祺与蒋介石谈判。6月18日,《广州日报》报道,叶祺到南京就军政改革、组织西南军事分会等问题进行运动,进展顺利。但蒋接见叶祺时,指责桂系公开宣称反蒋、雇佣日本军事教官等行为。而且这些消息都是日本报纸报道的,被日本人宣传要反蒋,让广西派显得很滑稽。两广感到自身形象受到损害,因此急于和南京政权达成妥协。"据观察,最近桂系的鸦片收入几乎断绝,当此四面楚歌之时,可推测其方针是一面靠与粤系的统一军费和军事合作来加强两广结合、补充军费的缺乏,另一方面是必须与蒋达成某种妥协,以免滇、黔鸦片收入减少。"②

在华北危机不断加深的局面下,两广领袖不愿被日本利用,与南京政权达成了暂时妥协。

第三节　日本军部拉拢两广的阴谋

对于西南的半独立状态,日本政府和军队一直持极力怂恿态度,并将其作为实施华北独立的蓝本。1935年4月23日,日本参谋本部曾有《关于南京对西南关系》的论文,专门讨论西南问题。文中指出,1935年年初蒋亲赴长江上游省份督战,观察蒋和参谋团以及中央军行动,可知"蒋此次军事工作的中心不在于剿共,反在于从政治、军事、财政上掌握川、黔、滇。剿共军4月以来的败绩,是因这种过分偏重政治工作的空隙被敌所乘。由此观察蒋的军事部署,可知其所定目标现必然是西南,也即长江上游的军事工作是作为解决西南的准备,在于扫平西南的外围"。该论文概观了南京政权与两广10年来的对立状况,指出"蒋政权此时提出与日本合作的动机不纯,其可实现性难于置信⋯⋯他相信日本在支援西南及其他反蒋团体,因此为解决这一问题,企图排除日本的对蒋压迫和对西南援

---

① 驻南京总领事须磨致外务大臣广田第六二〇号密电[Z].1935年6月23日.
② 驻广东总领事河相致外务大臣广田第一二五号之一、之二密电[Z].1935年6月22日.

助,故意散播对日经济合作之说……以加速西南没落的时机"。①

　　文章分析了桂系状况后指出,"桂军的缺陷在于军费不足导致的装备和兵员过少,也是广西所处地理和产业环境所致,广西主要产业农业及附属的各种产业缺乏发展因素而正走向萧条、丰富的矿产资源尚未能采掘,因此每年发生1 000万元到1 500万元的入超,可以想见省财政、金融经济的不如意与民生之穷困,惟有贵州方面流入的鸦片通过税每年有1 800万元左右,为补充省财政和金融清算的唯一途径"。② 文章认为,广西要对抗南京必然依赖日本外援,这可由1934年以后事实来说明。"去年以来广西从日本购买了很多飞机、兵器、弹药,从日本聘用使用这些武器的教官,又派遣很多军官留日。而今后,不仅继续发出订单,在军事改革方面也急切求之于日本,在矿业和金融其他方面也向日本提出合作,其与日本的合作正在获得成果。"③文章认为,由于广西对于日本的这种依赖关系、出于反蒋的需要,两广将会逐渐转向亲日。

　　以上文章所指出的军火交易并非空穴来风,早在1934年年初,日军就将在东北缴获的旧武器出售给了广西。首批交易1934年1月由陆军部批准实施④,台湾驻军负责接洽和交货、关东军负责将武器运往基隆,首批交易数量为七九步枪8 000支、弹药300万发。⑤ 同时,广西还购买三八式步枪、弹药、机枪、山炮,具体由日俄战争后三井财阀和大仓财阀出资设立的"泰平组合"负责。⑥ 日本陆军为教授机枪和山炮,专门批准派遣军官1名、机枪和山炮士官各1名。⑦ 购买兵器洽谈完成后,桂系张参

---

① 参谋本部.关于南京对西南关系//支那时局报.第十七号[Z].1935年4月23日:2.
② 参谋本部.关于南京对西南关系//支那时局报.第十七号[Z].1935年4月23日:9.
③ 参谋本部.关于南京对西南关系//支那时局报.第十七号[Z].1935年4月23日:10.
④ 陆军次官发台湾军参谋长(极密密码)电报:"台电第四十九号将满洲国兵器下拨给广西派件,我方并无异议,请与关东军直接联系。另请注意保密。"陆军次官发关东军参谋长(极密密码)电报:"台湾军请将满洲国七九步枪八千枝、同弹药三百万发出售给广西派,我方无异议,有关接受及其他事项请直接与台湾军联系处理。请注意保密。"陆军次官发批文第十八号.台湾軍受領番号密第七三号　満洲国兵器広西派ニ払下ノ件[Z].1934年2月15日.
⑤ 台湾据参谋长发陆军次官.第四九号其一至三密电[Z].1934年1月17日.
⑥ "还有请求订购相当大量三八式步枪及弹药,与件分别开由泰平组合处理,但在基隆交付广西方面之时机,可以同时,请办理手续。"资料来源:同上电文附注。关于泰平组合,参看山本常雄.阿片と大砲—陸軍昭和通商の七年—[M].东京:PMC出版,1985:28—29.
⑦ 参看陆军省次官给驻广东武官批文.秘受第七三号広西へ教官派遣ノ件[Z].1934年1月26日.此批文经参谋本部的同意后,由陆军次官批准实施,由广东武官具体与广西方面联系。

谋长于 1934 年 1 月 23 日约见日本驻广东武官,除表示感谢外,还要求日军派训练机枪和山炮的军官和士官,提出未来将购买 20 架日本战机、请日本派技师帮助广西勘测、开发资源等问题。① 广东武官报告这次会见的电文中提到:"23 日张参谋长会见卑职,表述了下面的感谢意见,且就今后教官派遣和空军整备等委托之处良多,在'1936 年危机'近在眼前之今日,从帝国实施经略西南角度看,恳请上司考虑。"

这里提到的"1936 年危机"究竟是何意思?并无其他可佐证资料。但 1934 年年初,正是日本台湾驻军策划"华南国"阴谋之时,由其走私鸦片、提供经费,在福建收买土匪制造动乱的阴谋也在并行之中。"1936 年危机"之说,应是其在西南策划动乱、建立伪政权的发难时机。但从日方的策划和后来两广的实际动向看,日本陆军此时误以为只要提供支援,两广就会趋向亲日,只要是日军在华行动矛头指向南京政权,两广就会配合。后来的事实证明日本陆军的判断完全是错误的。华北危机发生前,日本报纸一再透露两广反蒋消息,试图将两广绑上日本战车。1935 年下半年,华北危急加剧,日本军部试图让两广相信这是为牵制南京政权的行动,希望能实现南北呼应。但两广领袖虽然反对蒋的独裁,却羞于被日本人利用牵制南京政权,反而加强了与南京政权的沟通,促进了华北危急的暂时缓解。

但时过 1 年后的 1936 年 6 月,当南京政权中主和派论调甚嚣尘上之时,两广发动了要求举兵抗日的"两广事件",形成对迅速膨胀的主和论调的牵制。两广事件最终被冷处理,日本方面分析:"广东派抗战要求遭南京政府冷落,对此次行动效果完全出乎预料而感苦恼,蒋介石认为挑战日本时机尚不成熟,南京政权在过去 6 个月间获得一些外交成功,巧妙地抑制了日本侵占华北计划,但结果却产生了冀东政权。冀东虽地区狭小却足以妨碍中国海关、威胁南京政权财源。而广东对于南京政权要求,不外抑制日本对中国内政的干涉。"② 也就是说,两广要求的与南京政权着手做的实际上是一致的,因此到了 7 月末,事件趋向于和平解决。南京政权

---

① 驻广东武官致陆军次官〈军〉极密. 广京电八〇 参(谋本部)同文[Z]. 1934 年 1 月 25 日.
② 驻伦敦代理大使藤井致外务大臣有田平电文. 伦敦 特情第八五号[Z]. 1936 年 6 月 12 日.

将解决两广事件视为极大的胜利:"两广异动为内政上极不幸之事,今以政治方法渐趋解决,使国内意志获臻统一、对外步骤,得趋一致。"①

"两广事件"的解决,无论是对于统一军队指挥、币制改革后迅速展开的西南国防建设,还是将抗战大本营建在西南,都具有十分重要的意义。由以上的探讨可知,作为促进事件解决的重要先决条件,1935年中央军进入川、黔、滇,切断桂系来自三省的鸦片通过税收入,实施全面禁烟政策功不可没。

第四节　军法禁烟体系1935年阶段性成果概观

军法禁烟体制和管理鸦片运销体系的形成,对于各地的影响在1934年以后显示出来。其中最主要的影响就是大产地的禁种和鸦片运销体系的变化。

陕西在1932年以后就开始推行以种植棉花来取代罂粟的做法,1932年实业部的估计为59.7万亩、产量844.8万斤,1934年中华棉业统计会估计,陕西种植棉花面积达356.4万亩,产量83.5万担。种植棉花县中,中部以南者居多,黄河沿岸洛水、渭水、汉水流域占多数,汉水流域所产可直运汉口,其他则集散到河南郑州。"本省原为著名鸦片产地,棉花是禁种鸦片后普及种植的,改种米棉之后以品质良好而著称。"

"甘肃省税收中属于国税者由中央派员接收,另如亩款、禁烟善后机关也在中央兼营基础上,将其部分收入充当本省行政、建设经费。"②

此外,四川在1934年以后、云南在1935年以后也开始分期禁种,同时推行以经济作物取代罂粟种植的政策,该两省财政虽遭遇一时的困难,但禁种措施却基本坚持了下去。

日本一直对维持西南半独立状态寄予很大希望,对于作为桂系经济支撑的贵州鸦片经广西的运出格外关注。日本国际协会1935年出版的《支那各省经济事情》上卷中就曾指出:"广西的通过税过高导致通过广西

---

① 中国国民党汉口特别市党部秘密通告.宙字第二三八号[Z].1936年7月29日.
② 日本国际协会.支那各省经济事情(上卷)[M].东京:日本国际协会,1935:160.

运出鸦片的减少,通过湖南的增加。"其设身处地地对广西扩大鸦片贸易提出建议:"如果实施稳定地区治安、改善交通、整顿税制等对策的话,能显著增加其贸易额。"这里的所谓贸易额,实际上是鸦片运销金额。

导致经过广西运销鸦片减少完全是由于下述南京政权政策所致:(1)撤换王家烈、将贵州军队整编后调往四川,在贵州实施禁种,导致贵州整体鸦片产量的减少和消费减少;(2)整顿特税体系、降低和简化了由长江运出鸦片特税征收办法,湖南也采取了降低通过税措施,吸引云贵鸦片经四川和湖南运出;(3)设立鸦片定价收购体系,以军法体系严厉打击走私。

1934、1935年以后边省禁种的逐步实施,从根本上改善了禁烟政策的环境,鸦片原料供应的减少和价格的提高,不仅打击了制贩毒行业,也客观上收到了减少烟民的效果。加之军法禁烟的严厉打击措施,在1937年全面抗战开始前,在华北、福建、广东以外的国统区基本实现了禁毒、禁烟。

军法禁烟制度的实施,也导致禁烟实施期间的收入归蒋介石支配,1934年后,"所有禁烟行政皆由蒋的行营支配,据说每天纳入行营的税金达3万元之多"。[①] 其鸦片管理方式基本沿袭了以前,只是机构称谓有所改变并进行了相当的简化,以保证降低管理成本和提高收入,烟土管理机构由禁烟局改为公栈,专卖处改为土膏店。公栈用专运船负责从产地到消费地运输,并在根据需要批发烟土给土膏店时征收印花税。

本章小结

两广主导的西南五省的半割据状态,是全面抗战开始前国民政府体制下最大的定时炸弹。实际上在1934年年末南京政权欲更换王家烈之时,宁粤关系已经恶化,斩断鸦片运销事关广西财政命脉,桂系已开始做好放手一搏的准备。到了1935年年初,王家烈被撤销省长职务,其部下

---

① 参看台湾银行嘱托李健升.廣東ノ專賣事情[Z].1939年3月:4-6。

军队也被改编调往他处,宁粤关系到了一触即发的地步。但当时正是日本大搞华北独立阴谋之时,桂系耻于被日本军部利用为向南京政权施压的工具,宁粤关系反而趋向暂时缓和。但是,支撑两广联盟的主要经济纽带是鸦片供求关系,桂系养兵、练兵的主要经济来源也是川、滇、黔三省鸦片走私过境的通过税。因此,川、滇、黔三省鸦片来源的断绝,对广西财政收入构成严重打击,迫使桂系不得不提早发动对南京政权的抗争。

两广事件最终和平解决,其主要原因是南京政权和两广政权在性质上和政治主张上几乎完全相同,所不同的是对于抵抗外敌入侵所采取的基本方略,即是联合各种势力共同抗日,还是坚持攘外安内必欲剪除异己的方针之争。因此两广是以要求出兵抗日为理由而发难的,两广事件与福建事件一样,都表现了国民政府中地方派要求停止内战、一致抗日的主张,对于促成抗日民族统一战线的形成具有重要的推动作用。

国民政府控制川、滇、黔是禁烟政策中禁止边省种植罂粟、消除制造毒品过剩原料供给的重要一步,对于全面抗战前中国禁烟政策的成功有着重要意义。同时,在川、滇、黔三省实施禁种和禁止其通过广西向外运销,在客观上起到了削弱割据势力的作用,对于将全面抗战的大本营设在西南也产生了重要影响。

结　语

　　近代中国鸦片问题是长期困扰经济社会发展的制约因素,不仅毒化中国人民的身心健康,还导致大量社会财富损失。同时鸦片还是割据势力、既得利益集团以及帝国主义侵略中国的重要利薮,是支撑其活动的重要财源。民国初期的鸦片问题日益加重,鸦片种植、运销和吸食处于混乱状态,禁烟成为口号和空话,割据势力反而利用禁烟获取巨额收入。在此过程中,以日本为代表的列强利用租界的治外法权,通过专卖、走私和扶持地方势力,使烟毒危害不断加重。

　　"九一八事变"使日本军阀的目光转向了华北和全中国,《塘沽停战协定》使日军中认为中国政府可一战击垮的论调甚嚣尘上。而日本政府难以左右中国派遣军的意志,日本的外交开始分成日本政府主导的对南京政府的外交和派遣军部对华北当地政府的"现地外交"两部分。欧美列强想通过牺牲中国东北满足日本野心,利用其作为在远东防止共产主义扩散的工具。南京政府此时仍在幻想以"剿共"和镇压工农运动换取中国买办资产阶级的总后台欧美列强的欢心,赢得其对日本侵华行为的干预。在如此内外局势下,华北危机不断加深。1935年年初,日本军部侵华阴谋开始升级。日本华北驻屯军开始计划和策动华北独立阴谋,关东军则将以察哈尔、绥远的蒙古族聚居区为目标,企图打通通往中亚的通道。鸦片在日军的阴谋活动中发挥着筹集活动经费的重要作用。因此,日军唆使李守信与德王抢占绥远和西北的鸦片，利用坂田组走私热河鸦片、扩大制毒贩毒规模，将伪满洲国和旅大殖民地内制毒业者驱赶至华北，运用毒品和鸦片展开了对华北和华中的侵蚀和渗透。特别是 1935 年《何梅协定》和《秦土协定》的签订，将国民政府势力从华北连根驱逐，北京、察哈尔、河北、天津、山东皆有不战而落入其手之势，绥远、宁夏、甘肃，乃至新疆的西北通路，已进入日军鲸吞视野。日军对华北的蚕食和渗透，华北的大规模走私和毒品的泛滥，宛如在中华大地上洞开一个巨大的创口，又像一个巨大的吸管，吸食着中国的财富。

此时的中国也是内部矛盾集中爆发的时期。南京政权虽名义上统一了中国，但实际掌控地区不出数省。蒋介石一面投靠英美列强，将主要军事力量用于"剿共"以讨其欢心，一面力图在中国建立军事独裁统治，借"剿共"之机削弱和兼并军阀势力，扩大其实际控制的地盘。中国不仅面临外部强敌压境的危险，也面临以什么主张统一中国、由谁领导全民族解放运动的问题。蒋介石背叛工农运动和实施军事独裁，不仅引起了中国共产党领导的工农武装斗争，也引发了宁汉对立、中原大战、福建事变、两广事变等一系列的对抗。[①]北伐时期提出的修改不平等条约、废除租界、关税自主的目标，由于失去了工农运动的支持而遇到了重重阻碍，仅仅实现关税自主和部分回收租界后就停滞不前。租界和治外法权成为保护外国人从事不法行为的保护伞，关税自主后新制定的关税成为日本人大规模非法走私的口实。

上述种种政治经济矛盾的交织与不断爆发形成了长期战乱与法制松弛，这种环境使得在北伐时期迫于民众压力有所收敛的外国租界和外国人的不法活动再度猖獗起来。挟北伐胜利之威制定实施的禁烟法令和民

[①] "剿共"问题体现出作为国民党主要支持力量的中国买办资产阶级及其身后的英美列强，对构成共产党主要支持力量的工农运动的惧怕，由中国中小资产阶级和多种势力支持下形成的国民党，在北伐战争期间与中国的金融、买办资产阶级实现了政治上的媾和，蒋介石一派由买办资产阶级的斡旋而获得了在中国有巨大权益的英美列强的支持，中国买办资产阶级和欧美列强支持是蒋介石一派在中国军阀战争中胜出的前提，但换取支持蒋的交换条件是反共和反苏。因此，蒋介石的反共和镇压工农运动是必然的。宁汉对立表示出国民党内新旧两派利益分配的矛盾，中原大战体现出各派新军阀之间利益分配的矛盾，福建事变展现了国民党攘外安内政策激化矛盾的后果，两广事件则交织着国民党内新旧两派矛盾以及统一政令与地方分权的双重矛盾。

众禁烟压力而形成的大好局面逐渐被破坏,各国不法侨民对华走私鸦片、高纯度毒品活动再度泛滥,鸦片和毒品从被占领土和沿海地区泛滥开来,沿着铁路和长江向内陆渗透,各主要军阀集团也利用种植鸦片获得战费,过剩的鸦片生产为制造高纯度毒品提供了充分原料,原先由租界保护、外商垄断的制毒工厂逐渐被军阀控制的密造工厂取代。军阀密造和外国人走私,尤其是日籍侨民走私,成为涉及政治、经济、外交的巨大痼疾。走私鸦片和毒品不仅毒害一般平民,鸦片收入也成为支撑地方割据、分裂中国阴谋的主要财源,禁烟禁毒成为中国迫在眉睫的问题。禁毒的关键在于对内减少过剩鸦片生产与流通,对外斩断毒品直接进口渠道,取缔外国人利用租界和领事裁判权的制毒贩毒活动。

1928年7月,在中国民众的禁烟呼声下,国民政府禁烟委员会成立,9月禁烟法和禁烟法施行条例公布,11月第一次全国禁烟会议召开,正式拉开了禁烟运动的序幕。但禁烟法制的实施,在内部遭到了各地军阀和贪官污吏的破坏,在外部受到租界和领事裁判权庇护下的外国不法侨民的破坏,世界经济危机影响下涌入中国的日本、朝鲜浪人贩毒活动更为猖獗。因此,南京政权经数年尝试和反复,在1933年以后,通过管制长江水道鸦片运销枢纽、逐步强化军法和刑法双管齐下的禁烟法制,逐渐获得了禁止鸦片生产和运销的主导权,相机将禁烟政策推广到国民政府控制的所有区域;对外查堵毒品输入中国主要渠道,压缩各开放城市不法侨民活动空间,积极展开外交交涉要求各国配合中方禁烟政策,逐渐将庇护侨民犯罪、利用鸦片毒品作为侵略工具的日本政府和派遣军的真面目揭露出来。严厉的禁烟法制不仅有助于削弱地方割据的经济基础,挫败种种分裂阴谋,也为限制和打击外国人利用租界和领事裁判权的犯罪提供了依据,使国民政府在对外交涉上获得了有利地位。这一时期的禁烟政策从整体上看,可以说获得了自鸦片流毒中国以来前所未有的成果。

蒋介石政府以1934年5月《严禁烈性毒品暂行条例》的出台为标志,逐渐摆脱在鸦片问题上摇摆不定的态度。为排除军阀和地方官员的干扰,其在以军法机构为禁烟执行机构的基础上全面修改法制,在华中、华南、华北的国民政府控制区展开了持续而严厉的打击吸食贩运鸦片毒品的活动。到了 1936、1937 年,在中国抗日宣传活动日益高涨的形势下,禁烟活动获得了极大的效果。在国际讲坛上,中国代表也坚持不懈地揭露日军利用鸦片毒品侵华的行为,揭露日本政府和外交机构以租界和治外法权为保护伞、放纵侨民毒害中国人民的事实,终于迫使日本无法继续欺骗世界舆论,无奈地撤出了在鸦片委员会和鸦片咨询委员会的代表。因此,截至全面抗战开始前,国民政府的禁烟禁毒政策无论是在国内还是国外,都取得了很大的成果。

参考文献

日文资料类

[1]阿片疑獄のドサクサ紛れに又も第二の鴉片事件[N].大阪毎日新聞,1921年10月11日,1921年2月28日.

[2]阿片販売及取締に関する質問[N].官報号外,大正十年三月二日,衆議院議事速記録第二十一号.

[3]安藤明道.国際阿片問題研究[M].旅順関東庁財務部.1931.

[4]安東領事館事務代理大槻敬藏致駐伪满洲国特派全权大使武藤信义満公第七三号函件.暫行阿片収買法施行規則ニ対スル安東県公署布告ノ件[Z].1932年10月20日.

[5]安東領事館事務代理大槻敬藏致駐伪满洲国特派全权大使武藤信义満公第七四号函件.安東県禁煙籌備処新設に関する件[Z].1932年10月21日.

[6]加藤机密函件.青島ニ実業団渡航ノ件[Z].1915年2月5日.

[7]海龙領事分館主任坂内弥代致外务大臣幣原公第六八号电文.禁煙局状況ニ関スル報告ノ件[Z].1927年3月18日.

[8]外务次官埴原正直致陆军次官山梨半造 通一机密合送第四四七号.関東州及青島ニ於ケル阿片制度撤廃閣議決定ノ件[Z].1920年9月11日.

[9]外务次官幣原喜重郎致拓务局长古賀廉造 通机密第十九号信函.阿片取締ニ関スル関係各殖民地民政長官協定事項ニ関スル件[Z].1919年4月7日.

[10]外务省 欧受第一一一号.青島阿片制度撤廃方ニ関スル件——(陆军)大臣ヨリ外务大臣ノ回答案[Z].1919年2月18日.

[11]外务省条约局长栗山给内野辰次郎(机密处置)私信《山東省禁煙局ニ関スル件》[Z].1927年11月1日.

[12]外务省通商局.昭和七年九月営口商業会議所調査"熱河省事情"[Z].1933.

[13]外务省通商局第二课.支那阿片問題攷究资料[Z].1925.

[14]外务大臣田中致青岛总领事矢田部 机密第一九五号函件.山東禁煙局卜邦人関係ニ関スル件[Z].1927年11月2日.

[15]外务大臣内田康哉 通合送第 100 号.阿片問題ニ関シ帝国政府ノ方針等通達ノ件[Z].1919 年 3 月 29 日.

[16]外务大臣内田康哉致陆军大臣田中义一 通机密第二二号信函.青島阿片制度撤廃方ニ関スル件[Z].1919 年 1 月 27 日.

[17]外务大臣内田致陆军大臣、拓殖局长 通机密合送第六零六号.関東州及青島ニ於ケル阿片制度撤廃方閣議決定ニ基ク措置ニ関スル件[Z].1920 年 11 月 13 日.

[18]外务大臣东乡致曼谷大使坪上电文第一一一七号"満「タイ」阿片取引ニ関スル件"[Z].1942 年 8 月 1 日.

[19]外务大臣东乡致曼谷大使坪上电文第一九一号"「タイ」国ノ満蒙産阿片買付ニ関スル件"[Z].1942 年 2 月 14 日.

[20]外务大臣东乡致曼谷大使坪上电文第二六一号.「タイ」国ノ蒙彊産阿片買付ニ関スル件[Z].1942 年 2 月 28 日.

[21]外务大臣东乡致张家口总领事渡边第二二号.「タイ」国ニ対スル蒙彊阿片輸出ニ関スル件[Z].1942 年 2 月 14 日.

[22]外务大臣币原发青岛总领事代理江户 机密第八六号函件.青島阿片局設置ノ風説ニ関スル件[Z].1926 年 4 月 13 日.

[23]外务大臣币原发汉堡领事川岛 机密第六四号函件.塩酸ヘロイン輸入許可ニ関スル件[Z].1926 年 8 月 25 日.

[24]官報号外 大正十一年三月五日 衆議院議事速記録第二十二号[Z]//第 45 回帝国議会・衆議院議事録・大正 10.12.26—大正 11.3.25.

[25]官報號外 大正十年二月十八日 衆議院議事速記録第十五號[Z]//第 44 回帝国議会・衆議院議事録・大正 9.12.27—大正 10.3.26.

[26]貴族院予算委員会第一分科会議事速記録第四号[Z].1921 年 3 月 14 日.

[27]菊地酉治.阿片問題の研究[M].东京:国际联盟协会,1928.

[28]吉林总领事石射猪太郎致外务大臣币原机密公第三五号电文.本邦人不正業者取調ヘニ関スル東北政務委員会ノ訓令ニ関スル件[Z].1930 年 1 月 15 日.

[29]吉林总领事石射猪太郎致外务大臣币原机密公第六九八号电文.吉林省公務員禁煙檢查細則と日本人不正業者取締に関する件[Z].1929 年 10 月 29 日.

[30]牛庄领事岸田英致外务大臣币原机密第九八号电文.禁煙局成立後ノ状況並影響ニ関スル件[Z].1927 年 3 月 19 日.

[31]牛庄领事荒川致外务大臣第三八三号电文.遼寧拒毒会分会設置方ニ関スル件[Z].1930 年 11 月 27 日.

[32]九江领事馆事务代理西田致外务大臣内田机密第二二〇号函件.江西省ニ於ケ

参考文献

ル阿片取締並阿片公賣問題ニ関シ報告ノ件[Z].1932年10月25日.

[33]杭州参考駐杭州領事代理米内山庸夫致外務大臣幣原公第一三三号.禁煙査緝処撤廃シ報告ノ件[Z].1931年7月14日.

[34]杭州領事代理米内山庸夫致外務大臣机密第一三二号函件.租界内ニ於ケル阿片禁止辦法実施方ニ関スル件[Z].1929年5月27日.

[35]江口圭一.日中アヘン戦争[M].东京:岩波书店,1988.

[36]江口圭一.资料日中战争期鸦片政策[M].东京:岩波书店,1985.

[37]綱紀頽廃ノ責任ニ関スル質問ノ答弁ニ対スル清瀬一郎君ノ意見.中野有光给关东厅长官山县伊三郎的辞职信[Z].官報号外,大正十一年二月二十二日,衆議院議事速記録第十五号.

[38]綱紀頽廃ノ責任ニ関スル質問ノ答弁ニ対スル清瀬一郎君ノ意見[N].官報号外,大正十一年二月二十二日,衆議院議事速記録第十五号.

[39]国民政府内政部年鉴编撰委员会.内政年鉴・警政篇[M].上海:商务印书馆,1936.

[40]佐藤弘编.大東亜の特殊資源[M].上海:大东亚出版株式会社,1943.

[41]佐野真一.阿片王—満洲の夜と霧[M].东京:新潮社,2008.

[42]三井物産株式会社商事部.東亜共栄圏内の阿片需給状態と満蒙阿片政策に対する一考査(抄)[Z].1942年3月10日.

[43]参謀本部.关于南京对西南关系[N].支那时局报 第十七号,1935年4月23日.

[44]山田豪一.オールド上海阿片事情[M].东京:亚纪书房,1985.

[45]山田豪一.満州国ノ阿片専売[M].东京:汲古書院,2002.

[47]山本常雄.阿片と大砲—陸軍昭和通商の七年—[M].东京:PMC出版,1985.

[48]支那に於ける武力団体(一)[N].外務省《特秘 外事警察報》第七十四号,1928年8月.

[49]芝罘領事森岡致外務大臣 机密第四六号函件.山東省阿片官営ニ関シ報告ノ件[Z].1928年2月13日.

[50]重慶領事中野高一致外務大臣広田弘毅机密第二一九号函件.四川省の鴉片禁煙実行計画ニ関シ報告ノ件[Z].1934年7月23日.

[51]重慶領事館事務代理松本儀郎致外務大臣田中机密第一五四号信函.外国租界内ニ於ケル支那側ノ阿片取締ニ関スル件[Z].1929年6月10日.

[52]小矶国昭.軍内参謀長会議軍参謀長口演[Z].1933年6月1日//关东军参谋长小矶国昭发陆军次官柳川平助关参一第四五一号文件.隷下参謀長会議配布書類上部提出の件,1933.

[53]承德副領事中根直介发驻伪满洲国特命全权大使菱刈隆公普通第二一五号件.熱河省春耕貸款ニ関スル件[Z].1934年7月27日.

[54]照魔鏡に掛けられた阿片問題[N].大阪毎日新聞1921年4月10日.

[55]蒋介石ノ訓練団実施ト地方軍権ニ対スル態度ニ関スル件[Z].1934年8月30日.

[56]上海美国领事馆财政部领事对美国关税局调查部报告.关于厦门台湾人团体的报告[Z].1936年7月10日.

[57]上海美国领事馆财务官M.R.尼克鲁孙对美国财政部调查部报告.福建省日本药商侧记[Z].1937年4月15日.

[58]上海美国领事馆财务领事M.R.尼克鲁孙给华盛顿DC关税部的报告.北支ニ於ケル日本ノ麻薬政策[Z].1936年7月30日//極東国際軍事法廷裁判記録(和文).No.17、18(日本外交史料館藏).

[59]上海美国领事馆财务领事给美国财政部的报告.北「察哈爾」ニ於イテ日本側ガ罌粟ヲ奨励ス[Z].1937年4月7日//極東国際軍事法廷裁判記録(和文).No.17、18(日本外交史料館藏).

[60]上海总领事村井致外务大臣斎藤実第八〇二号密码电报.往電第八〇一号ニ関シ[Z].1932年6月22日.

[61]上海总领事村井倉松致外务大臣幣原公信第八三二号.国民政府ノ阿片専売計画ニ対シ各地党部其他ノ反対運動ニ関スル件[Z].1931年7月1日.

[62]上海总领事代理后藤致外务大臣宇垣.电文第二九二六号 極密[Z].1938年9月28日.

[63]上海总领事代理上村伸一致外务大臣幣原机密第七八九号信函.国民政府ノ麻薬類輸入方ニ関スル件[Z].1929年7月4日.

[64]新京大使植田致外务大臣有田第三〇三号电文.「イラン」国産阿片買付方ノ件[Z].1936年4月10日.

[65]新京大使植田致外务大臣広田第一一八号电文(极密处理)[Z].1938年3月2日.

[66]新京大使植田致外务大臣広田第八八一号电文[Z].1937年9月30日.

[67]新京大使植田致外务大臣広田第八六九号电文(极密)[Z].1937年9月27日.

[68]新聞発表(綜合)第八号 七月二十九日 熱河、朝陽寺事件[N].1932年7月29日.

[69]森久男.日本陸軍と内蒙工作—関東軍はなぜ独走したか[M].东京:讲谈社,2009.

著作类

[1](法)包利威.中国鸦片史[M].北京:中国画报出版社,2019.

[2](韩)朴橿.中日战争与鸦片:1937—1945年以内蒙古地区为中心[M].台北:国

参考文献

史馆,1998.

[3](加)卜正民,若林正.鸦片政权[M].合肥:黄山书社,2009.

[4](美)马丁·布思.鸦片史[M].海口:海南出版社,1999.

[5](美)周永明.20世纪中国禁毒史:民族主义 历史和国家建构[M].北京:商务印书馆,2016.

[6](清)蒋履曾.禁吸鸦片烟刍议[M].台中:文听阁图书有限公司,2011.

[7](清)李圭.鸦片事略[M].北京:电子出版社,2005.

[8](日)井上裕正.清代鸦片政策史研究[M].拉萨:西藏人民出版社,2011.

[9]E.W.阿伦.日本的毒品贸易蠹毒华北[M].上海:China Press Weekly,1933年8月5日.

[10]曹大臣,朱庆葆.刺刀下的毒祸:日本侵华期间的鸦片毒化活动[M].福州:福建人民出版社,2005.

[11]陈豹隐.禁烟问题[M].南京:中央训练团党政训练班,1939.

[12]陈仲公.除毒记:劝戒鸦片[M].南京:正中书局,1936.

[13]辜孝宽.禁烟[Z].浙江省地方行政人员讲习所,1939.

[14]辜孝宽.浙江省禁烟史略[Z].浙江省图书馆古籍部,1931.

[15]顾明义.大连近百年史[M].沈阳:辽宁人民出版社,1999.

[16]顾明义.日本侵占旅大四十年史[M].沈阳:辽宁人民出版社,1991.

[17]顾学袞.鸦片[M].上海:商务印书馆,1936.

[18]胡金野,齐磊.中国禁毒史[M].上海:上海社会科学院出版社,2017.

[19]解学诗.伪满洲国史新编[M].北京:人民出版社,1995.

[20]金梁.鸦片事略[M].台北:文海出版社有限公司,1990.

[21]李仲公.禁烟问题[M].南京:中央训练团党政训练班,1940.

[22]连东.鸦片经济[M].北京:社会科学文献出版社,2013.

[23]刘明修.台湾统治与鸦片问题[M].台北:前卫出版社,2008.

[24]刘增合.鸦片税收与清末新政[M].北京:生活·读书·新知三联书店,2005.

[25]罗书平.中华禁毒史略[M].成都:四川人民出版社,1997.

[26]罗运炎.复兴农村中的鸦片问题[M].上海:兴华报社,1933.

[27]罗运炎.鸦片流毒[M].南京:中华国民拒毒会,1929.

[28]罗运炎.中国鸦片问题[M].南京:协和书局、国民拒毒会,1929.

[29]马场鯢.鸦片东渐史[M].上海:东亚文化图书株式会社,1942.

[30]梅卓生,严需章.上海市立沪北戒烟医院一千烟民成瘾原因统计上探讨普及卫生教育与中国禁烟戒烟之关系[M].上海:市立沪北戒烟医院,1935.

[31]牛何兰.中外禁毒史[M].昆明:云南人民出版社,2012.

[32]秦和平.四川鸦片问题与禁烟运动[M].成都:四川民族出版社,2001.

[33]秦和平.云南鸦片问题与禁烟运动[M].成都:四川民族出版社,1998.

[34]曲义伟.中国禁史 鸦片文化史 上[M].长春:时代文艺出版社,2002.

[35]邵雍.中国近代贩毒史[M].福州:福建人民出版社,2004.

[36]苏智良,刘效红.全球禁毒的开端:1909年上海全国禁烟大会[M].上海:上海三联书店,2009.

[37]苏智良.上海禁毒史[M].上海:上海三联书店,2009.

[38]童振藻.鸦片与卫生[M].昆明:中华国民拒毒会云南分会,1928.

[39]王东林.鸦片之祸[M].南昌:江西高校出版社,1994.

[40]王宏斌.近代中国价值尺度与鸦片问题[M].北京:东方出版社,2001.

[41]王宏斌.中国史话 禁烟史话[M].北京:社会科学文献出版社,2012.

[42]王宏斌.鸦片日本侵华毒品政策五十年[M].石家庄:河北人民出版社,2005.

[43]王金香.中国禁毒简史[M].北京:学习出版社,1996.

[44]于恩德.中国禁烟法令变迁史[M].郑州:河南人民出版社,2017.

[45]中国国民党中央执行委员会宣传委员会.禁烟之理论与实施[M].南京:中国国民党中央执行委员会宣传委员会,1935.

[46]中国人民政治协商会议涪陵市委员会.涪陵鸦片百年考[M].重庆:西南师范大学出版社,1999.

[47]周宁.鸦片帝国[M].北京:学苑出版社,2004.

[48]朱庆葆等.鸦片与近代中国[M].南京:江苏教育出版社,1995.

资料、报刊、报告类

[1](清)奉天禁烟公所.奉天全省禁烟事宜第一次报告书[M].奉天:仁和山房,1909—1911.

[2]M. R.尼克鲁孙.关于台湾及厦门产鸦片交易件[Z].1934年11月9日.

[3]Memorandum on the Raiding of a drug Establishment in Nanto[Z]. December 5, 1933.

[4]W. W. Willoughby. Opium as an International Problem[M]. Baltimore, The John Hopkins Press,1925.

[5]北平市公安局布告 第二四号[Z].1934年7月29日.

[6]曹洁天,胡子良.西安市禁烟协会工作实录[Z].陕西省银行印刷所,1947.

[7].陈凌云.浙江省杭湖台各属禁烟总报告[Z].浙江省特派禁烟委员会,1935.

[8]程维嘉.禁烟行政[Z].中央训练委员会内政部,1941.

参考文献

[9] 奉天禁烟公所. 奉天禁烟公所成绩统计书[Z]. 1909(宣统三年).

[10] 福建省民政厅. 福建省禁烟统计[Z]. 1941.

[11] 福建省政府秘书处. 福建省禁烟概况[Z]. 1939.

[12] 甘肃省政府民政厅. 甘肃省禁烟总报告[Z]. 国民印刷局,1940.

[13] 广东省民政厅. 广东省政府民政厅廿九年度禁烟实施计划[Z]. 1940.

[14] 广东省政府民政厅. 广东省政府民政厅禁烟工作报告书[Z]. 1939.

[15] 贵州省地方行政干部训练委员会. 禁烟[Z]. 1942.

[16] 国家图书馆. 民国时期禁烟禁毒资料汇编[M]. 北京:国家图书馆出版社, 2018.

[17] 国民政府. 禁烟治罪暂行条例[Z]. 1936.

[18] 国民政府行政院禁烟委员会. 禁烟法规[Z]. 1922.

[19] 行政院禁烟委员会宣传科. 国际禁烟要文[Z]. 1929.

[20] 河南省政府. 河南省六年禁烟总报告[Z]. 1931.

[21] 湖南省禁烟委员会. 湖南省禁烟委员会法令汇刊[Z]. 1936.

[22] 湖南省禁烟委员会. 湖南省六年来禁烟总报告[Z]. 1946.

[23] 湖南省禁烟委员会第一科. 湖南省禁烟委员会法令汇刊续编[Z]. 1937.

[24] 江苏全省禁烟总局宣传委员会. 江苏全省禁烟总局宣传委员会会刊[Z]. 1928.

[25] 江苏省禁烟委员会. 禁烟宣传大纲[Z]. 江苏省禁烟委员会,1924.

[26] 江苏省禁烟委员会. 禁烟演说词选刊[Z]. 江苏省禁烟委员会,1935.

[27] 江苏省民政厅. 禁烟法令汇编[Z]. 江苏省民政厅,1936.

[28] 江苏省民政厅. 江苏省禁烟概况[Z]. 江苏省政府印刷局,1936.

[29] 江西省禁烟委员会. 六三禁烟纪念特刊[Z]. 江西省禁烟委员会,1940.

[30] 江西省政府民政厅. 现行禁烟法令辑要[Z]. 江西省政府民政厅,1941.

[31] 僵持中之蒙绥纠纷已向蒋汪请示——德王率队由滂到庙,双方争夺张甘交通[N].(北平)晨报,1935年3月16日.

[32] 蒋中正. 蒋主席禁烟言论集[Z]. 内政部禁烟委员会,1948.

[33] 禁烟委员会. 国际禁烟公约汇编[Z]. 禁烟委员会,1934.

[34] 禁烟委员会. 禁烟委员会办理第一次全国禁烟会议决议案经过概况一览表[Z]. 1930.

[35] 禁烟委员会. 禁烟委员会公报增刊[Z]. 禁烟委员会,1931.

[36] 禁烟委员会. 六三禁烟纪念宣传大纲[M]. 南京:美利生印书馆,1930.

[37] 禁烟委员会. 全国禁烟会议汇编[M]. 台北:文海出版社,1987.

[38] 禁烟委员会宣传科出版股. 全国禁烟会义汇编[Z]. 1929.

[39]禁烟委员会总务处第二科. 禁烟公报民国十九年汇编[Z]. 1931.

[40]禁烟总局. 禁烟行政关系法令集[Z]. 1944.

[41]拒毒月刊社. 反对鸦片公卖言论集[Z]. 中华国民拒毒会,1931.

[42]军事委员会禁烟总会. 二十四年度禁烟年报[Z]. 1936.

[43]罗建中. 禁烟法规汇编[M]. 南京:正中书局,1937.

[44]内政部. 内政法规 禁烟类[Z]. 1947.

[45]内政部禁烟委员会. 禁烟纪念特刊[Z]. 1935.

[46]内政部禁烟委员会. 禁烟年报.民国二十六年度[Z]. 1937.

[47]内政部禁烟委员会. 禁烟年报.民国二十五年度[Z]. 1936.

[48]内政部禁烟委员会. 现行禁烟法令汇编[Z]. 1941.

[49]宁晋县政府. 宁晋县禁烟特刊[Z]. 1936.

[50]青岛禁烟分局. 青岛禁烟分局一周年工作纪要[Z]. 1942.

[51]全国禁烟会议. 全国禁烟会议决议录[Z]. 1929.

[52]热河鸦片流入关内与河北禁烟[N]. 大晚报,1934年9月5日.

[53]上海市禁毒工作领导小组办公室,上海市档案馆. 清末民初的禁烟运动和万国禁烟会[M]. 上海:上海科学技术文献出版社,1996.

[54]上海市禁烟委员会. 禁烟专刊[Z]. 1935,1936.

[55]上海市政府秘书处. 上海市禁烟禁毒之概况[Z]. 1935.

[56]四川省禁烟督办公署,四川省禁烟委员会. 四川禁烟汇报[Z]. 1940.

[57]四川省禁烟委员会. 六三禁烟纪念特刊[Z]. 1937.

[58]四川省训练团. 四川省禁烟实施办法大纲,四川省禁烟善后计划大纲草案[Z]. 1940.

[59]四川省政府禁烟善后督理处. 四川省禁烟善后法令汇编[Z]. 1941.

[60]四川省总局. 禁烟法全述要[Z]. 1928.

[61]苏逸云. 福建禁烟季刊[Z]. 福建省禁烟委员会,1936.

[62]绥蒙税收纠纷尚在争持中——何应钦派员调解无效,蒙政会设卡商民反对[N]. 大公报,1935年3月17日.

[63]王秉忠,孙继英. 东北沦陷十四年大事编年[M]. 沈阳:辽宁人民出版社,1990.

[64]威海卫管理公署烟毒案件审判处. 威海卫行政区禁烟年刊.第一次.民国二十五年[Z]. 1937.

[65]我国代表参与国联第十八届禁烟委员会议报告[R]. 禁烟纪念特刊,1935年6月3日刊行.

[66]呜呼,京市之禁烟[N]. 中国日报,1933年10月5日.

[67]吴望伋. 东阳永康缙云丽水青田宣平龙泉松阳八县禁烟概况[Z]. 浙江省特派禁烟委员会, 1933.

[68]阎锡山. 告烟民书[Z]. 1932年4月15日.

[69]俞葆濂. 禁烟特刊[Z]. 兰溪县禁烟委员会, 1933.

[70]云南禁烟局. 云南禁烟局规章汇编[Z]. 1921.

[71]云南省主席龙云报告[N]. 中央日报. 1935年7月5日.

[72]浙江省民政厅. 禁烟小册[Z]. 1933.

[73]浙江省民政厅. 浙江省禁烟方案[Z]. 1932.

[74]浙江巡按使公署. 浙江禁烟成绩书[Z]. 1915.

[75]郑希涛. 福建禁烟观——闽南匪区烟苗依然蔓延, 漳泉福宁民间烟土储量甚多, 福州厦门烟土贸易最盛[N]. 民国日报, 1930年4月23日.

[76]内政部禁烟委员会. 禁烟手册[Z]. 1947.

[77]中国国民党安徽省党部. 禁烟禁毒运动[Z]. 1936.

[78]中国国民党河南省党务指导委员会. 禁烟运动宣传纲要[Z]. 1931(民国20年).

[79]中国国民党中央执行委员会. 禁烟宣传汇刊[Z]. 1929.

[80]中央组织部. 蒋委员长训词. 禁烟百年纪念日发表[Z]. 1939.

[81]朱文原. 国民政府禁烟史料 第1册 组织法令1[M]. 台北: 国史馆, 2003.

[82]朱文原. 国民政府禁烟史料 第2册 组织法令2[M]. 台北: 国史馆, 2004.

[83]朱文原. 国民政府禁烟史料 第3册 组织法令3[M]. 台北: 国史馆, 2005.

论文类

[1]Baumler A. Opium and the Limits of Empire: Drug Prohibition in the Chinese Interior, 1729-1850[J]. Law and History Review, 2007, 25 (2): 455-456.

[2]Brown R H. The Opium Trade and Opium Policies in India, China, Britain, and the United States: Historical Comparisons and Theoretical Interpretations[J]. Southeast Asian Journal of Social Science, 2002, 30 (3): 623-656.

[3]Moseley G. British Trade and the Opening of China 1800-1842[J]. The Journal of Economic History, 1970, 30 (4): 890-891.

[4]Reeves J S. The International Relations of the Chinese Empire[J]. American Political Science Review, 1912, 6 (2): 291-293.

[5]宝音朝克图. 伪蒙疆政权的物资统制政策——羊毛统制政策的研究[J]. 内蒙古大学学报: 人文社会科学版, 2001(1): 63-68.

[6]蔡艳君. 鸦片在近代中国泛滥的原因探析[J]. 新西部: 理论版, 2016(21): 108、152.

[7]董振平.论抗战时期国民政府食盐专卖制度的形成[J].宁夏大学学报：人文社会科学版,2001(3):16－19.

[8]高莹莹.1949年以来的沦陷区研究综述[J].兰州学刊,2015(5):1－15.

[9]何成.晚清澳门鸦片烟膏专营研究(1851－1911)[D].广州：暨南大学历史系,2011.

[10]胡光利.试论英国鸦片政策及其对中印之影响[J].辽宁大学学报：哲学社会科学版,1992(2):20－22.

[11]胡欣诣.为什么晚清鸦片越禁越多[J].兰台世界,2011(11):52－53.

[12]李静.晚清至民国蒙古族经济史研究[D].北京：中央民族大学经济学院,2013.

[13]刘成虎,李卓,高宇.试论国民政府军法禁烟与鸦片运销管理[J].中国社会经济史研究,2019(2):77－85.

[14]陆吉康,段艳,姚会元.清朝中后期社会吸食鸦片群体成因探析(1780－1911年)[J].福建论坛：人文社会科学版,2010(8):84－88.

[15]陆吉康,谢明俊.近代社会国人吸食鸦片的性心理因素探析[J].玉林师范学院学报,2009,30(1):93－95、102.

[16]全四虎.民国时期绥远禁烟中的官民冲突的根源及解决的研究[D].呼和浩特：内蒙古师范大学,2014.

[17]全四虎.浅析民国时期绥远地区鸦片泛滥下的农业危机[J].学理论,2012(33):170－171.

[18]孙福修.蒋介石与鸦片特税[J].近代史研究,1996,1:182－201.

[19]孙雪,岳靖芝.清末山西鸦片问题——以"文交惨案"为中心的考察[J].中北大学学报：社会科学版,2016,32(5):43－50.

[20]万斌.新中国烟草专卖制度改革：成本与收益分析[D].南昌：江西财经大学经济学院,2010.

[21]王家会.晚清政府禁绝鸦片的艰难历程[J].兰台世界,2008(1):68－69.

[22]夏维奇.晚清电报保密制度初探[J].社会科学辑刊,2009(4):113－118.

[23]佚名.茶与鸦片的对弈[J].国学,2012(4):19－23.

[24]张瑞彬.近代陕西鸦片吸食的成因及影响[J].科技信息,2013(5):195－196.

后　记

　　我关注鸦片财政问题的研究自 2012 年始,实属偶然。2011 年我应邀赴韩国仁川大学进行学术交流,会议主办方给我的命题就是讲述山西商人在东北的经营。针对这一问题,我在前期研究的基础上又重新做了史料梳理,但发现资料的分散和碎片化很严重,国内学界也没有更多更新的史料,难以廓清山西商人在东北的经营情况。随之我与在日本立教大学经营学部兼职任教的高宇博士联系,求助其做日本相关资料的搜集工作。高宇老师非常高效,在很短的时间整理了大量珍贵史料,很快便完成参加仁川大学学术会议的报告初稿。同时在此过程中,我们发现了大量关于东北鸦片种植、管理和贸易的相关史料,也激发了我和高宇老师对此问题进行研究的兴趣。自此之后我们即将研究的重心转向了烟毒问题。

　　经过两年多辛苦的史料搜集、整理和翻译,在学界同仁的支持下,我们也撰写和发表了相关论文,产生了一些影响,并于 2014 年申请到国家社科基金青年项目,这也进一步坚定了我们坚持做下去的决心和信心。在此谨对各位长期关注和支持我们研究的师友们表示衷心的感谢。随着研究的不断推进,我们研究的地域范围也在不断扩大,不仅局限在东北,而且扩展到华北、华东、华南、西南等地。在重点研究国民政府禁烟运动的同时,我们逐渐加大对日本侵华期间的鸦片政策研究力度,目前取得了一定的进展和成果。遗憾的是 2015 年 10 月高宇老师因劳累过度突发疾病,至今仍在康复修养,也基本中断了我们的合作研究。高宇老师学贯中西,尤其对近代以来的中日经济交流研究颇有建树,并且精通日语,在日文翻译方面更是权威。在此祝愿高宇老师早日康复,期待其重新回归本项目研究。

在禁烟运动和鸦片财政的研究过程中我一直得到学界诸位专家学者的指点、提携和鼓励。中国社科院经济研究所的魏明孔研究员、封越建研究员、高超群研究员、丰若非副研究员、赵学军研究员、彭新春研究员等对相关研究成果提出了大量宝贵修改意见，提出了很多中肯的研究思路和建议。厦门大学林枫教授、钞晓鸿教授、张和平教授也多次在史料搜集和项目论证上进行指点。清华大学陈争平教授、仲伟民教授、安徽师范大学马陵合教授、马长伟教授、河南大学孙建国教授、中央财经大学兰日旭教授、上海财经大学燕红忠教授、中南财经政法大学瞿商教授、天津社科院张利民研究员、江西社科联汤水清教授、北京大学张亚光教授、南京大学岳谦厚教授、李玉教授等均在不同场合对该项目的研究进行指导，在此一并表示诚挚的谢意和崇高的敬意。诸位学者高屋建瓴，他们渊博的知识、严谨的治学态度和无私的学术精神，委实令人敬佩。同时要感谢我的博士生导师李茂盛教授和博士后合作导师南开大学王玉茹教授，两位老师在本研究前期的研究思路、框架设计以及研究方法等方面均给予了我大量指导，并多次提出修改建议，甚或耳提面命，常有醍醐灌顶之感。

此外，我还须感谢国家社会科学基金办公室的项目资助，正是由此给予该研究以巨大动力，结项后经过3年多的修改和完善，本书才最终定稿。感谢王永长编辑的督促和推动，其将书稿纳入上海财经大学出版社"中国经济专题史研究丛书"并获得上海市促进文化创意产业财政扶持资金项目资助。感谢出版社的各位老师在本书编辑出版过程中的辛苦付出。

从选题到成稿历经10余年，其中也饱含家人和同事的理解和支持。我爱人王敏在金融部门工作，单位工作异常繁忙，但她给予我最大的包容和理解，承担了家中大多数事务，有意为我留出更多的撰写时间。孩子刘卓帆和刘卓航也非常懂事，他们基本上是伴随着书稿的撰写而成长，在给予我家庭欢乐之余，也是我坚持研究的重要动力。晋商学研究所同事荣晓峰副教授、成艳萍教授、吕长全副教授、刘锦增副教授、刘文斌副教授等经常通过工作坊等形式对我的研究提出修改建议，同时他们还承担了大量研究所日常事务,正是因为他们的无私付出,才有了今天晋商学研究所蒸蒸日上的发展局面,在此一并表示谢意。

囿于个人学识和获取资料有限,本书的研究还存在诸多问题和不足,敬请各位方家批评斧正,多提宝贵意见。同时目前关于民国时期鸦片的相关资料日益丰富,需要深入研究和重新界定的问题越来越多,也期待更多的学者关注和从事该领域的研究。

刘成虎
2023 年 5 月于山西大学思创楼